Informatik-Fachberichte 115

Subreihe Künstliche Intelligenz

Herausgegeben von W. Brauer in Zusammenarbeit mit dem Fachausschuß 1.2 „Künstliche Intelligenz und Mustererkennung" der Gesellschaft für Informatik (GI)

W0263424

Alfred Kobsa

Benutzermodellierung in Dialogsystemen

Springer-Verlag
Berlin Heidelberg New York Tokyo

Autor

Alfred Kobsa
Fachrichtung 10.2, Universität des Saarlandes
Sonderforschungsbereich 314:
Künstliche Intelligenz — Wissensbasierte Systeme
6600 Saarbrücken 11

CR Subject Classifications (1985): I.2.4, I.2.7, I.2.1, D.2.2

ISBN-13:978-3-540-16074-8   e-ISBN-13:978-3-642-70867-1
DOI: 10.1007/978-3-642-70867-1

This work is subject to copyright. All rights are reseved, whether the whole or part of the
material is concerned, specifically those of translation, reprinting, re-use of illustrations,
broadcasting, reproduction by photocopying machine or similar means, and storage in data
banks. Further, storage or utilization of the described programms on data processing
installations is forbidden without the written permission of the author. Under § 54 of the
German Copyright Law where copies are made for other than private use, a fee is payable to
"Verwertungsgesellschaft Wort", Munich.

© by Springer-Verlag Berlin Heidelberg 1985

2145/3140−543210

VORWORT

Die vorliegende Arbeit entstand im Rahmen des vom österreichischen Bundesministerium für Wissenschaft und Forschung geförderten Projekts 'Die Entwicklung eines Benutzermodells in Dialogsystemen' des Österreichischen Forschungsinstituts für Artificial Intelligence. Eine erweiterte Fassung der Arbeit wurde von der Technischen Universität Wien als Dissertation zur Erlangung des Doktorats der Technischen Wissenschaften angenommen. Die Drucklegung wurde durch einen Förderungspreis des Theodor-Körner-Stiftungsfonds unterstützt. Die Österreichische Computer Gesellschaft sprach dieser Arbeit den Heinz-Zemanek-Preis 1985 zu.

Die Arbeit basiert wesentlich auf den Vorarbeiten meiner Kollegen E. Buchberger, H. Horacek, I. Steinacker und H. Trost. Ohne ihre Beiträge zum natürlichsprachigen System VIE-LANG wäre die Entwicklung der hier vorgestellten Benutzermodellierungskomponente gar nicht möglich gewesen. Prof. R. Trappl hat als Projektleiter und Erstbegutachter der Dissertation den Fortschritt dieser Arbeit sehr gefördert. Prof. A. M. Tjoa und Prof. E. Neuhold gaben mir wichtige Literaturhinweise auf dem Gebiet der Verteilten Datenbanken, H. Hogrefe, J. Perner und H. Wimmer solche auf dem Gebiet der Kognitiven Psychologie. Herr R. Born und Frau D. Schmauks unterstützten mich in Fragen von Sprachstufung, Ontologie und Intension, Herr O. Neumaier bei den ethischen Implikationen dieser Arbeit.

Hrn. W. Horn und Hrn. E. Buchberger danke ich für die prompte Behebung unzähliger mit meiner Computerbenutzung hoch korrelierter mysteriöser Systemfehler. Herr W. Huwig unterstützte mich bei der editorischen Aufbereitung dieser Arbeit. Herr O. Neumaier stellte für die Anfertigung der Zeichnungen seine wunderschöne Schreibmaschine zur Verfügung, Frl. Sabine Schmauks ihren nicht minder schönen Kinderwagen zum Transport derselben.

Dem Springer-Verlag, und hier insbesondere Frau Ingeborg Mayer, danke ich für die problemlose Zusammenarbeit und die rasche Drucklegung. Nicht vergessen möchte ich meine Kolleginnen K. Schmidt, U. Stadler und S. Wiesbauer, ohne deren nimmermüde Betriebsamkeit im Sekretariat das Institut schon längst zusammengebrochen wäre. Und nicht zuletzt natürlich auch ein lieber Dank an D. S., die für den bitter nötigen seelischen Ausgleich sorgte.

Ein kleiner Hinweis noch: Die Zeichenkette 'Der Benutzer' wird in dieser Arbeit selbstverständlich als argumentloser metasprachlicher Funktor verwendet, der als Funktionswert den Wert der objektsprachlichen Formel 'ϕ(Der Benutzer, Die Benutzerin)' liefert. 'ϕ' stellt dabei eine objektsprachliche Selektionsfunktion dar, 'ϕ(a, b)' liefert eines der Elemente des Paares '(a, b)'. ϕ(Der Leser, Die Leserin) möge dafür nach Belieben eine ϕ(ihm, ihr) geeignet erscheinende Funktion wählen.

Zusammenfassung der Arbeit

Um kooperatives Dialogverhalten auch in einem breiteren Anwendungsbereich zeigen zu können, müssen einem computergestützten Dialogsystem neben anderen Voraussetzungen auch Annahmen darüber zur Verfügung stehen,

(a) welches Wissen (welche Überzeugungen) der Benutzer über diesen Anwendungsbereich besitzt,
(b) welche Ziele der Benutzer im Rahmen dieses Anwendungsbereichs hat,
(c) mit Hilfe welcher Pläne der Benutzer diese Ziele verfolgt.

Die Gesamtheit dieser Annahmen bildet das sogenannte "Benutzermodell" des Systems. Im Forschungsbereich "Benutzermodellierung in Dialogsystemen" wird untersucht, auf welche Art und Weise ein Dialogsystem im Laufe der Interaktion mit dem Benutzer solche Annahmen bilden, intern repräsentieren und zur Steuerung des eigenen Dialogverhaltens verwenden kann.

Die vorliegende Arbeit verfolgt im wesentlichen drei Ziele: Zum einen soll sie einen Überblick über das Forschungsgebiet der Benutzermodellierung bieten. Es werden die wichtigsten Untersuchungsschwerpunkte in diesem Bereich vorgestellt und Lösungsansätze einzelner Autoren oder Forschungsgruppen dazu diskutiert. Einige grundlegende Arbeiten zur Repräsentation von Benutzermodellen werden dabei auch einzeln referiert. Zum zweiten soll diese Arbeit einen Beitrag dazu leisten, eine solidere theoretische Grundlage für den Bereich der Benutzermodellierung aufzubauen. Forschungsarbeiten auf diesem Gebiet sind bisher vielfach noch recht unzusammenhängend und bewegen sich auch leider sehr oft noch auf einer eher allgemeinen Ebene. Dies ist zwar verzeihlich, wenn man bedenkt, daß die Disziplin erst seit wenigen Jahren existiert. Für eine weitere fruchtbare Entwicklung ist aber eine solche Basis aus präziser Problemdefinition und konkreten Lösungsvorschlägen dringend vonnöten. Das dritte Ziel dieser Arbeit ist es, parallel zu den zu entwickelnden Lösungsansätzen die Benutzermodellierungskomponente VIE-DPM vorzustellen, in der viele der theoretischen Vorschläge realisiert werden konnten. VIE-DPM ist Teil des natürlichsprachigen Dialogsystems VIE-LANG und gehört damit zu den wenigen entwickelten Systemen, die vollständig in eine natürlichsprachige Ein-/Ausgabe-Umgebung eingebettet sind.

Die Arbeit gliedert sich in sechs Teile: Im ersten Kapitel wird aufgezeigt, warum Benutzermodellierung in Dialogsystemen überhaupt notwendig ist bzw. welche Vorteile ein Benutzermodell einem Dialogsystem bei der Planung von kooperativem Dialogverhalten bieten kann. Es werden einige wichtige Entwurfsentscheidungen bei der Entwicklung von Benutzermodellierungskomponenten diskutiert und Querverbindungen zu benachbarten Arbeiten im Bereich der Informatik, Linguistik, Psychologie und der epistemischen Logik aufgezeigt.

Im zweiten Kapitel wird ein halbformales Klassifikationsschema für mögliche Überzeugungen und Ziele eines Benutzers entwickelt. 37 Klassen von Überzeugungen und Zielen werden dabei unterschieden. Ein solches präzises Klassifikationsschema erfüllt zwei wesentliche Aufgaben: Zum einen stellt es einen Anforderungskatalog an Repräsentationsschemata für Benutzermodelle dar; in solchen sollte es nämlich möglich sein, alle diese Klassen von Überzeugungen und Zielen mit formalen Mitteln adäquat auszudrücken. Zum anderen zwingt eine derartige Klassifikation zu einer präziseren Definition der generellen Funktionsweise einer Benutzermodellierungs-komponente. Es muß exakt angegeben werden, welche Überzeugungen und Ziele eine solche Komponente unter welchen Bedingungen beim Benutzer vermutet, und welche dieser Annahmen zu welchen Zwecken verwendet werden. Die Nichtbeachtung einer solchen Präzisierung hat im Bereich der Benutzermodellierung schon zu einigen unschönen Verwechslungen geführt.

Kapitel 3 ist Repräsentationsaspekten gewidmet. Nach einigen grundsätzlichen Bemerkungen zum Repräsentationsbegriff wird ein kurzer Überblick über Forschungs-arbeiten im Bereich der epistemischen Logik gegeben. Darauf aufbauend kann dann detailliert auf die Arbeiten von Konolige, Moore, Appelt und Cohen eingegangen werden, welche teilweise sehr stark von der formallogischen Tradition geprägt sind. Es wird geprüft, inwieweit es möglich ist, mit den von diesen Autoren vorgeschlagenen Repräsentationsschemata die im zweiten Kapitel entwickelten Klassen von Überzeugungen und Zielen adäquat darzustellen. Da diese Vorschläge eine große Zahl von Unzuläng-lichkeiten aufweisen, mußte ein geeigneteres Repräsentationsschema entwickelt werden, das auch als Grundlage von VIE-DPM eingesetzt wurde. Dieses Schema basiert im wesentlichen auf geschachtelten Überzeugungs- und Zielkontexten, multiplen Akzeptanz-bewertungen und der Repräsentationssprache KL-ONE. Kritik der Vertreter des sogenann-ten "syntaktischen" bzw. des "semantischen" Ansatzes gegen diesen "Partitionsansatz" wird als unbegründet zurückgewiesen. Es wird gezeigt, daß im Gegenteil der Parti-tionsansatz, wenn er richtig interpretiert wird, den anderen (mehr logik-orientier-ten) Repräsentationsschemata ausdrucksmäßig überlegen ist.

Im vierten Kapitel werden mögliche Wissensquellen identifiziert, aus denen ein Dialogsystem Annahmen über die Ziele und Überzeugungen des jeweiligen Benutzers beziehen kann. Dazu gehören unter anderem:

- Standardannahmen über jeden Benutzer,
- Annahmen aus der Form und dem Inhalt von Dialogbeiträgen (d.s. Aussagen, Fragen,

etc.) des Benutzers,
- Annahmen aus der Form bzw. dem Inhalt von Dialogbeiträgen des Systems, etc.

Um die Beziehung zwischen Dialogbeiträgen und zugrundeliegenden Überzeugungen und Zielen festzulegen, wird eine Reihe von sogenannten "Dialogaktplänen" definiert. Solche Dialogaktpläne werden für Aussagen, Ergänzungs- und Entscheidungsfragen, Anweisungen und zwei Gruppen von sogenannten "indirekten Sprechakten" aufgestellt. Bei dieser Festlegung wird wesentlich vom theoretischen Konzept des "Mutual Belief" Gebrauch gemacht. Da sich die traditionelle Definition dieses Konzepts aber als unzureichend erwies, wird eine adäquatere Formulierung vorgeschlagen. Dialogaktpläne können von einem System dazu verwendet werden, zu entscheiden, welche Annahmen in das Benutzermodell eingetragen werden können, wenn der Benutzer oder das System einen der erwähnten Dialogbeiträge setzt. Die Realisierung solcher Aufbauprozesse im natürlich-sprachigen System VIE-LANG wird überblicksmäßig dargestellt.

Im fünften Kapitel wird gezeigt, daß Dialogaktpläne für ein Dialogsystem auch ein wertvolles Hilfsmittel bei der Dialogplanung darstellen. Mit ihrer Hilfe kann das System entscheiden, welche Dialogakte es setzen kann, um bestimmte Ziele zu erreichen, bzw. welche Bedingungen im Benutzermodell erfüllt sein müssen, damit bestimmte Dialogakte gesetzt werden können. In Abschnitt 5.1. wird zuvor noch der Kooperativitätsalgorithmus von VIE-DPM vorgestellt, der das System veranlaßt, erkannte Ziele des Benutzers als eigene Ziele zu übernehmen, zu korrigieren und nach Möglichkeit für den Benutzer zu erreichen. Abschnitt 5.3. zeigt, wie die Eintragungen im Benutzermodell einen natürlichsprachigen Ausgabegenerator unterstützen können. Realisierungen dieser Vorschläge im System VIE-DPM werden vorgestellt.

Abschnitt 6.1. rekapituliert die Ergebnisse der vorliegenden Arbeit und weist auf eine Reihe von offenen Problemen hin, deren Lösung für weitere Entwicklungen im Bereich der Benutzermodellierung als vordringlich erscheint. Abschnitt 6.2. zeigt, daß Benutzermodellierung nicht nur zur Gestaltung kooperativer Dialogsysteme, sondern auch für andere Zielsetzungen nutzbringend eingesetzt werden kann. Einige dieser weiteren Verwendungszwecke sind dabei nicht ganz unproblematisch. In Abschnitt 6.3. wird schließlich auf eine Reihe von Detailproblemen (wie etwa Datenschutz-bestimmungen, Korrekturmöglichkeiten für den Benutzer, etc.) eingegangen, die Auswirkungen auf die Frage haben, wie weit oder unter welchen Randbedingungen die Möglichkeiten, die die Benutzermodellierung bietet, in der praktischen Anwendung eingesetzt werden sollen.

Abstract

User modelling is gradually becoming recognized as a key issue in the design of
cooperative computer-based dialogue systems. Assumptions about the beliefs, goals
and plans of the user are seen as necessary prerequisites for a system to be capable
of exhibiting user-oriented dialogue behaviour. Research in this field, however, is
still incoherent and lacks a solid groundwork of precise problem definitions,
proposals for solutions, and comparable realized systems. Much work in this area is
done on a very informal base.

This work aims at contributing to such a groundwork, both through theoretical analysis and by presenting a user model in which many of the theoretical proposals have
been realized. The content of the book can be summarized as follows:

Chapter 1 gives an outline of possible applications of user models in dialogue
systems and discusses a number of important design decisions in respect to user
modelling. Related work from computer science, linguistics, psychology and epistemic
logic is briefly reviewed.

Chapter 2 presents a semi-formal classification of the possible kinds of beliefs and
wants of a user. 37 different classes are thereby discerned. Assumptions of the
system about these beliefs and wants must be representable in the system by formal
means. The proposed classification compells one to precisely define what kinds of
beliefs and wants are represented by what representational constructs, and what
beliefs and wants can be assumed under what circumstances.

In chapter 3, the representation schemes which have been proposed to date for
expressing beliefs and wants (in particular those in the works of Konolige, Haas,
Moore, Appelt and Cohen) are investigated in regard to their capability of
representing the above belief and want classes. A number of deficiencies are
uncovered and a more adequate representation scheme -- which relies on belief and
want contexts, multiple acceptance attitudes, and Brachman's KL-ONE -- is proposed as
an alternative. Criticism of representatives of the "syntactic" and "semantic"
approach to belief representation against the context approach as a whole is refuted.
The expressive power of our modified representation is shown to exceed that of those
logic-oriented schemes.

In chapter 4, potential sources for the system's assumptions about the user's beliefs
and wants are identified. These sources include:

- a priori assumptions about the user,
- assumptions which are drawn from the form and the content of his/her dialogue
  contributions (i.e. his/her assertions, questions and commands) and from inferences
  thereof,
- assumptions made from dialogue contributions of the system,
- assumptions made from specific linguistic particles in the user's dialogue
  contributions, etc.

Dialogue act plans (DAPs) are developed for assertions, wh-questions, Y/N-questions
and commands, the purpose of which is to specify the beliefs and wants to be entered
into the user model if the user or the system employ one of these contributions in
the course of the dialogue. The DAPs are strongly based on the concept of mutual
belief. The traditional definition of this concept, however, is shown to be
insufficient for the use in a definition of the effects of dialogue acts. Therefore,
a more adequate concept is instead developed and used.

Chapter 5 demonstrates that DAPs can also be employed for planning dialogue
contributions of the system, particularly for deciding what dialogue acts can be used
for reaching a given goal, and what conditions must be fulfilled in the user model in
order for a given dialogue act to be applicable. Section 5.3. shows how information
from the user model can support a natural-language generator in constructing
appropriate definite noun phrases.

Section 6.1. summarizes the results of this work and points out a number of important
open questions in the field of user modelling. Section 6.2. shows that, apart from
increasing the cooperativity of dialogue systems, there are also other possible
application purposes for user modelling components (some of which are rather
problematic). In Section 6.3., a number of technical problems are considered which
bear impacts on the question of whether and to what extent user models should
actually be employed in practical applications.

The theoretical discussions are paralleled by a presentation of VIE-DPM, a user model
in which many of the proposed ideas have been realized. VIE-DPM is part of VIE-LANG,
a German language dialogue system. Some advantages and some shortcomings of VIE-LANG
as a testing ground for VIE-DPM are discussed.

INHALTSVERZEICHNIS

1. EINLEITUNG

1.1. Was ist Benutzermodellierung?

Primäres Ziel von Arbeiten auf dem Gebiet der Benutzermodellierung in Computer-Dialogsystemen ist es, die Brauchbarkeit solcher Systeme als Hilfsmittel bei Problemlöseprozessen zu verbessern. Es wird also von der Grundsituation ausgegangen, daß ein Benutzer durch Interaktion mit einem Dialogsystem ein bestimmtes Problem zu lösen versucht. Ein solcher Dialog ist, sowohl vom Benutzer als auch vom System her gesehen, zielorientiert. Das Ziel des Benutzers ist durch die Problemstellung vorgegeben, das Ziel des Systems sollte darin bestehen, den Benutzer bei der Erreichung seines Ziels weitestmöglich zu unterstützen.

Herkömmliche Dialogsysteme zeichnen sich dadurch aus, daß an einen Benutzer dieser Systeme weitreichende Anforderungen gestellt werden, nämlich, daß er möglichst vollständiges Wissen darüber besitzen muß,

a) welche Informationen für sein Problem (sein Ziel) grundsätzlich relevant sind bzw. welche völlig irrelevant sind,
b) welche der relevanten Informationen im System vorhanden sind, und
c) wie die relevanten Informationen im System gefunden werden können.

(a) bedeutet, daß der Benutzer das Dialogsystem primär als "Lexikon" verwendet. Der Benutzer ist selbst dafür verantwortlich, daß er weiß, welche Informationen bei seinem Problem wichtig sind. Als Hilfe dafür können herkömmliche Dialogsysteme dem Benutzer - wie bei einem Lexikon - nur ein "Browsing" anbieten, also ein Durchblättern des Informationsangebots, was dem Benutzer zu guten Ideen verhelfen soll. Weitergehende Unterstützung für diesen Such- und Selektionsprozeß kann ein herkömmliches Dialogsystem mit etwas breiterem Anwendungsbereich dem Benutzer nicht mehr geben. Es fehlen ihm bereits die Grundvoraussetzungen für solches Verhalten, nämlich Annahmen darüber, für welchen Zweck der Benutzer die verlangten Informationen wohl brauchen wird.

(b) und (c) bedeuten, daß der Benutzer sich ein "Modell" des Dialogsystems aufbauen muß. Dieses Modell muß nicht unbedingt mit der Implementierungsstruktur des Systems übereinstimmen. Der Benutzer kann durchaus - und soll auch oft nur - eine "Benutzersicht" des Systems entwickeln. Diese Benutzersicht muß jedoch sehr detailliert sein. Im Falle von Informationssystemen muß sie etwa detaillierte Kenntnisse darüber umfassen, welche Informationen das System enthält und auf welche Art und Weise auf diese Informationen zugegriffen werden kann.

Es stehen nun verschiedene Möglichkeiten zur Verfügung, dem Benutzer diese Modellbildung zu erleichtern.   Etwa durch didaktische Gestaltung von Benutzerhandbüchern,
mnemotechnische Abkürzungen für Befehle (oder gar Piktogramme), leicht erlernbare
Abfragesprachen (Queries), HELP-Optionen bei Eingabeanforderungen des Systems, Mini-
mierung von Eingaben, die system- und nicht zielbezogen sind, oder durch graphische
Hilfsmittel wie überlappende Fenster, die dem Benutzer die Orientierung im "Menüraum"
erleichtern.

Es soll hier nicht weiter auf die Wirksamkeit und auch nicht auf die Realisierbarkeit
solcher Techniken zur Erleichterung der Modellbildung für den Benutzer eingegangen
werden. Tatsache ist aber, daß trotz dieser Hilfen an den Systembenutzer hohe
Anforderungen gestellt werden. Es ist nun natürlich nichts Ungebührliches, von einem
Benutzer, der ein System häufig verwendet, auch ein weitreichendes Benutzer-
verständnis für dessen Funktionsweise zu verlangen. Einem Benutzer, der ein System
aber nur sehr selten verwenden will, insbesondere einem "Computerlaien", wird dieser
"Grundaufwand" für die Systembenutzung üblicherweise jedoch bei weitem zu hoch sein.

Als Alternative soll hier eine Klasse von Systemen vorgeschlagen werden, die ich als
"benutzerorientierte" Dialogsysteme bezeichnen möchte. Diese sind dadurch gekennzeichnet, daß nicht der Benutzer ein Modell des Systems aufbauen muß, sondern sich
umgekehrt das System während des Dialogs ein Modell des jeweiligen Benutzers aufbaut.
Das heißt, das Dialogsystem bildet während der Interaktion mit dem Benutzer Annahmen
über

- die Ziele des jeweiligen Benutzers (im Rahmen des Anwendungsbereichs des Systems),
- die Pläne, mit denen der Benutzer seine Ziele erreichen will,
- das Wissen bzw. die Überzeugungen des Benutzers im Rahmen des Anwendungsbereichs.

Solche Annahmen über den jeweiligen Benutzer sollen hier als 'Benutzermodell', oder,
wenn von der speziellen Mensch-Maschine-Dialogsituation abstrahiert wird, als
'Dialogpartnermodell' bezeichnet werden.   Die Systemkomponente, die das Benutzermodell verwaltet, soll 'Benutzermodellierungskomponente' genannt werden.

Bezogen werden können solche Annahmen über die Überzeugungen, Ziele und Pläne des
Benutzers etwa aus:

- Standardannahmen über jeden Benutzer,
- der Form bzw. dem Inhalt von Dialogbeiträgen (d.s. etwa Aussagen, Fragen oder Anweisungen) des Benutzers,

- der Form bzw. dem Inhalt von Dialogbeiträgen des Systems, etc.

Ein solches von einem Dialogsystem selbsttätig aufgebautes Benutzermodell eröffnet eine Vielzahl von Möglichkeiten für ein benutzerangepaßtes Dialogverhalten. Es ermöglicht etwa, bei Dialogbeiträgen des Systems Annahmen über fehlendes oder auch bereits vorhandenes Vorwissen des Benutzers zu berücksichtigen und auf diese Art zu vermeiden, daß Dialogbeiträge des Systems für den Benutzer unverständlich oder redundant werden (s.a. Kobsa et al. 1983). Ein Benutzermodell eröffnet einem Dialogsystem aber auch die Möglichkeit, bei der Dialoggestaltung die Ziele des Benutzers mitberücksichtigen zu können und dadurch ein kooperativeres Dialogverhalten zeigen zu können. Man beachte etwa die folgenden Frage-Antwort-Paare:

(1a) Benutzer: Wann fährt der nächste Zug nach M.?
 (b) System: 15.15h, Bahnsteig 7.

(Allen & Perrault 1978)

(2a) Benutzer: Wo ist die nächste Tankstelle?
 (b) System: Die nächstgelegene, die jetzt noch offen hat, befindet sich ...

In (1) kann das System aus der Frage des Benutzers annehmen, daß dieser das Ziel oder vielmehr bereits den Plan hat, mit dem nächsten Zug nach M. zu fahren, und daß der Benutzer die Abfahrtzeit dieses Zuges nicht kennt. Diese Annahmen kann das System in das Benutzermodell eintragen. Voraussetzung für die Ausführbarkeit des Plans durch den Benutzer ist nun aber, daß der Benutzer sowohl die Abfahrtzeit als auch den Bahnsteig kennt, von dem der Zug abfährt. Es ist unwahrscheinlich, daß der Benutzer zwar ersteres nicht kennt, wohl aber letzteres. Da das Dialogsystem kooperativ ist und dem Benutzer die Planausführung zu ermöglichen trachtet, gibt es in (1b) nicht nur die gewünschte, sondern auch die zweite dem Benutzer unbekannte Information. Auf ähnliche Art und Weise kann auch in (2) das System den Benutzer auf für ihn wichtige zusätzliche Sachverhalte aufmerksam machen.

Aus den Beispielen wird ersichtlich, daß ein Benutzermodell natürlich nicht die einzige Voraussetzung für kooperatives Dialogverhalten ist. Zusätzlich sind zumindest noch allgemeine Schlußfolgerungs- (Inferenz-) und Planungsmechanismen erforderlich, die herkömmlichen Dialogsystemen üblicherweise ebenfalls nicht zur Verfügung stehen. In einem spezialisierten Anwendungsbereich (in dem etwa alle Eventualitäten vollständig enumerierbar sind) ist ein kooperatives Dialogverhalten selbstverständlich auch mit ausschließlich "klassischen" Mitteln (etwa mit "Merkvariablen" oder mit Programmverzweigungen) realisierbar. Für Systeme, die kooperatives Dialogverhalten auch in einem weiteren Anwendungsbereich zeigen sollen, ist eine Benutzermodellierungskomponente aber unerläßlich.

Hervorgehoben sei auch noch, daß gemäß der obigen Definition ein Benutzermodell nicht beliebige Annahmen des Systems über den Benutzer enthält, sondern nur solche über dessen Überzeugungen, Ziele und Pläne. "Objektive Tatsachen" über den Benutzer (etwa, daß er verheiratet ist oder drei Kinder hat) gehen in das Benutzermodell nur indirekt ein: Wenn der Benutzer verheiratet ist, so wird er auch <u>glauben</u>, daß er es ist, etc. Diese Überzeugungen wiederum können im Benutzermodell dargestellt werden.

1.2. Entwurfsentscheidungen für Benutzermodellierungskomponenten

Wenn man nun zur Auffassung gelangt ist, daß Benutzermodelle eine sehr wesentliche Komponente von Dialogsystemen wären, und man beginnt, diese Idee etwas zu präzisieren, so erheben sich unmittelbar die folgenden Probleme:

a) Welche Arten von Überzeugungen, Zielen und Plänen des Benutzers sollen berücksichtigt und in ein Benutzermodell eingetragen werden?
b) Wie können diese Überzeugungen, Ziele und Pläne in einem Dialogsystem mit formalen Mitteln dargestellt ("<u>repräsentiert</u>") werden?
c) Auf welche Art und Weise können während des Dialogs Annahmen über die Überzeugungen, Ziele und Pläne des Benutzers gebildet werden und wie können sie in das Benutzermodell eingetragen werden?
d) Wie können solche Annahmen bei der Dialoggestaltung verwendet werden?

Diese Probleme sollen in den nächsten vier Kapiteln näher untersucht werden. Dabei werden einerseits theoretische Überlegungen und Vorschläge präsentiert sowie - soweit vorhanden - theoretische und praktische Arbeiten anderer Autoren zu diesen Fragestellungen referiert. Zum anderen wird ein konkretes Benutzermodell, das System VIE-DPM, vorgestellt, in dem viele der hier aufgestellten theoretischen Vorschläge realisiert werden konnten. VIE-DPM ist eingebettet in das natürlichsprachige Dialogsystem VIE-LANG (Buchberger et al. 1982, Trost et al. 1983). Benutzermodellierung ist selbstverständlich in keiner Weise davon abhängig, daß das umgebende Dialogsystem die Fähigkeit zu natürlichsprachiger Kommunikation besitzt. Natürlichsprachige Eingabe erlaubt aber oft weitergehende Annahmen über die Überzeugungen, Ziele und Pläne eines Benutzers, als dies bei formalsprachlicher Eingabe der Fall ist (siehe etwa die Abschnitte 4.3.2.6. und 4.6.1.).

Die Leistungsfähigkeit von VIE-DPM ist natürlich stark von der Leistungsfähigkeit der übrigen Komponenten von VIE-LANG abhängig. VIE-DPM profitierte etwa davon, daß in VIE-LANG bereits ein sehr ausdrucksreiches Repräsentationsschema für die Darstellung

von allgemeinem und begrifflichem Wissen sowie für Situationsbeschreibungen vorhanden
war. Darauf aufbauend konnte ein Repräsentationssystem für Überzeugungen und Ziele
entwickelt werden, das an Repräsentationsumfang und -feinheit die bisher zu diesem
Zweck verwendeten Schemata übertrifft. Von Nachteil für VIE-DPM war etwa, daß in
VIE-LANG noch keine der erwähnten allgemeinen Inferenz- und Planungsmechanismen
vorhanden sind. Deshalb konnten in bezug auf die Problemstellung (c)-(d) in VIE-DPM
auch nur solche Prozesse realisiert werden, die halbwegs unabhängig von diesen
Inferenz- und Planungsmechanismen sind.

Beim Grobentwurf von Benutzermodellierungskomponenten müssen neben den oben angeführten auch noch einige weitere grundsätzliche Entscheidungen getroffen werden. Rich
(1983) unterschied drei Dimensionen, an Hand derer solche Komponenten eingeteilt
werden können. Die Dimensionen sind nicht völlig unabhängig; Entwurfsentscheidungen
in bezug auf eine Dimension können Entscheidungen auf anderen Dimensionen beeinflussen. Diese Einteilung von Rich, die von mir um die mir wesentlich erscheinende
Repräsentationsdimension ergänzt wurde, soll im folgenden kurz diskutiert werden.
Darauf aufbauend wird eine Einordnung des Systems VIE-DPM gegeben.

a) Modell eines Standardbenutzers versus individuelle Benutzermodellierung

In Dialogsystemen mit sehr spezifischem Anwendungsbereich und/oder sehr homogenem
Benutzerkreis kann es oft sinnvoll sein, ein Benutzermodell nicht über einen indivi-
duellen Benutzer aufzubauen, sondern über den "typischen" Benutzer des Systems. Einem
Benutzer eines Hotelbuchungssystems etwa kann man standardmäßig das Ziel zusprechen,
ein Zimmer bestellen zu wollen. Oder einem Benutzer eines Zugsauskunftssystems das
Ziel, mit einem Zug verreisen oder jemandem vom Zug abholen zu wollen.

Je unspezifischer der Anwendungsbereich eines Systems ist und je inhomogener der
Benutzerkreis, desto mehr wird es notwendig, das Benutzermodell des Systems zu
individualisieren. Das heißt, es reicht nicht mehr aus, bloß die Überzeugungen,
Ziele und Pläne eines fiktiven "Standardbenutzers" zu modellieren, sondern es müssen
Annahmen über den jeweiligen konkreten Benutzer gemacht werden. Dies führt zum
Problem, wie solche Überzeugungen, Ziele und Pläne des Benutzers im Laufe des Dialogs
durch den Benutzer erkannt werden können (siehe b) und wie Annahmen darüber im
Dialogsystem dargestellt werden können (siehe c).

Modellierung eines Standardbenutzers und individuelle Benutzermodellierung sind
durchaus miteinander kombinierbar. Das Dialogsystem kann etwa am Dialoganfang
Standardannahmen über den Benutzer treffen, die es dann im Laufe des Dialogs korri-
giert und ergänzt. In VIE-DPM sind daher beide Möglichkeiten vorgesehen: Es können

Standardannahmen in das Benutzermodell eingetragen werden, und es wurden Prozesse definiert, die während des Dialogs Annahmen über die Überzeugungen und Ziele des individuellen Benutzers bilden und in das Benutzermodell eintragen.

b) <u>Modellaufbau durch den Benutzer versus Modellaufbau durch das System</u>

Wer bestimmt, welche Informationen in das Benutzermodell eingetragen werden: Der Benutzer oder das System? Man kann sich ein Dialogsystem vorstellen, bei dem der Benutzer zu Dialogbeginn eingibt, was er weiß, was er nicht weiß, was er möchte, plant, etc. Das System dürfte dann nur diese Angaben in das Benutzermodell eintragen. Weitere Annahmen des Systems über den Benutzer müßten von diesem erst explizit bestätigt werden.

Eine solche Vorgangsweise ist kaum durchführbar, da ein Mensch-Computer-Dialog auf dieser Basis primär darin bestehen würde, daß der Benutzer trivialste Einzelheiten seiner Überzeugungen und Ziele mitteilen oder Annahmen des Systems darüber bestätigen müßte. Um auf die Frage

   (1a) Wann fährt der nächste Zug nach M.?

die kooperative Antwort

   (1b) 15.15h, Bahnsteig 7.

erhalten zu können, müßte der Benutzer erst eingeben oder bestätigen, daß er glaubt, daß es einen Zug gibt, der irgendwann in der Zukunft nach M. fährt; daß er glaubt, daß dieser Zug zu einer bestimmten Zeit abfährt, die er (der Benutzer) nicht kennt; daß er glaubt, daß der Zug von einem bestimmten Bahnsteig abfährt, den er (der Benutzer) nicht kennt; daß er vor der Abfahrtszeit des nächsten Zuges auf den Abfahrtsbahnsteig gehen möchte; daß er in den Zug einsteigen möchte, und daß er mit dem Zug nach M. fahren möchte. Alle diese Annahmen des Systems über den Benutzer sind aber erforderlich, damit das System kooperativ antworten kann.

Es ist also notwendig, daß das System Annahmen über den Benutzer selbständig treffen kann. Dies ist in VIE-DPM auch vorgesehen: Aus den Eingaben des Benutzers in das System, aus Dialogbeiträgen des Systems sowie auf Basis von Standardannahmen können Hypothesen über den Benutzer gebildet werden, ohne daß diese durch den Benutzer bestätigt zu werden brauchen. Der Benutzer kann selbstverständlich auch explizite Angaben über sich selbst machen, die ebenfalls entsprechend vermerkt werden. Selbsttätiger Modellaufbau durch das System schließt natürlich nicht aus, daß der Benutzer

die Möglichkeit erhält, die Annahmen des Systems nachträglich selektiv zu kontrollie-
ren und eventuell auch zu verändern (siehe Abschnitt 6.3.1.).

Es kann nicht geleugnet werden, daß durch diese Vorgangsweise ein Unsicherheitsfaktor
in das System aufgenommen wird. Die Annahmen des Systems über den Benutzer und somit
auch die Antworten des Systems können falsch oder unvollständig sein, genau so, wie
dies auch bei zwischenmenschlicher Kommunikation der Fall ist. Es kann aber erwartet
werden, daß der Kooperativitätsgewinn durch Benutzermodellierung, der ja gerade dem
gelegentlichen Benutzer oft erst überhaupt einen Zugang zu einem System ermöglicht,
dieses Risiko bei weitem kompensieren wird. Auch bei herkömmlichen Dialogsystemen
tritt - allerdings nur beim Benutzer, insbesondere beim gelegentlichen Benutzer - die
Gefahr von Mißverständnissen auf, etwa über die Bedeutung bestimmter Suchbefehle, was
bei Nichterkennen zu einer falschen Interpretation der Ergebnisse führen kann.

Annahmen über den Benutzer müssen daher auf jeden Fall _revidierbar_ sein. Im Bereich
der Künstlichen-Intelligenz-Forschung hat sich in den letzten Jahren eine eigene
Disziplin entwickelt, die sich speziell mit diesem Problem beschäftigt (siehe Doyle &
London 1980).   Eine Reihe von Techniken und Ideen, die in diesem Bereich entwickelt
wurden, sind auf VIE-DPM grundsätzlich anwendbar. In größerem Umfang konnte dieses
Problem aber nicht untersucht werden.

c) _Explizite versus implizite Berücksichtigung des Benutzers_

Implizit berücksichtigt eigentlich fast jedes herkömmliche Dialogsystem in irgend-
einer Weise den Benutzer. Insofern nämlich, als es vom Design her auf bestimmte
Benutzeranforderungen und -vorkenntnisse ausgelegt ist.   In einem System, das nur
Standardannahmen über den Benutzer enthält, brauchen diese nicht explizit dargestellt
zu sein. Es genügt, wenn das System so gestaltet wird, daß diese Standardannahmen im
Systemverhalten dauernd _berücksichtigt_ werden. In vielen Systemen mit streng abge-
grenztem Anwendungsbereich können darüber hinaus auch bestimmte Benutzerziele
abgefragt werden. Durch Verzweigen in entsprechende Programmteile oder durch Setzen
bestimmter "Merkvariablen" können die entsprechenden Ziele berücksichtigt werden.

Es erhebt sich nun die Frage, ob auch in diesen Fällen eine _Benutzermodellierung_
vorliegt. Mit Hoeppner & Morik (1983) soll hier dafür argumentiert werden, daß nicht
jede Berücksichtigung des Benutzers in einem Dialogsystem bereits als Benutzermodellierung bezeichnet werden sollte, sondern daß gewisse Minimalbedingungen erfüllt
sein müssen, damit von einem Benutzermodell gesprochen werden kann. Eine dieser
Bedingungen wäre sicherlich, daß ein Benutzermodell einen gewissen Mindestumfang
aufweisen muß. Eine zweite, daß die Annahmen des Dialogsystems über den Benutzer

<u>explizit</u>, d.h. mit Hilfe von <u>Datenstrukturen</u>, dargestellt werden müssen. Die Dar-
stellung sollte modular und flexibel sein, und es sollte möglich sein, mit geringem
Aufwand eine große Zahl unterschiedlicher Überzeugungen, Ziele und Pläne ausdrücken
zu können.

Diese Anforderungen werden derzeit am besten von den im Bereich der Künstlichen-
Intelligenz-Forschung entwickelten <u>Wissensrepräsentationssystemen</u> (siehe Kobsa 1984a)
erfüllt. Das System VIE-DPM macht dementsprechend ausgiebig von Forschungsergebnissen
in diesem Bereich Gebrauch. Ausgehend von einem Repräsentationssystem für Situationsbeschreibungen, das auf den Arbeiten von Brachman (1978) beruht, wurde eine sehr aus-
drucksreiche Darstellung für Überzeugungen und Ziele entwickelt.

d)   <u>Globale Benutzermerkmale versus konkrete Überzeugungen, Ziele und Pläne</u>

Das Benutzermodell im System von Rich (1979a) (siehe auch Rich 1979b, 83), einem
System zur Kundenberatung in einer Leihbibliothek, enthält fast ausschließlich
Annahmen über globale Persönlichkeitsmerkmale des Benutzers, etwa über seinen
Bildungsgrad, seine Intelligenz, seine Vorliebe für spannende Handlungsabläufe, seine
Akzeptanz für Beschreibungen von Sexualität, Gewalt und Leid, etc. Die Annahmen
darüber sind Stereotype, die durch einige wenige Informationen über den betreffenden
Benutzer (etwa über sein Geschlecht oder seinen Beruf) aktiviert werden. Über vorgeschlagene Bücher, die der Benutzer bereits gelesen hat, kann das System eine Reihe
von Fragen stellen und die Antworten eventuell zu einer Korrektur seiner Annahmen
über den Benutzer verwenden.

Abgesehen von der Gefahr eines Mißbrauchs einer Persönlichkeitsmodellierung dieser
Art ist eine solche m.E. auch nur in relativ wenigen Systemen interessant.
Hauptsächlich eigentlich nur in solchen Systemen, die den Benutzer bei Entscheidungen
unterstützen sollen, die ausschließlich oder vorwiegend auf subjektiven Präferenzen
beruhen, also etwa Buch- und Filmauswahl, Urlaubsplanung oder Partner-/Berufswahl.
In üblicheren Anwendungsbereichen von Computer-Dialogsystemen sind aber ausschließlich ganz konkrete Überzeugungen, Ziele und Pläne des Benutzers von Interesse. Aus
diesem Grund wurde beim Entwurf von VIE-DPM nur auf die Modellierung dieser konkreten
Benutzeraspekte Rücksicht genommen.

1.3. Relevante Arbeiten anderer Disziplinen

Die vorliegende Arbeit ist primär dem Bereich der Künstlichen-Intelligenz-Forschung (Artificial Intelligence) zuzuordnen, sowohl wegen der Zielsetzung der Modellierung von Überzeugungen, Zielen und Plänen in einem Computersystem, als auch wegen der verwendeten Methoden zur formalen Repräsentation derselben. Ähnliche Zielsetzungen in der Künstlichen-Intelligenz-Forschung gibt es im Bereich der "Intelligent Computer-Aided Instruction" und im Bereich der "Multiple-Agent Planning Systems" (auch "Distributed Artificial Intelligence" genannt). Forschungsziel des ersten Gebiets ist es, Instruktionssysteme zu erstellen, die auch Annahmen über den bisherigen Wissensstand eines Lernenden bilden können und diese Annahmen beim weiteren Instruktionsverlauf berücksichtigen (siehe etwa Barr & Feigenbaum 1982, Sleeman & Brown 1982). Im Bereich der "Multiple-Agent Planning Systems" (siehe Konolige & Nilsson 1980) wird unter anderem simuliert, daß eine Gruppe von Akteuren (etwa von "Robotern") einen Plan gemeinsam konstruiert und eventuell auch gemeinsam ausführt. Auch hier sind Annahmen über die Überzeugungen, Teilziele und Teilpläne der anderen Akteure wichtige Voraussetzungen.

Ähnliche Problemstellungen wie bei den Multiple-Agent Planning Systems werden in letzter Zeit auch im Bereich der Verteilten Datenbanken bzw. des "Distributed Processing" untersucht (Dolev & Strong 1982, Halpern & Moses 1984, Lehmann 1984). Auch hier sollen die einzelnen Prozessoren des Systems Annahmen darüber besitzen können, was die anderen Prozessoren bereits wissen bzw. noch nicht wissen, und welche Auswirkungen bestimmte Kommunikationsvorgänge im System haben werden.

Im Gebiet der Informatik grenzen Arbeiten zur Benutzermodellierung natürlich auch an den weiten Bereich der Konstruktion von benutzerfreundlichen oder "intelligenten" Mensch-Maschine-Schnittstellen. Zur Bezeichnung der Forschungsaktivitäten in dieser Richtung tauchten in den letzten Jahren die Namen "Software-Ergonomie" (Balzert 1983, Tauber 1983), "Kognitive Ergonomie" (Bullinger et al. 1981) oder auch "Cognitive Engineering" (Cognitive Engineering 1982) auf.

Weitere interessante Querverbindungen außerhalb der Informatik ergeben sich zu Teilbereichen der Linguistik, der Psychologie und der formalen Logik. Zur Linguistik schon rein deswegen, weil VIE-DPM in ein natürlichsprachiges Dialogsystem eingebettet ist. Unter Titeln wie "Imagearbeit in Gesprächen" (Holly 1979), "Sprechakttheorie" (Searle 1969, Cole & Morgan 1975), "Dialogplanung" oder "Dialogstrategien" (Pollack et al. 1982) oder "Dialogmodelle" (Günther & Lutz-Hensel 1976) wird natürlichsprachiger Dialog aber auch oft als Prozess analysiert, in dessen Verlauf Informationen über Überzeugungen, Ziele und Pläne ausgetauscht und gegenseitige Überzeugungsmodelle aufgebaut werden. In Kapitel 4 wird auf solche Prozesse näher eingegangen.

In der Sozialpsychologie wird unter der Bezeichnung "Attribution" untersucht, auf welche Art und Weise das Zustandekommen von Vorgängen in der Welt oder von Handlungen von Akteuren üblicherweise erklärt wird (siehe etwa Herkner 1980); im Falle von Handlungen kann die Erklärung darin bestehen, dem Akteur Einstellungen, Überzeugungen, Ziele, u.ä. zuzusprechen. Mehr oder weniger deviante Überzeugungs- und Zielsysteme sind schon seit der Jahrhundertwende Untersuchungsobjekt der Klinischen Psychologie. In den 60-er und 70-er Jahren wurden unter der Bezeichung "Computer Models of Belief Systems" in diesem Bereich auch gerne Computersimulationen verwendet (siehe etwa die entsprechende Übersicht in Morik 1982). In der Kognitiven Psychologie taucht in den letzten Jahren immer häufiger der Begriff des "Mentalen Modells" auf. Darunter werden aber üblicherweise nur Strukturvorstellungen über reale Systeme verstanden (siehe etwa Gentner & Stevens 1982). Überzeugungen über Überzeugungen, Ziele und Pläne anderer Personen werden unter diesem Titel nur sehr selten untersucht. Eine Ausnahme bilden einige jüngere Arbeiten im Bereich der Kognitiven Entwicklungspsychologie (etwa Marvin et al. 1976, Flavell et al. 1978, Bretherton & Beeghly 1982, Wimmer & Perner 1983, Perner & Wimmer, in press), in denen die Entwicklung des kindlichen Verständnisses für Überzeugungen anderer Personen, die von den eigenen Überzeugungen abweichen, für Täuschungen, Verwechslungen, etc. untersucht wird.

Allgemein bewegen sich die beschriebenen Arbeiten im Bereich der Psychologie aber auf einem zu globalen Niveau, als daß bei der Entwicklung von VIE-DPM daraus Anregungen gewonnen werden konnten. Die in den folgenden Kapiteln beschriebenen Repräsentationsschemata und Verarbeitungsprozesse von VIE-DPM erheben daher auch in keiner Weise Anspruch auf psychologische Relevanz. Bewertungsmaßstäbe bei ihrem Entwurf waren einzig intuitive und durch komputationale Realisierung überprüfte Korrektheit und Realisierbarkeit.

Querverbindungen ergeben sich schließlich auch zu dem seit Beginn der 60-er Jahre existierenden Bereich der epistemischen Logik (siehe etwa Lenzen 1978), wo versucht wird, den umgangssprachlichen Gebrauch von Begriffen wie 'wissen', 'glauben', 'vermuten' oder 'meinen' mit formalen Mitteln zu rekonstruieren und auch zu präzisieren. (Je nach Autor wird man aber unterschiedliche Meinungen über Aufgaben und Ziele der formalen Logik finden.) Zwei der drei im Bereich der KI-Forschung bisher am weitesten entwickelten Systeme zur Darstellung des Wissens anderer Akteure sind stark von der epistemischen Logik beeinflußt. Abschnitt 3.2.2. gibt deshalb einen Überblick über dieses Gebiet und erläutert, warum bei der Entwicklung von VIE-DPM von Ergebnissen der epistemischen Logik nur wenig Gebrauch gemacht wurde.

2. INHALTE EINES BENUTZERMODELLS

Das folgende Kapitel enthält ausführliche Vorschläge dafür, welche Inhalte ein
Benutzermodell in einem Dialogsystem umfassen sollte. Diese Inhalte werden zuerst
informell eingeführt und dann im weiteren konkretisiert. Es werden weiters Hinweise
gegeben, wofür diese Inhalte im Dialogprozeß verwendet werden können. Ausführlicher
wird dieses Thema aber erst in Kapitel 5 behandelt.

2.1. Einfache Überzeugungen des Benutzers

Überzeugungen des Benutzers können <u>individuelle</u> oder <u>generelle Sachverhalte</u>
betreffen. Unter individuellen Sachverhalten sollen hier Einzelereignisse oder
-zustände der Gegenwart, Vergangenheit oder Zukunft verstanden werden. Überzeugungen
des Benutzers in bezug auf solche Sachverhalte können darin bestehen, die Zutreffendheit von Beschreibungen solcher Sachverhalte zu akzeptieren, nicht zu akzeptieren,
oder darüber unsicher zu sein. Beispiele für Überzeugungen des Benutzers über individuelle Sachverhalte wären also etwa:

- Der Benutzer glaubt, daß die Firma Müller & Co. am 3.4. drei Motoren des Typs F34
  bestellt hat (Ereignisbeschreibung, Akzeptanz).
- Der Benutzer glaubt nicht, daß die Firma Müller & Co. am 3.4. drei Motoren des Typs
  F34 bestellt hat (Ereignisbeschreibung, Nicht-Akzeptanz).
- Der Benutzer glaubt, daß im Lager zwei Motoren des Typs F34 vorhanden sind
  (Zustandsbeschreibung, Akzeptanz).
- Der Benutzer ist unsicher, ob im Lager Motoren des Typs F34 vorhanden sind
  (Zustandsbeschreibung, Unsicherheit).
- Der Benutzer glaubt, daß Rom die Hauptstadt von Italien ist
  (Zustandsbeschreibung, Akzeptanz).

Überzeugungen über individuelle Sachverhalte sind also dadurch gekennzeichnet, daß
sie einzelne (episodische) Ereignisse und Zustände betreffen. Der Benutzer besitzt
daneben aber sicher auch Überzeugungen über generelle Sachverhalte. Solche Überzeugungen umfassen hauptsächlich sein Allgemeinwissen über die Welt wie auch sein spezielles Fachwissen. Beispiele wären etwa folgende Überzeugungen:

- Der Benutzer glaubt, daß jede Person einen Namen hat.
- Der Benutzer glaubt, daß Abteilungen einen Abteilungsleiter haben.
- Der Benutzer glaubt, daß Waren, die ausgeliefert wurden, nicht mehr im Lager sind.

- Der Benutzer glaubt, daß Buchungen auf ein Konto der Kontenklasse x eine Gegen-
  buchung auf ein Konto der Kontenklasse y verlangen.

Als einfache Überzeugungen sollen von nun an solche Überzeugungen über individuelle
und generelle Sachverhalte bezeichnet werden, die keine Überzeugungen über die Überzeugungen oder Ziele anderer Personen darstellen (solche Überzeugungen könnte man
eventuell ja auch als Überzeugungen über Zustände ansehen). In den obigen Beispielen
sind ausschließlich solche einfachen Überzeugungen angeführt.

Annahmen eines Dialogsystems über einfache Überzeugungen des Benutzers können zur
Steuerung des kooperativen Dialogverhaltens eines Systems eingesetzt werden und
sollten deshalb auch Bestandteil eines Benutzermodells sein. Solche Annahmen können
etwa für folgende Zwecke verwendet werden:

a) Berücksichtigung von fehlendem Vorwissen des Benutzers

Dialogbeiträge eines Dialogsystems müssen, wenn sie kooperativ sein sollen,
fehlendes Vorwissen des Benutzers berücksichtigen. Dies gilt sowohl für fehlendes
Wissen des Benutzers in bezug auf generelle Sachverhalte (etwa mangelndes
Fachwissen), als auch in bezug auf individuelle Sachverhalte. Wird fehlendes
Vorwissen nicht berücksichtigt, besteht die Gefahr, daß diese Dialogbeiträge vom
Benutzer nicht verstanden werden.

b) Berücksichtigung von bereits vorhandenem Vorwissen

Ein Dialogsystem muß aber auch bereits vorhandenes Vorwissen des Benutzers berücksichtigen. Wird dies nicht getan, werden Dialogbeiträge oft als "unpersönlich",
der Gesamtdialog als redundant und enervierend empfunden. Das Kriterium der
Quantität für kooperatives Dialogverhalten (Grice 1975) wird durch solche
Dialogbeiträge verletzt. Es besteht auch die Gefahr, daß das redundante Erwähnen
von dem Benutzer bereits bekannten Sachverhalten bei diesem den nicht intendierten
Eindruck einer besonderen Wichtigkeit dieser Sachverhalte hervorruft.

Einige Bemerkungen sind noch angebracht in bezug auf die Verwendung der Begriffe
'Wissen' und 'Überzeugung'. Der Unterschied zwischen "Wissen" und "Überzeugung" wird
üblicherweise darin gesehen, daß Wissen eine "richtige" Überzeugung darstellt, also
eine Überzeugung, die (je nach präferiertem Wahrheitskriterium) etwa mit Sachverhalten der gegenwärtigen Situation übereinstimmt. In dieser Arbeit soll jedoch
auch weiterhin nach Möglichkeit nur der Begriff 'Überzeugung' verwendet werden. Wenn
vom "Wissen des Benutzers" die Rede ist, so sind damit (Systemannahmen über)
Überzeugungen des Benutzers gemeint, die mit den Systemüberzeugungen über eine

Situation übereinstimmen.

Im System sind die Systemüberzeugungen dabei der einzige Referenzpunkt zur Beurteilung der Richtigkeit von Überzeugungen. Es ist daher selbstverständlich nicht möglich, im System Überzeugungskonstellationen darzustellen, die beschrieben werden können mit 'Das System glaubt, daß ... Aber in Wirklichkeit ...' oder 'Das System glaubt, daß ... Der Benutzer weiß aber richtig, daß ...'. Solche Konstellationen können nur von außerhalb des Systems beobachtet werden. Wohl aber muß es dem System möglich sein, seine Annahmen über die Situation oder den Benutzer gegebenenfalls zu revidieren.

2.2. Einfache Ziele des Benutzers

Neben Überzeugungen über Sachverhalte der Vergangenheit, Gegenwart oder Zukunft kann der Benutzer auch Ziele in bezug auf zukünftige Sachverhalte besitzen. Beispiele wären etwa

- Der Benutzer möchte, daß drei Motoren des Typs F34 an die Firma Müller & Co. geliefert werden.
- Der Benutzer möchte nicht, daß etwas an die Firma Müller & Co. geliefert wird.
- Der Benutzer möchte wissen, was die Firma Maier & Co. bestellt hat.
- Der Benutzer möchte, daß jemand Motoren des Typs F34 bestellt.

Als einfache Ziele sollen von nun an solche Ziele über Sachverhalte bezeichnet werden, welche keine Ziele in bezug auf Überzeugungen oder Ziele anderer Personen darstellen. Die Fähigkeit eines Dialogsystems, Annahmen über (einfache) Ziele des Benutzers bilden zu können, stellt, wie bereits erwähnt, eine wichtige Basis für kooperatives, benutzerangepaßtes Dialogverhalten eines Systems dar. Zum einen erlauben solche Annahmen dem Dialogsystem, nicht nur eine Auskunftsfunktion, sondern auch eine Beratungsfunktion wahrzunehmen, wie etwa aus dem folgenden Dialog ersichtlich ist (siehe Carberry 1983):

(1) Benutzer: Hält Prof. Smith dieses Semester die Vorlesung über Expertensysteme?
    System: - Nein. Prof. Smith hält erst im nächsten Semester wieder eine Vorlesung über Expertensysteme.
            - Nein. Die Vorlesung über Expertensysteme wird dieses Semester von Prof. Jones gehalten.

- Nein. Prof. Smith hält dieses Semester die Vorlesung über Natürlichsprachige Systeme.

Je nach angenommenem Ziel des Benutzers - die Vorlesung über Expertensysteme zu
hören, eine Vorlesung bei Prof. Smith zu hören, oder eine Vorlesung über Expertensysteme speziell bei Prof. Smith zu hören - kann das System kooperativere Antworten
als eine einfache Verneinung der Benutzerfrage geben.

Zum anderen können, sobald Annahmen über die Ziele des Benutzers bestehen, auch
Annahmen über die Pläne, mit denen der Benutzer diese Ziele wahrscheinlich zu
erreichen trachtet, gebildet werden. Diese Pläne können daraufhin untersucht werden,
ob der Benutzer bereits alle Informationen besitzt, die zur ihrer Ausführung
notwendig sind, und ob der Benutzer alle Sachverhalte berücksichtigt hat, die einer
Planausführung entgegenstehen. Ist dies nicht der Fall, so kann das Dialogsystem von
sich aus dem Benutzer die noch benötigten Informationen geben oder ihn auf wahrscheinlich von ihm nicht berücksichtigte Sachverhalte aufmerksam machen. Beispiele
dafür wurden im vorigen Kapitel gegeben.

2.3. Überzeugungen und Ziele des Benutzers in bezug auf Überzeugungen und Ziele anderer Akteure

Unter einem _Akteur_ wird im folgenden eine Person oder ein technisches System
verstanden, dem Überzeugungen und Ziele zugebilligt werden können. Die Bezeichnung
'Akteur' wurde deswegen gewählt, weil in unserem Sprachgebrauch die Attribuierung von
Überzeugungen und Zielen an Objekte üblicherweise eng damit verbunden ist, ob diesen
Objekten auch eine "aktive" Rolle bei irgendwelchen Vorgängen in unserer Welt
zugebilligt werden kann. In Abschnitt 3.1. wird noch näher auf den Attributionscharakter von Überzeugungen und Zielen eingegangen.

Ein Benutzer eines Dialogsystems kann neben einfachen Überzeugungen auch _Überzeu-
gungen über Überzeugungen und Ziele anderer Akteure_ besitzen, sowie neben einfachen
Zielen natürlich auch _Ziele in bezug auf Überzeugungen und Ziele anderer Akteure_.
Beispiele wären etwa, daß der Benutzer glaubt oder nicht glaubt, daß ein bestimmter
Akteur glaubt, daß ..., oder daß der Benutzer das Ziel hat, daß ein bestimmter Akteur
glauben möge, daß ... Der allgemeine Fall, nämlich daß der Benutzer Überzeugungen
oder Ziele in bezug auf Überzeugungen oder Ziele irgendwelcher weiterer Personen
besitzt, ist dabei für die meisten Anwendungsbereiche von Dialogsystemen wohl weniger
bedeutsam. Interessant ist vor allem die reflexive Version solcher Überzeugungen und

Ziele (siehe unten), der im Rahmen der Benutzermodellierung große Bedeutung zukommt.

Annahmen des Systems über einfache Überzeugungen und Ziele eines Akteurs sowie über dessen Überzeugungen und Ziele in bezug auf Überzeugungen und Ziele von dritten Akteuren sollen hier als Modell dieses Akteurs im System bezeichnet werden. Allgemein soll für solche Annahmen der Begriff "Akteurmodell" verwendet werden. Ein Benutzermodell ist damit ein spezielles Akteurmodell, nämlich das Modell des gegenwärtigen Benutzers eines Dialogsystems in diesem System. Der Benutzer wäre dabei der modellierte Akteur, das System der modellierende Akteur.

Um einfacher über Akteurmodelle sprechen zu können ist es auch notwendig, eine Reihe von Abkürzungen einzuführen. Es seien von nun an 'S', 'U', 'a', 'a1', 'a2', ... Abkürzungen für das Dialogsystem, dessen Benutzer, sowie für beliebige Akteure (also u.a. auch wiederum für das System oder den Benutzer). Es seien weiters 'p' und 'q' Abkürzungen für die Inhalte von einfachen Überzeugungen und Zielen, also für Beschreibungen von Sachverhalten. Zur Abkürzung von Überzeugungen und Zielen soll vorerst auf eine von Cohen (1978) eingeführte einfache Notationsform zurückgegriffen werden, die sich allgemeinerer Bekanntheit erfreut. Da diese für unsere Zwecke aber nicht ausreichend ist, wird gegen Ende dieses Kapitels eine nuanciertere Notationsform entwickelt und im weiteren bei Bedarf verwendet.

Mit Cohen (1978) seien daher 'SB(p)', 'UB(p)', 'aB(p)', 'a1B(p)', etc. Abkürzungen dafür, daß das Dialogsystem, der Benutzer bzw. beliebige Akteure a und a1 den Sachverhalt p glauben. In analoger Weise werden die Abkürzungen 'SW(p)', 'UW(p)', 'aW(p)', 'a1W(p)' für Ziele der entsprechenden Akteure verwendet.

Akteurmodelle können im Prinzip natürlich beliebig geschachtelt sein. Das Dialogsystem kann also etwa annehmen, daß der Benutzer glaubt, daß a1 möchte, daß a2 p glaubt. Im Notationsschema von Cohen wird dies durch 'SBUBa1Wa2B(p)' abgekürzt. Akteurmodelle können auch reflexiv sein in dem Sinne, daß der modellierte Akteur einer tieferen Schachtelungsstufe identisch sein kann mit dem modellierenden Akteur einer höheren Stufe. Das System kann also etwa annehmen, daß der Benutzer glaubt, daß das System p möchte, was in der Notation von Cohen durch 'SBUBSW(p)' abgekürzt wird. In analoger Weise werden auch die übrigen Kombinationen in Cohen's Notationsschema verwendet.

Es ist natürlich zu erwarten, daß ein Benutzermodell bei einer Mensch-Maschine-Interaktion keine Überzeugungen und Ziele beliebiger Komplexität aufweisen wird. (Dies dürfte wohl auch bei einem Dialog zwischen menschlichen Gesprächspartnern der Fall sein.) Zum einen ergeben sich, wie erwähnt, bereits aus dem Diskursbereich eine Reihe von Restriktionen. Wenn etwa der Dialog nicht über dritte Akteure erfolgt, so brauchen im Benutzermodell auch keine Überzeugungen und Ziele der Form ...a1B... oder ...a1W... mit a1≠U und a1≠S enthalten zu sein. Zum anderen ergibt sich bei einer komputationalen Realisierung natürlich auch ein mit zunehmender Komplexität (überproportional?) ansteigender Verarbeitungsaufwand, der eine beliebige Hierarchie de facto nicht zuläßt. Ähnliches dürfte wohl auch für menschliche Dialogpartner zu vermuten sein.

Man kann darüber hinaus sogar annehmen, daß nicht nur beliebige Überzeugungs- und Zielkonstellationen nicht auftreten werden, sondern daß im Gegenteil bestimmte Überzeugungs- und Zielkonstellationen eher häufig vorkommen dürften. Letzteres trifft etwa auf solche Überzeugungen und Ziele zu, die häufig verwendeten Dialog- beiträgen (etwa Aussagen, Fragen oder Anweisungen) zugrundeliegen. Im 4. Kapitel werden einige solche Überzeugungs- und Zielkomplexe näher untersucht, die auf Grund bestimmter Dialogbeiträge des Benutzers in das Benutzermodell eingetragen werden können. Im Kapitel 5 wird auf einige häufig auftretende Überzeugungs- und Ziel- konstellationen im Benutzermodell näher eingegangen, die das System veranlassen können, bestimmte eigene Dialogbeiträge zu setzen.

Aufklärung darüber, welche Überzeugungs- und Zielkonstellationen bei einem Problem- lösedialog bevorzugt auftreten und welche man bei der Benutzermodellierung daher besonders berücksichtigen sollte, würde man sich von einer (epistemisch orientierten) Kommunikationstheorie erwarten. Leider liegen zu diesen Fragen noch kaum Unter- suchungen vor, sodaß bei der Entwicklung von VIE-DPM danach getrachtet wurde, mög- lichst alle Überzeugungs- und Zielkonstellationen, die irgendwie sinnvoll erschienen, modellieren zu können. Es wird daher im folgenden Abschnitt eine Klassifikation von Überzeugungen und Zielen und mögliche Kombinationen derselben vorgestellt. In Ab- schnitt 3.3. wird dann ein Repräsentationssystem vorgeschlagen, das es erlaubt, alle diese Überzeugungen und Ziele mit formalen Mitteln in adäquater Weise darzustellen.

2.4. Eine Klassifikation von Überzeugungen und Zielen

2.4.1. Vorbemerkungen

Die hier vorgeschlagene Klassifikation von Überzeugungen und Zielen basiert auf der Grundannahme, daß es im Bereich der Benutzermodellierung überhaupt sinnvoll ist, eine "epistemische" Betrachtungs- und Sprechweise zu wählen. Sie setzt also voraus, daß die Begriffe "Überzeugung" und "Ziel" im Rahmen dieser Fragestellung überhaupt sinnvoll und brauchbar angewandt werden können. Auf dieses Problem wird in Abschnitt 3.1. näher eingegangen.

Die hier vorgeschlagene Klassifikation ist weiters überwiegend vortheoretisch. Eine theoretisch zufriedenstellende Einteilung müßte auch einen Beweis für ihre Notwendigkeit und Hinreichendheit mit umfassen. Eine vollständige Analyse müßte also zeigen, auf welche Art und Weise jede einzelne Überzeugungs- und Zielklasse in einem Problemlösedialog verwendet wird, und demonstrieren, daß dabei keine Überzeugungen und Ziele auftreten, die nicht in die Klassifikation passen. Die in den Kapiteln 4 und 5 dargestellten und durch komputationale Realisierung überprüften Prozesse bilden sicher nur einen ersten Ansatz in dieser Richtung. Eine theoretisch zufriedenstellende Klassifikation von Überzeugungen und Zielen setzt also eine ziemlich vollständig entwickelte epistemisch orientierte Kommunikationstheorie voraus, wie sie in absehbarer Zeit wohl nicht erwartet werden darf.

Die hier vorgeschlagene Klassifikation berücksichtigt jedoch weitgehend die bisher bekannten theoretischen Probleme bei der Analyse des Glaubensbegriffs, wie sie hauptsächlich im Bereich der epistemischen Logik identifiziert wurden. Einige dieser Probleme, insbesondere die de-dicto-/de-re-Dichtonomie, konnten ignoriert werden, da sie einzig von Unzulänglichkeiten der im Bereich der epistemischen Logik verwendeten Repräsentationsschemata herrühren. Eine genauere Diskussion dieser Probleme findet sich in den Abschnitten 3.2.2. und 3.3.

Die hier vorgeschlagene Einteilung enthält 37 Klassen von Überzeugungen und Zielen. Die Kapitel 4 und 5 werden zeigen, daß die Unterscheidung einer solchen großen Anzahl von Klassen keinen überflüssigen Luxus darstellt. Mit Ausnahme der Klassen (3.2.1.) - (3.2.5.) und (4.2.1.) - (4.2.5.) treten die meisten dieser Arten von Überzeugungen und Zielen üblicherweise relativ häufig auf.

Die zu den einzelnen Klassen gehörigen Überzeugungen und Ziele werden dadurch spezifiziert, daß eine (ziemlich an die Umgangssprache angelehnte) <u>Beschreibung</u> dieser Überzeugungen und Ziele gegeben wird. Diese Beschreibungen setzen sich aus einem oder mehreren nach bestimmten Regeln miteinander verknüpften <u>Beschreibungs-elementen</u> zusammen, wobei sich die Beschreibungselemente ziemlich beliebig variieren lassen. Jeder Klasse von Überzeugungen und Zielen k ist ein bestimmtes charakteristisches Beschreibungselement b zugeordnet. Die Überzeugungen und Ziele, die k zugehören, sind genau durch die Menge jener Beschreibungen festgelegt, die sich durch zulässige Verknüpfungen beliebiger Beschreibungselemente, <u>mit b an erster Stelle</u>, ergeben.

Im folgenden vorerst einmal eine kommentarlose Auflistung der einzelnen Klassen von

Überzeugungen und Zielen samt den zugehörigen charakteristischen Beschreibungselementen.

2.4.2. Die charakteristischen Beschreibungselemente der Klassen

1. Einfache Überzeugungen

1.1. Einfache gesättigte Überzeugungen

(1.1.1.) ... glaubt, daß p.
(1.1.2.) ... glaubt p nicht.
(1.1.3.) ... ist unsicher, ob p.
(1.1.4.) ... weiß, ob p.

1.2. Einfache ungesättigte Überzeugungen

(1.2.1.) ... glaubt, daß $\exists x(p(x))$, ohne x zu kennen.
(1.2.2.) ... glaubt $\exists x(p(x))$ nicht.
(1.2.3.) ... ist unsicher, ob $\exists x(p(x))$.
(1.2.4.) ... weiß, ob $\exists x(p(x))$.
(1.2.5.) ... kennt das x, für das p(x) gilt.

2. Einfache Ziele

2.1. Einfache gesättigte Ziele

(2.1.1.) ... möchte, daß p.
(2.1.2.) ... möchte nicht, daß p.
(2.1.3.) ... hat keine Präferenz in bezug auf p.
(2.1.4.) ... möchte wissen, ob p.

2.2. Einfache ungesättigte Ziele

(2.2.1.) ... möchte, daß $\exists x(p(x))$.
(2.2.2.) ... möchte nicht, daß $\exists x(p(x))$.
(2.2.3.) ... hat keine Präferenz in bezug auf $\exists x(p(x))$.
(2.2.4.) ... möchte wissen, ob $\exists x(p(x))$ gilt.
(2.2.5.) ... möchte jenes x kennenlernen, für das p(x) gilt.

3. Überzeugungen in bezug auf Überzeugungen und Ziele anderer Akteure

3.1. Überzeugungen in bezug auf Überzeugungen und Ziele eines bekannten Akteurs

(3.1.1.) ... glaubt, daß a (1.1.1.) - (4.2.5.)
(3.1.2.) ... glaubt nicht, daß a (1.1.1.) - (4.2.5.)
(3.1.3.) ... ist unsicher, ob a (1.1.1.) - (4.2.5.)
(3.1.4.) ... weiß, ob a (1.1.1.) - (4.2.5.)
(3.1.5.) ... glaubt, daß a (1.1.1.) - (4.2.5.), und glaubt, daß a glaubt, daß
        ... (3.1.5.)

3.2. Überzeugungen in bezug auf Überzeugungen und Ziele eines unbekannten Akteurs

(3.2.1.) ... glaubt, daß es ein a1 gibt, sodaß a1 (1.1.1.) - (4.2.5.)
(3.2.2.) ... glaubt nicht, daß es ein a1 gibt, sodaß a1 (1.1.1.) - (4.2.5.)
(3.2.3.) ... ist unsicher, ob es ein a1 gibt, sodaß a1 (1.1.1.) - (4.2.5.)
(3.2.4.) ... weiß, ob es ein a1 gibt, sodaß a1 (1.1.1.) - (4.2.5.)
(3.2.5.) ... kennt das a1, für das gilt, daß a1 (1.1.1.) - (4.2.5.)

4. Ziele in bezug auf Überzeugungen und Ziele anderer Akteure

4.1. Ziele in bezug auf Überzeugungen und Ziele eines bekannten Akteurs

(4.1.1.) ... möchte, daß a (1.1.1.) - (4.2.5.)
(4.1.2.) ... möchte nicht, daß a (1.1.1.) - (4.2.5.)
(4.1.3.) ... hat keine Präferenz in bezug auf: a (1.1.1.) - (4.2.5.)
(4.1.4.) ... möchte wissen, ob a (1.1.1.) - (4.2.5)

4.2. Ziele in bezug auf Überzeugungen und Ziele eines unbekannten Akteurs

(4.2.1.) ... möchte, daß es ein a1 gibt, sodaß a1 (1.1.1.) - (4.2.5.)
(4.2.2.) ... möchte nicht, daß es ein a1 gibt, sodaß a1 (1.1.1.) - (4.2.5.)
(4.2.3.) ... hat keine Präferenz bezüglich: Es gibt ein a1, sodaß a1 (1.1.1.) -
        (4.2.5.)
(4.2.4.) ... möchte wissen, ob es ein a1 gibt, sodaß a1 (1.1.1.) - (4.2.5.)
(4.2.5.) ... möchte jenes a1 kennenlernen, für das gilt, daß a1 (1.1.1.) -
        (4.2.5.)

2.4.3. Erläuterungen

Es dürfte intuitiv klar sein, wie sich komplexere Überzeugungs- und Zielbeschreibungen aus den obigen Beschreibungselementen zusammensetzen lassen. Ziffernangaben bei einem gewählten Beschreibungselement legen fest, welche anderen Beschreibungselemente an dieser Stelle eingesetzt werden können (zumeist können dies wiederum alle vorhandenen Beschreibungselemente sein). An den mit 'a' bezeichneten Stellen eines Beschreibungselements kann ein beliebiger Akteurdeskriptor eingesetzt werden, an den mit '...' bezeichneten Stellen ist jener Akteurdeskriptor zu verwenden, der an der mit 'a' bezeichneten Stelle des vorangehenden Beschreibungselements verwendet wurde. Ist ein solches Beschreibungselement nicht vorhanden, kann ein beliebiger Akteurdeskriptor eingesetzt werden.

Im folgenden wird stillschweigend immer vorausgesetzt, daß derjenige Deskriptor, der an den mit 'a' bezeichneten Stellen eines Beschreibungselements eingesetzt wird, extensional verschieden ist von dem Deskriptor, der an der mit '...' bezeichneten Stelle des Beschreibungselements verwendet wird. Überzeugungen und Ziele etwa der Form 'a glaubt, daß a (d.h. er/sie) glaubt', 'a glaubt, daß er/sie möchte', 'a möchte, daß er/sie glaubt', etc. werden also nicht betrachtet. Solche "Meta"-Überzeugungen und -Ziele werden zwar in der Literatur der epistemischen Logik und der Künstlichen-Intelligenz-Forschung manchmal erwähnt, es ist aber äußerst unklar, ob und wie diese Überzeugungen in einem Dialogprozess verwendet werden und ob eine explizite Repräsentation derselben notwendig ist. Das in Abschnitt 3.3. beschriebene Repräsentationssystem bietet aber die Möglichkeit, bei Bedarf auch solche Überzeugungen und Ziele darzustellen.

Die oben angeführte Numerierung der einzelnen Beschreibungselemente erlaubt neben einer Klassifikation von Überzeugungen und Zielen auch eine sehr kompakte Notationsform für Überzeugungs- und Zielbeschreibungen, die wesentlich nuancierter ist als die von Cohen (1978) entwickelte. Es stehe von nun an etwa 'S (3.1.1.) U (1.1.4.)' für 'S glaubt, daß U weiß, ob p', 'S (4.1.1.) U (3.1.1.) a (1.1.1.)' für 'S möchte, daß U glaubt, daß a glaubt, daß p', u.s.w. Ein zwischen zwei Beschreibungselementnummern stehendes Platzhaltersymbol ist also im rechten Beschreibungselement an der mit '...' bezeichneten Stelle einzusetzen, im (so vorhanden) links davon stehenden Beschreibungselement an der mit 'a' bezeichneten Stelle.

Die Überzeugungen der Klassen (1.1.1.) - (1.1.3.) stellen die bereits behandelten einfachen Überzeugungen über individuelle und generelle Sachverhalte der Welt dar. Dazu treten noch Überzeugungen der Art (1.1.4.), die gebraucht werden, wenn der modellierende Akteur glaubt, daß / nicht glaubt, daß / unsicher ist, ob der model-

lierte Akteur eine konkrete Meinung über die Zutreffendheit einer Sachverhaltsbeschreibung besitzt.

In die Klassen (1.2.1.) - (1.2.5.) fallen einfache Überzeugungen, die solche Sachverhaltsbeschreibungen betreffen, zu deren Formalisierung im Bereich der Prädikatenlogik existentiell quantifizierte Individuenvariablen herangezogen werden. Natürlichsprachige Beschreibungen solcher Überzeugungen enthalten oft das Pronomen 'jemand',
wie etwa in 'S glaubt, daß U glaubt, daß Peter das Buch jemandem gegeben hat'. Einfache Überzeugungen dieser Art sollen hier als <u>ungesättigte Überzeugungen</u> bezeichnet
werden, die bisher behandelten einfachen Überzeugungen als <u>gesättigte Überzeugungen</u>.
Abschnitt 3.3.4. wird zeigen, daß der Unterschied zwischen gesättigten und ungesättigten Überzeugungen eigentlich gar nicht so groß ist, wie es auf den ersten Blick
scheinen mag. Die Einführung von eigenen Klassen für ungesättigte Überzeugungen ist
ein gewisses Zugeständnis an die bisher übliche Analyse von einfachen Überzeugungen
im Bereich der epistemischen Logik (und der davon beeinflußten Repräsentationssysteme
für Akteurmodelle im Bereich der Künstlichen-Intelligenz-Forschung), wo auf Grund der
Eigenheiten des verwendeten Repräsentationsschemas zwischen gesättigten und ungesättigten Überzeugungen ein großer Unterschied gemacht werden muß.

Die Klassen (2.1.1.) - (2.1.2.) enthalten die ebenfalls bereits behandelten einfachen Ziele. Dazu treten noch die einfachen Ziele der Klasse (2.1.3.), deren Berücksichtigung manchmal ebenfalls von Interesse sein kann. Für die Ziele der Klassen
(2.2.1.) - (2.2.3.), die sogenannten ungesättigten Ziele, gelten ähnliche Bemerkungen
wie für die ungesättigten Überzeugungen. Zu den ungesättigten Zielen sollen auch noch
die Ziele der Klasse (2.2.4.) gerechnet werden, die standardmäßig bei <u>Ergänzungs-
fragen</u> des Benutzers angenommen werden können (siehe Abschnitt 4.3.2.4.).

Neben den einfachen Überzeugungen und Zielen gibt es auch eine große Anzahl von
Überzeugungen und Zielen, die nicht einen Sachverhalt einer Situation, sondern die
Überzeugungen und Ziele eines anderen Akteurs betreffen. Üblicherweise wird ein
modellierender Akteur nicht nur Annahmen über die Überzeugungen und Ziele des modellierten Akteurs besitzen, sondern auch zusätzliche Informationen über ihn. Dieser
Fall wird durch die Überzeugungen der Klassen (3.1.1.) - (3.1.5.) und die Ziele der
Klassen (4.1.1.) - (4.1.4.) abgedeckt. Es kann, wenn auch selten, aber der Fall auftreten, daß der modellierende Akteur nur glaubt, daß <u>jemand</u> glaubt, nicht glaubt,
möchte, etc., oder daß der modellierende Akteur nur weiß, ob <u>jemand</u> glaubt, nicht
glaubt, möchte, etc. Zur Formalisierung solcher Überzeugungen wird im Bereich der
epistemischen Logik ebenfalls existentielle Quantifikation herangezogen (diesmal mit
Individuenvariablen vom Sort 'Akteur'), weswegen auch hier für diesen Fall eigene
Klassen eingeführt wurden, nämlich (3.2.1.) - (3.2.5.) für Überzeugungen und
(4.2.1.) - (4.2.4.) für Ziele. Auch hier wird Abschnitt 3.3.4. zeigen, daß die reprä-

sentationalen Unterschiede zwischen den Klassen (3.1.1.) - (3.1.4.) und (3.2.1.) - (3.2.4.) sowie zwischen den Klassen (4.1.1.) - (4.1.3.) und (4.2.1.) - (4.2.3.) gar nicht so groß sind.

Die Überzeugungen der Klasse (3.1.5.) bedürfen noch einiger Erläuterungen. In Abschnitt 2.3. wurde bereits erwähnt, daß Überzeugungsmodelle reflexiv sein können. Dies bedeutet beispielsweise, daß Überzeugungen des Systems über den Benutzer etwa die Form SBUBSB(p) oder SBUBSW(p) haben können. Theoretische Untersuchungen verschiedener Kommunikationsphänomene, etwa von Konventionen (Lewis 1969), von Überzeugungen und Zielen, die Dialogbeiträgen zugrundeliegen (Schiffer 1972, Clark 1979, Allen 1983) oder der Planung von Beschreibungen, mit denen der Dialogpartner Individuen identifizieren soll (Clark & Marshall 1981), zeigen nun, daß im Dialogprozeß üblicherweise vorwiegend Überzeugungen verwendet werden, die als "gemeinsame Überzeugungen" (manchmal auch "gemeinsames Wissen") bezeichnet werden und die wie folgt definiert werden können:

(MB")   a1 glaubt, daß es gemeinsame Überzeugung von a1 und a2 ist, daß p:≡

    (i)   a1 glaubt, daß p.
    (ii) a1 glaubt, daß a2 glaubt, daß p, (i) und (ii).

Der Begriff 'gemeinsame Überzeugung' bezeichnet also eine abzählbar unendliche Menge reflexiver Überzeugungen eines Akteurs. Genauer gesagt erstreckt sich die obige Definition nur auf etwas, was manchmal als "unilaterale" (one-sided) gemeinsame Überzeugung bezeichnet wird (Clark & Marshall 1981, Joshi 1982). Nach diesen Autoren würde der Begriff 'gemeinsame Überzeugungen' auch die tatsächlichen Überzeugungen der anderen Seite mit umfassen, also auch diejenigen Überzeugungen, die dadurch definiert werden können, daß man in (i)-(ii) die Abkürzungen 'a1' und 'a2' vertauscht. Da aber beim Entwurf von Computer-Dialogsystemen die Überzeugungen des Benutzers nur als Annahmen des Systems mit eingehen können, besteht hier keinerlei Notwendigkeit, den Begriff 'gemeinsame Überzeugung' auch auf die tatsächlichen Überzeugungen des Benutzers auszudehnen.

Weiters sollten, wie schon Lewis (1969) bemerkte, gemeinsame Überzeugungen nicht so sehr als eine tatsächliche Menge abzählbar vieler Überzeugungen verstanden werden, sondern vielmehr als die Möglichkeit, jedes Element dieser Menge bei Bedarf konstruieren zu können. Es besteht daher keine Notwendigkeit, abzählbar viele Überzeugungen explizit repräsentieren zu müssen; jede implizite Repräsentation, die diese Konstruktion gestattet, ist ausreichend.

Kapitel 4 wird zeigen, daß eine Definition von gemeinsamen Überzeugungen in der

obigen Form unzureichend ist. Es ist nämlich vorteilhafter, eine gemeinsame Überzeugung als aus drei separierten Teilen zusammengesetzt zu betrachten, die wie folgt
beschrieben werden können:

(MB') (i)   a1 glaubt, daß p.
      (ii) a1 glaubt, daß a2 glaubt, daß p, und daß a2 glaubt, daß (ii).
      (iii) a1 glaubt, daß (+)
            (+) a2 glaubt, daß a1 glaubt, daß p, und daß a1 glaubt, daß (+).

Man überlegt sich leicht, daß diese neue Definition extensional äquivalent zur oben
angeführten ist. Die neue Definition ist aber vorteilhafter, da - wie Kapitel 4
zeigen wird - beim Aufbau von Benutzermodellen aus Dialogakten des Benutzers Prozesse
unterschieden werden können, die jeweils die Überzeugungen (i), (ii) bzw. (iii)
aufbauen. Aus diesem Grund sind in der Klassifikation von Abschnitt 2.4.2. gemeinsame Überzeugungen auch nicht als eigene Klasse vertreten. Es existiert nur die
Klasse (3.1.5.), aus der sich gemeinsame Überzeugungen zusammensetzen lassen. Die
Überzeugung von S etwa, daß p gemeinsame Überzeugung von S und U ist, läßt sich wie
folgt beschreiben:

(1') S (1.1.1.)
(2') S (3.1.5.) [U (1.1.1.)]
(3') S (3.1.1.) U (3.1.5.) [S (1.1.1.)]

Die in eckigen Klammern stehenden Elemente sind dabei in (3.1.5.) an den mit a bzw.
(1.1.1.) - (4.2.4.) bezeichneten Stellen einzusetzen. Überzeugungen, deren Beschreibung mit Hilfe des Element (3.1.5.) gebildet werden (also etwa (2') oder (3')),
sollen im folgenden als infinit-reflexive Überzeugungen bezeichnet werden.

Leider ist auch die Definition MB' noch nicht befriedigend. Wie ebenfalls das
Kapitel 4 zeigen wird (und m.E. bei der Diskussion über gemeinsame Überzeugungen zu
wenig beachtet wird), werden im Dialogprozeß neben gemeinsamen Überzeugungen über
einfache Überzeugungen beider Dialogpartner auch infinit-reflexive Überzeugungen über
einfache Überzeugungen und Ziele, sowie über Überzeugungen und Ziele in bezug auf
Überzeugungen und Ziele anderer Akteure aufgebaut. Die Überzeugungen und Ziele in
bezug auf Überzeugungen und Ziele anderer Akteure können dabei, wie ebenfalls im Kapitel 4 ersichtlich wird, wieder infinit-reflexive Überzeugungen betreffen. Infinit-
reflexive Überzeugungen können also über alle Überzeugungen und Ziele der Klassen
(1.1.1.) - (4.2.4.) bestehen. Dies wurde in der Beschreibung der Überzeugungsklasse
(3.1.5.) bereits berücksichtigt.

3. REPRÄSENTATIONSSCHEMATA ZUR DARSTELLUNG VON AKTEURMODELLEN

3.1. Vorbemerkungen

Die im vorangegangenen Kapitel aufgezählten Inhalte eines Benutzermodells müssen
einem komputationalen Dialogsystem irgendwie zugänglich gemacht werden, sie müssen
- in moderner KI-Terminologie - irgendwie "repräsentiert" werden. Bei dieser Aufgabe
kann auf umfangreiche Ergebnisse der KI-Teildisziplin der "Wissensrepräsentationsforschung" zurückgegriffen werden. Da der Begriff der "Wissensrepräsentation" in der
KI-Forschung derzeit noch sehr vage und unklar ist bzw. in den folgenden Ausführungen
von einer bestimmten Hintergrundsauffassung darüber ausgegangen wird, hier einige
Vorbemerkungen dazu:

Der Bereich der Wissensrepräsentationsforschung hat innerhalb der KI-Forschung in den
letzten 15 Jahren einen großen Aufschwung erlebt. Wissensrepräsentation wird vielfach als Zentralbereich der KI-Forschung, die Beschäftigung damit sogar als defini-
torisches Merkmal der KI-Forschung insgesamt angesehen (siehe Nilsson 1974, Schank
1979). Während in dieser Zeit viele interessante Repräsentationsformen entwickelt
wurden und Vor- und Nachteile derselben für bestimmte Verwendungszwecke diskutiert
wurden, blieb, wie auch eine Umfrage von Brachman & Smith (1980) unter etwa 300
Forschern auf diesem Gebiet ergab, bisher eigentlich unklar, was denn nun unter
"Repräsentation" oder im speziellen unter "Wissensrepräsentation" zu verstehen sei.

Die wenigen bisher explizit artikulierten Auffassungen (etwa Boley 1976, Palmer 1977,
Brachman & Smith 1980) sehen als Charakteristikum einer "Repräsentation" eine struk-
turelle Korrespondenz zwischen "Repräsentierendem" und "Repräsentiertem" an, in der
einfachsten Form etwa zwischen statischen Zeichenstrukturen (prädikatenlogischen
Formeln, Netzwerkstrukturen, etc.) und der "Welt". Erst in jüngster Zeit wird in der
KI-Forschung der Rekonstruktions- und Attributionscharakter der Wissensrepräsentation
betont (siehe Newell 1982, Smith 1982, Kobsa 1984a). Diese neue, allgemeinere Auffassung von Wissensrepräsentation kann wie folgt charakterisiert werden:

Zum einen wird unterstrichen, daß jegliche "Wissens"-Repräsentation von der Voraussetzung ausgeht, daß es wissenschaftlich sinnvoll ist, bei der Untersuchung "intelli-
genter Systeme" eine bestimmte, nämlich eine epistemische, Betrachtungs- und Sprechweise zu wählen. Es ist in der KI-Forschung dementsprechend also davon die Rede, daß
ein KI-Modell, um ein menschenähnliches Dialogverhalten zeigen zu können, über ein
bestimmtes "Wissen über unsere Welt" verfügen muß. Oder es wird, wie im Bereich der
Benutzermodellierung, davon gesprochen, daß das System "Annahmen" über die "Über-

zeugungen", "Ziele" und "Pläne" des Benutzers besitzen muß. Es ist aber nicht die Rede davon, daß ein solches System über - sagen wir einmal - "Regelkreise" eines bestimmten Typs oder "adaptive Systeme" einer bestimmten Funktion verfügen muß, obwohl eine solche oder ähnliche Betrachtungs- und Sprechweise eventuell auch brauchbar wäre und vielleicht problemlos neben einer epistemischen existieren könnte. (Man nehme als naheliegende Analogie etwa die möglichen unterschiedlichen Betrachtungsweisen für die Vorgänge in einem Digitalcomputer: Diese Vorgänge können beschrieben werden mit Hilfe physikalischer Begriffe, auf der Ebene zweiwertiger Zustände und deren Veränderung, auf der Ebene von durch Binärsequenzen codierten Zeichen und deren Veränderung, oder durch Bezugnahme auf die "Bedeutung" und den "Zweck" bestimmter Zeichen und Zeichenveränderungen.)

Diese epistemische Sprechweise kommt natürlich nicht von ungefähr und steht auch nicht im luftleeren Raum, sondern basiert auf einem - derzeit sehr vagen und intuitiven, für unseren Alltagsgebrauch aber sehr bewährten - vortheoretischen Verständnis darüber, was für das Zustandekommen eines bestimmten (menschlichen) "intelligenten" Verhaltens üblicherweise verantwortlich ist. (Man macht normalerweise keine internen Regelkreise dafür verantwortlich, daß ein Student eine Frage richtig beantworten konnte, sondern sein "Wissen", obwohl der letztere Begriff sicher genauso unklar ist wie der erstere.) Die Sinnhaftigkeit einer epistemischen Rekonstruktion von "intelligentem" Dialogverhalten muß natürlich auch in dieser Arbeit paradigmatisch vorausgesetzt werden. Einige Argumente gegen eine solche Übernahme von "laienpsychologischen" Begriffen wie 'glauben', 'wollen', 'planen' etc. in wissenschaftliche Betrachtungen (insbesondere auf dem Gebiet der Psychologie und der Cognitive Science) finden sich in Stich (1984).

Zum zweiten wird in dieser neueren Auffassung von "Wissensrepräsentation" nur eine sehr lockere Beziehung gesehen zwischen den Zeichenstrukturen und zeichenmanipulierenden Prozessen eines Repräsentationssystems und dem Wissen, das dieses System "repräsentieren" soll. Wissen wird einem Wissensrepräsentationssystem in der Wissensrepräsentationsforschung dieser Auffassung nach primär zugesprochen. Die Zuschreibung erfolgt, grob gesagt, genau dann, wenn sich das Verhalten eines Systems oder bestimmter Subeinheiten innerhalb einer solchen erwähnten "epistemischen Theorie" in sinnvoller und konsistenter Weise am besten dadurch erklären läßt, daß man dem Gesamtsystem oder diesen Subeinheiten ein bestimmtes Wissen zubilligt.

Diese Analyse der üblichen Vorgangsweise im Bereich der Wissensrepräsentationsforschung kann nun weiter verfeinert werden und in eine konkrete Definition des Begriffs 'Wissensrepräsentation' umgesetzt werden. In Kobsa (1984a) wird näher untersucht, unter welchen Bedingungen welchen Elementen eines komputationalen Systems ein bestimmtes Wissen zugesprochen werden kann, bzw. wann eine "Repräsentation" vor-

liegt. Die Ergebnisse seien hier nur kurz zusammengefaßt: Es sei S ein System, das
in der Lage ist, ein bestimmtes Verhalten zu zeigen. Für diese Fähigkeit sei nach
üblicher epistemischer Rekonstruktion ein bestimmtes Wissen notwendig, K sei ein Teil
dieses notwendigen Wissens. Weiters sei X eine echte Subeinheit von S. Es gilt
dann:

(R)   X repräsentiert K in S genau dann, wenn gilt

   (a) K kann X zugesprochen (attribuiert) werden.
   (b) X ist minimal, d.h., es gibt keine echte Subeinheit von X, der K ebenfalls
       zugesprochen werden kann.

   Die Attribution verläuft dabei, wenn S ein komputationales System ist, nach
   folgenden Kriterien:

   (a) Ist X ein zeichenmanipulierender Prozeß, so erfolgt die Attribution auf
       Basis des Verhaltens von X: K kann X zugesprochen werden, wenn K Teil
       einer konsistenten epistemischen Rekonstruktion des Verhaltens von X (d.h.
       Teil einer Interpretation seiner Ein-/Ausgabezeichen) ist.
   (b) Ist X eine statische Zeichenstruktur, so erfolgt die Attribution auf Basis
       des möglichen Verhaltens der auf X zugreifenden Prozesse: K kann X zuge-
       sprochen werden, wenn im allgemeinen gilt, daß K diesen Prozessen nach
       einem Zugriff auf X, nicht jedoch vor einem Zugriff, zugesprochen werden
       kann.

Die Beziehung zwischen der epistemischen Ebene und der Ebene der Zeichenverarbeitung
ist also nur eine sehr lockere, sie beschränkt sich auf die Notwendigkeit, den
Zeichen (und eventuell den zeichenmanipulierenden Prozessen) eine konsistente epistemische Interpretation geben zu können. Einer Binärvariablen etwa kann man nach
Beobachtung des Verhaltens der darauf zugreifenden Prozesse durchaus die Repräsentation des Systemwissens darüber, ob ein Systembenutzer ein gelegentlicher oder ein
erfahrener Benutzer ist, zugesprochen werden. Oder einer Prozedur die Repräsentation
des Systemwissens über Dialogabschlußfloskeln. Diese Beziehung zwischen der epistemischen Ebene und der Ebene der Zeichenverarbeitung betrifft, um nicht mißverstanden
zu werden, auch nur - in modelltheoretischer Terminologie - das Verhältnis zwischen
einer Theorie und einem (künstlichen) Modell dieser Theorie. Die Frage, ob das
KI-Modell darüber hinaus auch eine akzeptable "Simulation" von Vorgängen im Menschen
darstellt, ist hier von keinerlei Belang (s.a. Kobsa 1982, 84b).

Zusätzliche Beziehungen zwischen Zeichenstrukturen auf der einen Seite und etwa der
"Realität" (bzw. unseren Strukturvorstellungen darüber), der "Struktur unseres

Wissens", oder der Struktur unserer Sprache auf der anderen Seite sind dadurch natürlich nicht ausgeschlossen. Auch bei der in VIE-DPM verwendeten Repräsentationssprache KL-ONE lassen sich Beziehungen zu bestimmten Strukturvorstellungen über unsere "Welt" und zu natürlichsprachigen Begriffen angeben (siehe Abschnitt 3.3.1.). Im Gegenteil, solche zusätzlichen Korrespondenzen, wie sie von Boley (1976), Palmer (1978) oder Brachman & Smith (1980) so stark gefordert wurden, erleichtern sogar die Wissensattribuierung, sie sind aber auch nicht unbedingt erforderlich. Die Attribuierung von Wissen ist nicht einmal an ein komputationales System gebunden: McCarthy (1979) führt an, daß es manchmal durchaus sinnvoll sein kann, beispielsweise einem Thermostaten den Glauben "Es ist im Raum zu heiß" zuzubilligen.

Im Bereich der Benutzermodellierung würde die angesprochene epistemische Ebene nun etwa Aussagen darüber umfassen, welche Arten von Benutzerüberzeugungen und -zielen unterschieden werden, welche Dialogbeiträge des Benutzers zu welchen Systemannahmen über Überzeugungen und Ziele des Benutzers führen, etc. (unterstrichen jeweils die epistemischen Begriffe). Entsprechende Festlegungen dazu finden sich in den Kapiteln 2, 4 und 5 dieser Arbeit. Um diese Überzeugungen und Ziele in einem konkreten Dialogsystem zu repräsentieren, müssen Datenstrukturen und/oder Prozesse entwickelt werden, die es dem System ermöglichen, sich in obiger Weise zu verhalten, und denen nach (R) die Repräsentation dieser Überzeugungen und Ziele zugesprochen werden kann.

Da eine explizite Repräsentation, d.h. eine Repräsentation auf Basis von Datenstrukturen, bei weitem klarer und transparenter ist als eine implizite Repräsentation in prozeduraler Form, ist eine solche nach Möglichkeit vorzuziehen. Zu dieser Gruppe werden in der KI-Forschung hauptsächlich formallogische Kalküle, Netzwerkstrukturen mit den unterschiedlichsten Interpretationen, und die sogenannten 'Frames' gerechnet (vgl. Kobsa 1984a). Solche Repräsentationsstrukturen sollen hier als Repräsentationsschemata bezeichnet werden, unter einem Repräsentationssystem wäre ein implementiertes Repräsentationsschema mit entsprechenden Zugriffsprozeduren zu verstehen.

In VIE-DPM erfolgt die Repräsentation von Akteurmodellen - hier greife ich etwas vor - mit Hilfe von Kontexten, Situationsbeschreibungen in Netzwerknotation und von Akzeptanzbewertungen. Traditionelle logische Kalküle wie Aussagen-, Prädikaten- und Modallogik werden, sofern nicht die Arbeiten anderer Autoren zitiert werden, nur als Hilfsmittel zur Analyse von Anforderungen an dieses Repräsentationssystem verwendet, nicht aber als eigentliches Repräsentationsmittel. (Diese wichtige Unterscheidung stammt von Newell 1982.) Die im System VIE-DPM verwendeten Konstrukte sind, wie noch zu zeigen ist, für die Darstellung des Inhalts und der möglichen Beziehungen zwischen Überzeugungen, Zielen und Plänen von Akteuren besser geeignet als klassische logische Systeme.

Die Auffassung, daß die derzeit existierenden formallogischen Kalküle zumindest wegen ihrer mangelnden Ausdrucksfähigkeit für bestimmte Repräsentationszwecke eher wenig geeignet sind, ist in der KI-Forschung nicht ungewöhnlich, sie fand etwa in der Umfrage in Brachman & Smith (1980) starke Unterstützung. (Es gibt in der KI-Forschung auch eine Reihe anderer Argumente gegen formallogische Repräsentationsschemata, eine kurze Zusammenfassung findet sich etwa im Anhang von Minsky 1981.) Dieser Kritik wird oft entgegengehalten, daß - grob gesprochen - alles, was sich in anderen Repräsentationsschemata ausdrücken läßt, auch in einem logischen Standardkalkül darstellbar ist. Oder weitergehender, daß die Struktur dieser Repräsentations-schemata sogar direkt in die üblichen Axiome und Herleitungsregeln übersetzbar wären. (Hayes 1980 etwa gab eine solche Übersetzung für die frame-artige Repräsentations-sprache KRL (Bobrow & Winograd 1977) an.) Daraus folge, so wird argumentiert, daß die Standardkalküle zumindest gleichwertig seien.

Der Prämisse dieses Arguments soll hier nicht widersprochen werden. Auch das in VIE-DPM verwendete Repräsentationsschema ist, da auf einem komplexen System von Relationen beruhend, teilweise in eine mehrwertige Sortenlogik übersetzbar. (Eine Anleitung dazu wird in Abschnitt 3.3.3. gegeben.) Das Argument trifft aber nicht den Kern des Problems: Jedes Repräsentationsschema legt (ähnlich wie jede höhere Programmiersprache, insbesondere jede Spezialsprache) dem Benutzer eine bestimmte Betrachtungsweise des darzustellenden Bereichs nahe. Die Situationsbeschreibungs-sprache von VIE-DPM etwa legt nahe, diesen Bereich als System von Konzepten, Attributbeschreibungen, Rollen, Werteinschränkungen, individualisierten Konzepten und Attributbeschreibungen, etc. (siehe Abschnitt 3.3.1.) zu sehen. Durch diese Elemente wird die "epistemologische Ebene" (Brachman 1979) des Repräsentationsschemas festgelegt. Prädikatenlogik erster Stufe bietet als epistemologische Primitiva im wesentlichen nur Konstante, Variable, Prädikate, Funktionen, Junktoren und Quantoren.

Ein Vergleich, welches Repräsentationsschema die "bessere" epistemologische Ebene hat, ist nur in bezug auf einen bestimmten Repräsentationszweck möglich, ähnlich wie jeder Vergleich zwischen - sagen wir - den Simulationssprachen GPSS und CSMP den zu simulierenden Bereich berücksichtigen muß. In bezug auf die Modellierung von Überzeugungen, Zielen und Plänen anderer Akteure haben sich die epistemologischen Primitiva unseres Repräsentationsschemas als bei weitem fruchtbarer erwiesen als diejenigen von bisher entwickelten Standardkalkülen. Syntaktische Übersetzbarkeit impliziert also keineswegs eine "Gleichwertigkeit" zweier Repräsentationssprachen. Die Kompilierbarkeit von PASCAL in eine Assemblersprache unterstützt ja auch nicht die Behauptung, es sei wegen dieser Übersetzbarkeit egal, in welcher der beiden Sprachen ein Programm geschrieben wird.

Ein interessantes konkretes Beispiel für zwei Repräsentationssprachen, die ineinander übersetzbar sind, von denen eine nach Meinung ihres Autors aber epistemologisch schwächer ist als die andere, bietet die Arbeit von Moore (1977, 80), die in Abschnitt 3.2.4. beschrieben wird.

Ein ähnliches Argument zur Verteidigung formallogischer Repräsentation ist, daß jedes formale System mit jenen Charakteristika, die logische Kalküle besitzen, bereits eine "Art von logischem System" sei. Nach Moore (1982) wären solche Charakteristika etwa die Fähigkeit, ausdrücken zu können, daß etwas eine bestimmte Eigenschaft hat, ohne angeben zu müssen, welches Ding genau diese Eigenschaft besitzt. Oder daß jedes Element aus einer Klasse eine bestimmte Eigenschaft hat, ohne die Elemente dieser Klasse spezifizieren zu müssen. Oder auch die universelle Anwendbarkeit auf jeden beliebigen Objektbereich.

Dieses Argument ist m.E. ebenfalls unrichtig und vielleicht auch etwas "imperialistisch". Betrachten wir einmal die Rolle von formalen Systemen in der "wissensbasierten KI-Forschung": Solche Systeme dienen in diesem Bereich primär (a) zur Repräsentation von bestimmtem Wissen im oben beschriebenen Sinn, und (b) zum Nachvollziehen wissensbasierter Schlußfolgerungen. Letzteres grob in dem Sinne, daß, wenn auf der epistemischen Ebene üblicherweise akzeptiert wird, daß die Wissenselemente W1 - Wn-1 (was immer das sei) das Wissenselement Wn implizieren, es im Repräsentationssystem möglich sein muß, aus der Repräsentation von W1 - Wn-1 die Repräsentation von Wn mit syntaktischen Mitteln herzuleiten, und umgekehrt. Die verschiedenen im Bereich der formalen Logik entwickelten Kalküle, die in die Wissensrepräsentationsforschung übernommen wurden, bieten jeweils _eine_ Möglichkeit, diesen Anforderungen gerecht zu werden. Bereits in bezug auf die Repräsentationserfordernisse wird aber, wie erwähnt, oftmals die mangelnde Ausdrucksfähigkeit dieser Kalküle bemängelt. Auch in bezug auf das Inferenzproblem zeigen Standardkalküle einige Schwächen, man denke etwa an die Paradoxa der materialen Implikation, Probleme beim Einbeziehen von "plausiblem Schließen" (siehe etwa Bobrow 1980, darin insbes. Winograd 1980, sowie Habel 1983) und vorallem an einige Probleme der epistemischen Prädikatenlogik, auf die in Abschnitt 3.2.2. noch gesondert eingegangen wird. Einige der letzteren Probleme lassen sich bei Verwendung des Repräsentationsschemas von VIE-DPM umgehen.

Da nun alle im Bereich der wissensbasierten KI-Forschung entwickelten und noch zu entwickelnden formalen Systeme denselben Anforderungen entsprechen müssen, treten zwangsläufig viele Ähnlichkeiten zwischen den einzelnen Systemen auf. Man kann nun natürlich alle Systeme, die zu diesem Zweck entwickelt werden, als "logische Systeme" bezeichnen, wie dies etwa Moore tut. Sinnvoller scheint es jedoch, Abgrenzungen zu treffen zwischen formallogischen und anderen formalen Systemen, die zu diesem Zweck in der wissensbasierten KI-Forschung entwickelt wurden und noch entwickelt werden.

Syntaktische Abgrenzungskriterien dürften wegen der oben diskutierten weitgehenden Übersetzbarkeit von expliziten Repräsentationsschemata in prädikatenlogische Schemata wohl nicht in Frage kommen. Auch können sich formallogische Systeme selbst in verschiedenster Notation verstecken, wie etwa die Arbeiten von Schubert (1976), Schubert et al. (1979) oder Deliyanni & Kowalsky (1979) zeigen. Vorzuziehen wäre daher sicher eine Klassifikation auf epistemologischer Ebene, wie dies auch bei Spezial-Programmiersprachen häufig geschieht (etwa diskrete vs.   kontinuierliche Simulationssprachen). Hierauf kann jedoch in diesem Rahmen nicht weiter eingegangen werden.

Formallogische Notation und formallogische Herleitungen sollen aus diesen Gründen in der vorliegenden Arbeit nur zur Grobanalyse von Anforderungen an ein Repräsentations- system für Überzeugungen, Ziele und Pläne anderer Akteure verwendet werden, nicht jedoch zur eigentlichen Repräsentation. Formallogische Notation bietet eine sehr kompakte - allerdings auch nur grobe - Darstellungsmöglichkeit für das, was repräsen- tiert werden soll, Herleitungen in formalen Systemen der epistemischen Logik geben Hinweise, wie Inferenzen im eigentlichen Repräsentationssystem ausschauen sollen. Weiters wird natürlich auch von informalen Analysen des Glaubens- und Wissensbegriffs im Bereich der epistemischen und doxastischen Logik Gebrauch gemacht.

3.2. Bisherige Arbeiten zur Repräsentation von Akteurmodellen

3.2.1. Vorbemerkungen und Notationsvereinbarungen

Obwohl das Gebiet der Wissensrepräsentationsforschung innerhalb der KI-Forschung bereits auf eine 15-jährige Tradition zurückblicken kann, beschäftigte man sich eigentlich erst in den letzten Jahren allgemeiner mit dem Problem der Repräsentation von Überzeugungen, Zielen und Plänen anderer Akteure in einem KI-System. Dafür bestand bis vor einigen Jahren aber auch noch wenig Notwendigkeit. Plangenerierende Systeme etwa hatten bis dahin lediglich die Aufgabe, Pläne nur für einen einzelnen Akteur zu erstellen, der entweder mit dem System identisch war oder über dasselbe Wissen wie das System verfügte. Sprachverarbeitende Systeme wurden nur für solche Diskursbereiche entworfen, in denen andere Akteure entweder gar nicht vorkamen (Woods et al. 1972, Winograd 1972), oder in denen es genügte, nur ihre Aktionen, nicht jedoch die zugrundeliegenden Überzeugungen, Ziele und Pläne zu repräsentieren (Schank 1975, Cullingford 1978). Einzig im Bereich des "Computer Modelling of Belief Systems" (Colby & Gilbert 1964, Colby et al. 1973, Clippinger 1977, Carbonell 1979) beschäftigte man sich schon immer mit der Repräsentation von (mehr oder minder devianten) Überzeugungen von Personen, wobei aber die repräsentierten Überzeugungssysteme wieder identisch mit dem Systemwissen waren, das System also als <u>ganzes</u> die devianten Überzeugungen modellierte.

In den letzten Jahren sind für die einzelnen KI-Teildisziplinen nun neue Aufgaben dazugekommen, die es notwendig machen, sich stärker mit der Repräsentation von Akteurmodellen zu beschäftigen. Zu diesen neuen Bereichen zählt zum Beispiel das "Distributed Problem Solving" (Power 1979, Konolige & Nilsson 1980, Rosenschein 1982, Georgeff 1983), wo etwa simuliert wird, daß eine <u>Gruppe</u> von Akteuren einen Plan gemeinsam konstruiert und eventuell auch gemeinsam ausführt. Natürlichsprachige Systeme wandelten sich von Auskunftssystemen zu Dialogsystemen mit Beratungsfunktion (Cohen 1978, Rich 1979ab, Carberry 1983, Hoeppner & Morik 1983). Im Bereich des Geschichtenverstehens wird es nicht mehr als ausreichend betrachtet, komplexe Handlungsabläufe von Akteuren mit Hilfe von Handlungsstereotypen (Skripts) zu analysieren, sondern es werden Annahmen über die Ziele und Pläne der beschriebenen Akteure konstruiert (Wilensky 1978, Schmidt et al. 1978). Im Bereich der "Intelligent Computer-Aided Instruction" wird zunehmend versucht, Annahmen über den bisherigen Wissensstand des Lernenden in ein eigenes "Student Model" einzutragen und dieses bei der Gestaltung des Instruktionsablaufs zu berücksichtigen (Carr & Goldstein 1977, Clancey 1979).

Die in diesen jüngeren Arbeiten verwendeten Darstellungsformen für Überzeugungen,
Ziele und Pläne anderer Akteure sind aber zum großen Teil unbefriedigend, da kaum
generalisierbar. (Für einige dieser Arbeiten sind die verwendeten Repräsentationsschemata aber völlig ausreichend, da deren Autoren nur an Teilproblemen im Zusammenhang mit Akteurmodellen interessiert sind.) Das Überzeugungsmodell von BELIEVER
(Sridharan & Schmidt 1978, Schmidt et al. 1978) etwa umfaßt lediglich Überzeugungen
der Art S (3.1.1.) a (1.1.1.), repräsentiert mit Hilfe von Prädikaten über Individuenkonstanten (zur Notation siehe Abschnitt 2.4.2.). Das System von Martins
(Martins 1983, Martins & Shapiro 1983) läßt bereits mehrere parallele Akteure zu,
über die das System Überzeugungen der Form S (3.1.1.) a (1.1.1.), (1.1.2.),
(1.2.1.), (1.2.2.), (2.1.1.), (2.1.2.), (2.2.1.), (2.2.2.) haben kann, die mit Hilfe
von prädikatenlogischen Formeln dargestellt werden. Das Benutzermodell von HAM-ANS
(Jameson & Wahlster 1982, Hoeppner & Morik 1983) läßt bestimmte Systemüberzeugungen
der Art S (3.1.1.) U (1.1.1.) (in Hoeppner & Morik 1983 aber interpretiert als
gemeinsames Wissen) sowie ansatzweise Überzeugungen der Art S (3.1.1.) U (2.1.1.)
(siehe Morik & Rollinger 1983) zu. Das Benutzermodell von Rich (1979a, b) besteht
lediglich aus einer Reihe von Parameterwerten, die Ausprägungen bestimmter Persönlichkeitsmerkmale des Benutzers angeben.

Nur in wenigen Arbeiten wurden Repräsentationsschemata entwickelt, die den in
Abschnitt 2.4.2. dargestellten Anforderungen einigermaßen entsprechen. Solche
Arbeiten stehen dann zum allergrößten Teil in der Tradition der epistemischen Logik.
Diese Disziplin, obwohl historisch aus der Beschäftigung mit erkenntnistheoretischen
Fragen entstanden (daher auch der Name, vom griechischen 'episteme' = Erkenntnis),
untersucht den umgangssprachlichen Gebrauch von Aussagen, die Begriffe wie "wissen",
"nicht wissen, daß" oder "nicht wissen, ob" enthalten. Hilfsmittel bei dieser
Analyse sind formale Kalküle, mit denen das untersuchte Sprachverhalten rekonstruiert
werden soll. Zumeist wird zur epistemischen Logik auch der Bereich der doxastischen
Logik gerechnet (vom griechischen 'doxa' = Meinung), in welchem Begriffe wie etwa
"glauben", "vermuten", "meinen", etc. untersucht werden.

Epistemische Logik beschäftigt sich also damit, bestimmtes menschliches Sprachverhalten zu rekonstruieren, Forscher im Bereich der Überzeugungsrepräsentation hingegen damit, komputationale Systeme zu erfinden, die einen Computer befähigen sollen,
sich so zu verhalten, daß diesen Systemen die Repräsentation bestimmter Überzeugungen
im obigen Sinne zugesprochen werden kann. Die wissenschaftlichen Ziele der beiden
Disziplinen sind also sehr unterschiedlich. Der Hauptgrund, warum der Bereich der
Überzeugungsrepräsentation trotzdem so stark in der Tradition der epistemischen Logik
steht, liegt darin, daß in letzterem Bereich schon seit langem Probleme untersucht
werden, die denen im Bereich der Überzeugungsrepräsentation sehr ähnlich sind. Es
liegt daher nahe, nicht nur die Ergebnisse dieser logisch-epistemischen Analyse zu

übernehmen, sondern auch gleich das ganze formale Werkzeug dazu, um nicht zum Zwecke der Repräsentation andere komputationale Mechanismen entwickeln zu müssen. Diese Übernahme verläuft dabei, wie Barr (1980) erstmals explizit artikulierte, in der Weise, daß Formeln, die ursprünglich eine Beschreibung umgangssprachlicher Aussagen darstellen sollten, als <u>Datenstrukturen</u> direkt in den Computer übernommen werden, und dort als Wissensrepräsentationselemente identifiziert werden.

Obwohl bei der Entwicklung von VIE-DPM von der üblichen Analyse des Glaubensbegriffs im Bereich der epistemischen Logik eher wenig Gebrauch gemacht wurde, und beim Problem der Überzeugungsrepräsentation gänzlich von formallogischen Systemen abgewichen wurde, ist es aus Vergleichs- und Beurteilungsgründen sicher sinnvoll, einen Überblick über die bisher entwickelten Schemata zur Repräsentation von Akteurmodellen zu geben, auch wenn diese im formallogischen Paradigma wurzeln.   Zu diesem Zweck wird im folgenden ein kurzer Abriß der epistemischen Logik gegeben, soweit davon Probleme der Überzeugungsrepräsentation berührt werden. In den folgenen Abschnitten wird dann ein Überblick über die m.E. bedeutsamsten Arbeiten zur Überzeugungsrepräsentation, nämlich diejenigen von Konolige (1981), Moore (1980), Cohen (1978), sowie deren Nachfolger, gegeben. Für diesen Überblick werden Grund-kenntnisse der Prädikatenlogik vorausgesetzt, wie sie etwa v.Kutschera & Breitkopf (1971) entnommen werden können. Die anschließende Beschreibung von VIE-DPM verlangt keine derartige Vorkenntnisse.

Der Charakter der darzustellenden Arbeiten macht es auch notwendig, unser Repertoire an speziellen Zeichen und Abkürzungen beträchtlich zu erweitern bzw. zu präzisieren. Es seien daher von nun an:

p,q: Abkürzungen für Sachverhalte, die nicht die Überzeugungen, Ziele oder Pläne von
     Akteuren betreffen.
f,g,h: Abkürzungen für beliebige Formeln einer formalen Sprache.
S,U,A,A1,A2,..: Individuenkonstante des Sorts Akteur. (Bei 'S' denke man an das
     Dialogsystem, bei 'U' an einen Benutzer desselben.)
a,a1,a2,..: Individuenvariable des Sorts Akteur.
X,X1,X2,..: Individuenkonstanten des Sorts α.
x,x1,x2,..: Individuenvariable des Sorts α.
s: Abkürzung für eine beliebige Individuenvariable der obigen Reihe.
p(x),q(x): Abkürzungen für beliebige Sachverhalte, die das Individuum x betreffen.
f(s),g(s): Abkürzungen für beliebige Ausdrücke einer formalen Sprache, in denen s als
     freie Variable vorkommt.

In Abschnitt 3.2.3. und 3.2.4. werden bestimmte formale Objekt- und Metasprachen unterschieden. <u>Unterstrichene</u> Symbole beziehen sich dann auf die Objektsprache, alle anderen auf die Metasprache bzw. die Beschreibungssprache.

'SB(p)' drückt weiterhin eine einfache Überzeugung von S aus, 'UB(p)' eine solche von U (analog für 'A1B(p)', 'aB(p)', etc.). (Alle diese Symbole wurden im letzten Kapitel erläutert.) Bei Bedarf werden noch weitere Symbole eingeführt.

Doppelte Anführungszeichen sollen, wie dies auch schon bisher gehandhabt wurde, für Zitate und in solchen Fällen verwendet werden, in denen ein Wort nicht in seinem üblichen Sinn gebraucht wird, sondern in einer übertragenen oder noch zu präzisierenden oder zu analysierenden Bedeutung. Einfache Anführungszeichen hingegen werden benützt, um über ein Wort (Wortgruppe, Satz) zu sprechen, d.h. sie werden dann gesetzt, wenn diese sprachlichen Entitäten nicht <u>verwendet</u>, sondern <u>erwähnt</u> werden. Weiters wird noch Gebrauch gemacht von sogenannten "Quasi-Anführungszeichen" im Sinne von Quine (1951). Diese erlauben es, Teile eines referierten Satzes oder einer referierten Formel in den Namen dieses Satzes oder dieser Formel aufzunehmen. In den Abschnitten 3.2.3. und 3.2.4. werden damit metasprachliche Individuenvariablen gekennzeichnet, die objektsprachliche Formeln bezeichnen.

3.2.2. Epistemische Logik

Seit Russell (1940, 48) wird der Begriff "glauben" in der epistemischen Logik allgemein als ein Begriff angesehen, der eine "Propositional Attitude", d.h. eine Einstellung eines Akteurs a zu einer Proposition p, ausdrückt. Im Fall von "glauben" eben die Einstellung von a, daß er die Proposition p "glaubt", "akzeptabel findet", o.ä. Andere "Propositional Attitudes" würden nach Russell etwa durch die Begriffe "wünschen", "bezweifeln", etc. ausgedrückt werden. Es sei bereits hier vorausgeschickt, daß bei der Entwicklung von VIE-DPM der Glaubensbegriff <u>nicht</u> als Einstellung eines Akteurs zu einer <u>Proposition</u> analysiert wurde. Um Mißverständnisse zu vermeiden soll daher auch weiterhin statt der Phrase "Einstellungen von a zu Propositionen, die Einstellungen von a1 zu bestimmten Propositionen zum Inhalt haben" die Phrase "Überzeugungen und Ziele von a in bezug auf Überzeugungen und Ziele von a1", oder kürzer "a's Modell von a1" beibehalten werden. Dies auch dann, wenn Arbeiten von Autoren beschrieben werden, die die Analyse von Russell akzeptieren.

Welches der epistemologischen Primitiva der Prädikatenlogik im Sinne von Abschnitt 3.1. (also Konstanten, Variablen, Funktionen, Prädikate, Junktoren und Quantoren) ist nun geeignet, die Verwendung des Begriffs "glauben" im üblichen Sprachgebrauch halbwegs adäquat zu erfassen? Im Bereich der epistemischen Logik überwiegt die

Auffassung, den Begriff "glauben" als <u>Junktor</u> (oder auch (Satz-)<u>Operator</u>) anzusehen. Ein Satzoperator ist ein Sprachelement, das einen oder mehrere einfache Sätze zu einem komplexen Satz verknüpft. 'Und', 'oder', 'wenn, dann' und 'nicht' sind die klassischen Junktoren. Der Begriff "glauben" wäre nach dieser Analyse ein Operator, der einen Namen eines Akteurs und einen Teilsatz zu einem komplexeren Satz verknüpft.

Den klassischen Satzoperatoren wird allgemein die Eigenschaft der Extensionalität zugesprochen. Darunter ist zu verstehen, daß der Wahrheitswert eines mit Hilfe eines solchen Operators aus einfacheren Sätzen zusammengesetzten komplexen Satzes nur abhängig ist von der <u>Extension</u> dieser Teilsätze, d.h. also wieder von <u>deren</u> Wahrheitswert. Der Wahrheitswert von '$p \wedge q$' etwa ist also nur abhängig vom Wahrheitswert von p und vom Wahrheitswert von q, und ist unabhängig davon, was p und q auch immer bedeuten mögen. Klassische Aussagenlogik kann als Theorie der extensionalen Satzoperatoren aufgefaßt werden, oder vorsichtiger als Theorie derjenigen Satzoperatoren, denen die Eigenschaft der Extensionalität ohne allzu große Probleme zugebilligt werden kann. (Die in der Aussagenlogik übliche rein extensionale Analyse von 'wenn, dann' etwa scheint nicht mehr ganz unproblematisch zu sein.)

Der Begriff "glauben", wenn man ihn als Operator interpretiert, besitzt diese Eigenschaft der Extensionalität nun offensichtlich nicht. Der Wahrheitswert des Satzes 'a glaubt p' ist nicht (nach anderer Auffassung: nicht nur) abhängig von der Extension von p, sondern primär von der Bedeutung von p. Die fehlende Extensionalität wird noch auffälliger, wenn man nicht nur die Aussagenlogik, sondern auch die epistemische Prädikatenlogik betrachtet, wo grundlegende Deduktionsprinzipien problematisch werden, sobald sie auf einen Glaubensoperator angewandt werden.

Ein solches zentrales Prinzip der Prädikatenlogik (das üblicherweise Leibniz zugesprochen wird - siehe jedoch die kritische Diskussion in Feldman 1970) ist die Substituierbarkeit von extensionsgleichen Singulärtermen, in Standard-Axiomatisierungen zumeist ausgedrückt durch das Schema

(1) $\forall x1, x2 \; [x1 = x2 \supset (f(x1) \supset f(x2))]$

(1) gilt jedoch nicht, wenn die offene Formel f einen Glaubensoperator enthält und x1 in der Teilformel dieses Glaubensoperators enthalten ist. Man kann sich dessen leicht an einem - für unsere Zwecke leicht adaptierten - bekannten Beispiel von Quine (1956) vergewissern: Es bezeichne 'x1' einen Mann, den Ralph mit braunem Hut auf dem Kopf schon des öfteren unter fragwürdigen Umständen gesehen hat. Es besage 'f(x1)', daß Ralph glaubt, dieser Mann sei ein Spion. Weiters bezeichne 'x2' eine honorige Persönlichkeit namens Ehrlichmann, von der Ralph nicht weiß, daß sie identisch ist mit x1. Es gilt dann

(2)   Der Mann mit braunem Hut = Ehrlichmann $\wedge$ glaubt (Ralph,
      Ist-Spion (der Mann mit braunem Hut))

und daraus mit (1)

(3)   Glaubt (Ralph, Ist-Spion (Ehrlichmann))

was intuitiv nicht akzeptabel erscheint. Ein Grund für die Nichtanwendbarkeit von (1) ist, daß dieses Substitutionsprinzip nur eine <u>extensionale</u> Identität von Singulärtermen zur Voraussetzung hat, was offenbar im Zusammenhang mit dem Begriff "glauben", wenn man ihn als Operator interpretiert, nicht ausreicht. Quine (1953) führte die Bezeichnung "referentiell opake Kontexte" für die Teilformeln solcher Operatoren ein, bei denen eine wahrheitswerterhaltende Substitution von singulären Termen mehr als nur die extensionale Identität dieser Terme voraussetzt.

Leider ist das aber nur das halbe Problem: Die Herleitung von (3) aus (2) ist dann durchaus akzeptabel, wenn man (3) im Sinne von 'für Ehrlichmann gilt, daß Ralph ihn für einen Spion hält' interpretiert. Sätze der Struktur 'a glaubt, daß x ein F ist' (F steht für ein beliebiges Prädikat) treten im üblichen Sprachgebrauch nämlich in zweierlei Verwendungsweisen auf: Der bei weitem üblichere "de-dicto"-Gebrauch (der hier bisher auch immer implizit angenommen wurde) ist daran zu erkennen, daß a seine Überzeugungen mit 'Ich glaube, daß x ein F ist' ausdrücken könnte. Seltener ist der sogenannte "de-re"-Gebrauch, wo dem Individuum x ein komplexes Prädikat (nämlich 'a-glaubt-daß-F-ist') zugesprochen wird. Schwierigkeiten können dann auftreten, wenn für beide Verwendungsweisen dieselbe Formalisierung herangezogen wird.

Ein anderes im Zusammenhang mit dem Glaubensoperator problematisches Prinzip der Prädikatenlogik ist

(4) $f(X) \supset \exists x(f(x))$

das oft als "Exportationsregel" oder "existentielle Generalisierung" bezeichnet wird. Dieselben Voraussetzungen, unter denen aus (1) inakzeptable Herleitungen resultieren, führen auch bei (4) zu Problemen. Wird (4) etwa auf die (de-dicto-Interpretation von)

(5)   Glaubt (Ralph, Ist-Spion (Guillaume))

angewandt, so liefert dies (6) bzw. (7):

(6) Glaubt (Ralph, ∃x Ist-Spion (x))
(7) ∃x [Glaubt (Ralph, Ist-Spion (x))]

Will man Quine (1956) folgen, so drückt (6) die Proposition 'Ralph glaubt, daß es Spione gibt' aus, (7) hingegen die Proposition 'Es gilt für jemanden, daß Ralph glaubt, er sei ein Spion'. Letzteres kann man in der de-dicto-Interpretation lesen als

(8) Ralph glaubt von jemandem (für ihn:) bestimmten, er sei ein Spion.

(7) ist jedoch auch das Ergebnis, wenn man, ein Beispiel von Kaplan (1969) aufgreifend, (4) auf

(9) Glaubt (Ralph, Ist-Spion (der kleinste aller Spione))

anwendet. Die in (8) ausgedrückte Interpretation für (7) ist in diesem Fall aber sehr fragwürdig. Die Problematik dieses sogenannten "Hineinquantifizierens" in opake Kontexte, insbesonders wenn sie de dicto interpretiert werden, soll hier jedoch nicht weiter diskutiert werden. Ausführliche Erörterungen finden sich in Kaplan (1969) und Lenzen (1978, 80). Ein Lösungsvorschlag von Kaplan (1969), der im Repräsentationsschema von Konolige (1981) Anwendung fand, sowie Kritik daran wird im Abschnitt 3.2.3.2. behandelt.

Alle diese Probleme zeigen, daß, wenn man "glauben" als Satzoperator interpretieren will, er zumindest kein gewöhnlicher extensionaler Operator wie die erwähnten klassischen Junktoren ist. Ähnliche Eigenschaften wie "glauben" zeigen etwa auch die Begriffe "es ist notwendig", "es ist möglich", "es ist geboten", "es ist verboten", etc., bei denen Prinzipien wie (1) und (4) ebenfalls nur sehr beschränkt angewandt werden können. Solche Operatoren werden daher üblicherweise als "intensional" bezeichnet und im Rahmen der intensionalen Logik, einer, wenn man will, Überdisziplin der epistemischen Logik, untersucht.

Angesichts dieser Probleme stellt sich nun die Frage, ob die Interpretation von "glauben" als Satzoperator weiter aufrecht erhalten werden soll, oder ob eine andere Analyse des Glaubensbegriffs fruchtbarer ist. In der epistemischen Logik wird zumeist trotz dieser Schwierigkeiten der erste Ansatz gewählt. Entscheidet man sich für diesen Weg, so ergibt sich als nächste Aufgabe, eine geeignete Axiomatisierung einer epistemischen Aussagen- und Prädikatenlogik zu finden, die die obigen Probleme berücksichtigt, und wenn möglich für diesen Kalkül noch eine geeignete formale Semantik aufzustellen. Die erste derartige Axiomatisierung versuchte Hintikka in 'Knowledge and Belief' (1962), dem ersten eigentlichen Werk zur epistemischen Logik.

Erweiterungen finden sich etwa in v.Kutschera (1976) und vorallem Lenzen (1980).

Definiert man die Junktoren '∧' und '∨' wie folgt

  (D1) $f \wedge g := \sim (f \supset \sim g)$

  (D1) $f \vee g := \sim (\sim f \wedge \sim g)$

so wären die folgenden Schemata von Moore (1980) eine mögliche axiomatische Basis eines aussagenlogischen Systems mit dem intensionalen Operator 'know':

  (M1) alle aussagenlogischen Axiome

  (M2) $know(a,f) \supset f$

  (M3) $know(a,f) \supset know(a,(know(a,f)))$

  (M4) $know(a,(f \supset g)) \supset (know(a,f) \supset know(a,g))$

  (M5) Ist f ein Axiom, so ist auch $know(a,f)$ ein Axiom.

(M2) formalisiert den Umstand, daß im üblichen Sprachgebrauch aus 'a weiß p' folgt, daß p für den Sprecher der Fall ist. (M3) drückt aus, daß, wenn ein Akteur etwas weiß, er auch weiß, daß er es weiß. Und aus (M4) folgt, daß ein Akteur alle logischen Konsequenzen seines Wissens kennt. Das durch (M1) - (M5) definierte System gleicht sehr stark den im Bereich der modalen Aussagenlogik untersuchten Kalkülen (siehe etwa Hughes & Cresswell 1968, Chellas 1980). Wird der Akteur konstant gehalten, so ist das obige System äquivalent zum System S4 von Lewis (Lewis & Langford 1932).

Es soll hier nicht darüber diskutiert werden, ob (M1) - (M5) eine adäquate Rekonstruktion des umgangssprachlichen Gebrauchs des Begriffs "wissen" darstellt. Eine ausführliche Erörterung der Gründe, die für und wider die obige Analyse sprechen, findet sich etwa in Hintikka (1962) und Lenzen (1978, 80). Nehmen wir einmal an, daß (M1) - (M5) akzeptabel seien. Mit einem Theorembeweiser für Aussagenlogik könnte man - eventuell mit kleinen Modifikationen - in einem aussagenlogischen System erweitert um den Operator 'know' bereits solche Inferenzen ziehen, die nicht die Teilformeln dieses Operators berücksichtigen. Also etwa die Inferenz 'know(a,g)' aus 'know(a,f)' und 'know(a, f)⊃know(a,g)'. Nicht möglich hingegen sind Herleitungen, die von Junktoren innerhalb einer Teilformel des 'know'-Operators abhängen, wie etwa 'know(a,g)' aus 'know(a,f)' und 'know(a,(f ⊃ g))'.

Als nächsten Schrittt könnte man sich dann vorstellen, die aussagenlogischen Axiome um (M2) - (M5) zu erweitern. Einige Schwierigkeiten werden dabei dadurch auftreten, daß (M2) - (M5) eigentlich Axiomenschemata und keine einfachen Axiome sind. (Insbesondere (M5) - eigentlich eine modallogische Herleitungsregel - scheint recht

problematisch zu sein.) Aber selbst wenn dies gelänge, würde das resultierende
Deduktionssystem gravierende Probleme mit sich bringen. Wie Moore (1980, p.19ff) ausführt, würde das Zusammenwirken von (M4) und (M5) dazu führen, daß das Deduktionssystem sich in das Erzeugen komplexer geschachtelter 'know'-Formeln verläuft, egal,
ob (M4) im Rahmen eines datengerichteten oder eines zielorientierten Inferenz-
prozesses eingesetzt wird.

Im Bereich der Akteurmodellierung der Künstlichen-Intelligenz-Forschung liegt es
daher nahe, wenn schon nicht wegen der oben diskutierten Probleme, dann doch zumindest aus Effizienzüberlegungen heraus auf eine Interpretation des Glaubensbegriffs
als Satzoperator zu verzichten und andere Wege zu seiner Formalisierung zu suchen.
Da Deduktionssysteme für Logiken höherer Ordnung praktisch und theoretisch um einiges
komplizierter sind als Theorembeweiser für Logiken erster Stufe, ist es weiters
sinnvoll, eine Formalisierung auf erster Stufe anzustreben, auf die dann die üblichen
automatischen Deduktionsverfahren Anwendung finden können.

Dieser Weg wird auch von allen Autoren, die Schemata zur Akteurmodellierung entwickelten, beschritten. Konolige (1981) macht Gebrauch von der Idee, den Begriff
"glauben" nicht als Satzoperator, sondern als Prädikat aufzufassen. Da als Argumente
von Prädikaten nur Individuenkonstanten (d.h. Namen), Variablen, und Funktionen
auftreten können, kann ein Prädikat 'believe' nun nicht mehr auf einen Teilsatz p,
sondern nur auf den Namen von p angewandt werden. Für diesen Namen von p wollen wir
die Abkürzung ' $\ulcorner p \urcorner$ ' reservieren, aB(p) kann dann formalisiert werden durch
'believe(a, $\ulcorner p \urcorner$)'. Der Satz p kommt also in der Sprache, die 'believe' enthält, gar
nicht mehr vor, Prinzipien wie (1) oder (4) werfen daher keine Probleme mehr auf. Der
Satz p selbst kann dann in einer anderen Sprache ("Objektsprache") formuliert werden, auf die sich die Namen ' $\ulcorner p \urcorner$ ' beziehen. Weiters ist es dann möglich, das Prädikat 'believe' mit der Herleitbarkeit von Formeln in dieser Objektsprache zu identifizieren, weshalb diese Vorgangsweise auch als "syntaktischer Ansatz" bezeichnet wird.

Moore (1978, 80) verwendet die Idee, den Wissensbegriff zwar als Satzoperator in eine
Objektsprache einzuführen, diese Objektsprache aber dann in eine Metasprache, die die
Semantik der Objektsprache formalisiert, zu übersetzen und Inferenzen ausschließlich
in dieser Metasprache durchzuführen. Diese Vorgangsweise wird auch als "semantischer
Ansatz" bezeichnet. Da Moore für die Objektsprache die modallogische Axiomatisierung
(M1) - (M5) verwendet (wir werden diese aus Vergleichbarkeitsgründen in Abschnitt
3.2.4. etwas abschwächen), liegt es für ihn nahe, als Semantik der Objektsprache die
Standard-Semantik der Modallogik, nämlich die Mögliche-Welten-Semantik, heranzuziehen.

Cohen (1978) verwendet zur Akteurmodellierung den sogenannten "Partitionsansatz", der

bereits teilweise den Boden der formalen Logik verläßt. Die einfachen Überzeugungen
und Ziele in einem Akteurmodell beliebiger Tiefe werden separiert als Theorien erster
Stufe formuliert, die Verbindung zwischen diesen Theorien wird mit Hilfe von außerlogischen Mitteln realisiert.

Die drei erwähnten Arbeiten sowie wichtige Erweiterungen derselben durch andere
Autoren sollen nun in den folgenden Abschnitten überblicksmäßig dargestellt werden.
Dabei werden gegenüber den Originalarbeiten einige kleine Vereinfachungen getroffen
sowie einige Notationsänderungen durchgeführt.   Dadurch wird es möglich, eine
kompaktere und notational vereinheitlichte Darstellung der für unser Thema relevanten
Teile dieser Arbeiten geben zu können. Um einen Vergleich mit den Originalarbeiten
zu erleichtern, wurden die Bezeichnungen der wichtigsten Axiome unverändert übernommen, auch wenn dadurch, da nicht alle Teile dieser Arbeiten beschrieben werden, in
den Bezeichnungssequenzen manchmal Lücken auftreten.

Zum Verständnis des Ansatzes von VIE-DPM sind die folgenden Abschnitte nicht notwendig. Falls wenig Interesse an den Arbeiten dieser Autoren besteht, kann daher
gleich zum Abschnitt 3.3. übergegangen werden.

3.2.3. Der syntaktische Ansatz von Konolige

3.2.3.1. Die Repräsentation von gesättigten Überzeugungen

Konolige (1981) verwendet in seinen Arbeiten zur Darstellung der Überzeugungen
anderer Akteure den syntaktischen Ansatz, eine Technik, deren Anwendung zum Zwecke
der Überzeugungsrepräsentation erstmals von Weyhrauch (1980) untersucht wurde.
Überzeugungen eines zu modellierenden Akteurs über eine Situation werden bei Konolige
mit Hilfe von Formeln einer sogenannten Objektsprache OL, einer prädikatenlogischen
Sprache erster Stufe mit Identität, ausgedrückt. Die Überzeugungen werden dabei als
Theorie erster Stufe eines aussagenlogischen Systems (es wird die Hilbert-Axiomati-
sierung verwendet) dargestellt. Die Syntax von Formeln in OL soll hier nur wie folgt
skizziert werden: Sind f und g Formeln in OL, so sind dies auch folgende Ausdrücke:

$$not(f), \quad and(f,g), \quad or(f,g), \quad imp(f,g)$$

Diese Ausdrücke werden von Konolige nicht als konkrete Syntax von OL aufgefaßt,
sondern als abstrakte Beschreibung der Funktion eines konkreten Ausdrucks in OL.

'<u>and</u>(<u>f</u>,<u>g</u>)' etwa steht an Stelle jenes konkreten Ausdrucks, der die Funktion der Konjunktion in OL übernimmt. Die Idee einer abstrakten Syntax wurde von McCarthy (1962) eingeführt, für unsere Zwecke reicht es jedoch völlig aus, diese abstrakte Syntaxbeschreibung mit der konkreten Syntax von OL zu identifizieren.

Objektbereich von OL sind Individuen und Relationen in einer beliebigen Modellstruktur (der "<u>Situation</u>"). Die inferentielle Hülle der Theorie erster Stufe wird als "Theorie eines Akteurs über die Welt" bezeichnet, die Eigenaxiome (nichtlogischen Axiome) als "Basismenge" dieser Theorie.

Der Objektsprache steht eine <u>Metasprache</u> ML gegenüber, ebenfalls eine prädikatenlogische Sprache erster Stufe mit Identität. Die Individuenvariablen dieser Metasprache sind mehrsortig, es seien

't': eine Individuenvariable für die Theorie von Akteuren über die Situation.
'⌜<u>f</u>⌝','⌜<u>g</u>⌝': Variablen für die ML-Namen der objektsprachlichen Formeln <u>f</u> und <u>g</u>. Der Aufbau dieser Namen ist identisch mit dem Aufbau der von ihnen referierten OL-Formeln. Die eckigen Anführungszeichen sind als "Quasi-Anführungszeichen" im Sinne von Quine (1951) zu verstehen. Sie erlauben es, Teile der Struktur der referierten Formel (etwa Junktoren) in die ML-Namensvariable aufzunehmen.

Weiters wird eine monadische Funktion 'th' eingeführt, die die Theorie des als Argument aufscheinenden Akteurs über die Situation liefert. Die Theorie des Akteurs A etwa wird durch 'th(A)' referiert.

Mit Hilfe einiger metasprachlicher Prädikate, die Namen von objektsprachlichen Formeln als Argument haben, versucht Konolige nun, Systemwissen über die derzeit gültige Situation und Vermutungen des Systems über die Überzeugungen anderer Akteure darzustellen. Es gilt

TRUE(⌜<u>f</u>⌝)   gdw. es nach Meinung des Systems in der derzeitigen Situation zutrifft, daß <u>f</u>.
FACT(t,⌜<u>f</u>⌝) gdw. '<u>f</u>' nach Meinung des Systems Element der Basismenge der Theorie t eines Akteurs ist.
CFACT(⌜<u>f</u>⌝)   gdw. TRUE(⌜<u>f</u>⌝) und für alle Akteure a FACT (th(a),⌜<u>f</u>⌝) gilt, d.h. es gemeinsame (Basis-) Überzeugung des Systems und aller modellierten Akteure ist, daß <u>f</u>.
PR(t,⌜<u>f</u>⌝)   gdw. in der Theorie t eines Akteurs herleitbar ist, daß <u>f</u>. Da ein Basiselement einer Theorie in der Theorie herleitbar ist, gilt

(1) $\forall t, \ulcorner \underline{f} \urcorner \ [FACT(t, \ulcorner \underline{f} \urcorner) \supset PR(t, \ulcorner \underline{f} \urcorner)]$

Mit Hilfe der folgenden Axiomenschemata kann das Inferenzverhalten in der Theorie t
eines Akteurs beschrieben werden:

(PR) $\forall t, \ulcorner \underline{f} \urcorner [{\sim}PR(t, \ulcorner \underline{f} \urcorner) \supset PR(t, \ulcorner \underline{not(f)} \urcorner)]$
  $\forall t, \ulcorner \underline{f} \urcorner, \ulcorner \underline{g} \urcorner \ [[PR(t, \ulcorner \underline{f} \urcorner) \lor PR(t, \ulcorner \underline{g} \urcorner)] \supset PR(t, \ulcorner \underline{or(f,g)} \urcorner)]$
  $\forall t, \ulcorner \underline{f} \urcorner, \ulcorner \underline{g} \urcorner \ [[PR(t, \ulcorner \underline{f} \urcorner) \land PR(t, \ulcorner \underline{g} \urcorner)] \supset PR(t, \ulcorner \underline{and(f,g)} \urcorner)]$
  $\forall t, \ulcorner \underline{f} \urcorner, \ulcorner \underline{g} \urcorner \ [[PR(t, \ulcorner \underline{f} \urcorner) \supset PR(t, \ulcorner \underline{g} \urcorner)] \supset PR(t, \ulcorner \underline{imp(f,g)} \urcorner)]$

Mit Hilfe von (PR) können nur aussagenlogische Herleitungen in OL rekonstruiert
werden. Leider gibt Konolige (1981) nicht an, ob und wie er (PR) auch auf prädikatenlogische Inferenzen erweitert.

Überzeugungen eines Akteurs werden nun von Konolige mit der <u>Herleitbarkeit</u> von
Formeln in OL identifiziert, Wissen eines Akteurs mit Überzeugungen, die auch das
System akzeptiert:

(2) $\forall a, \ulcorner \underline{f} \urcorner \ [BEL(a, \ulcorner \underline{f} \urcorner) \supset PR(th(a), \ulcorner \underline{f} \urcorner)]$
(3) $\forall a, \ulcorner \underline{f} \urcorner \ [KNOW(a, \ulcorner \underline{f} \urcorner) \supset BEL(a, \ulcorner \underline{f} \urcorner) \land TRUE(\ulcorner \underline{f} \urcorner)]$

Sowohl die Überzeugungen des Systems über die Situation als auch jene über die Über-
zeugungen anderer Akteure über die Situation werden also mit Hilfe objektsprachlicher
Formeln ausgedrückt. Eine objektsprachliche Formel $\underline{f}$ gehört zu den Überzeugungen des
Systems über die Situation, wenn TRUE($\ulcorner \underline{f} \urcorner$) gilt. Sie gehört zu den Überzeugungen des
Systems über die Überzeugungen eines Akteurs a über die Situation, wenn
BEL(th(a), $\ulcorner \underline{f} \urcorner$) gilt. Ist beides gültig, gilt auch KNOW(th(a), $\ulcorner \underline{f} \urcorner$). Ist in der
Axiomenmenge des Systems also TRUE($\ulcorner \underline{f} \urcorner$) und BEL(t, $\ulcorner \underline{g} \urcorner$) enthalten und ist $\underline{f}$
syntaktisch identisch mit $\underline{g}$, so beschreiben $\underline{f}$ und $\underline{g}$ denselben Sachverhalt im
Objektbereich. Oder umgekehrt, sollen $\underline{f}$ und $\underline{g}$ in verschiedenen Überzeugungskontexten
(etwa der Theorie der Akteure a1 und a2) denselben Sachverhalt beschreiben, so müssen
sie syntaktisch identisch sein.

BEL(th(a), $\ulcorner \underline{f} \urcorner$) gilt genau dann, wenn PR(th(a), $\ulcorner \underline{f} \urcorner$). Dies wiederum dann, wenn

- FACT(th(a), $\ulcorner \underline{f} \urcorner$), d.h. $\underline{f}$ in der Basismenge des Akteur a enthalten ist, oder
- CFACT($\ulcorner \underline{f} \urcorner$), d.h. $\underline{f}$ in der Basismenge jedes Akteurs, somit auch in derjenigen von
     a, enthalten ist, oder
- PR(th(a), $\ulcorner \underline{f} \urcorner$) mit Hilfe von (PR) aus den metasprachlichen Aussagen über die Formeln
     der Basismenge des Akteurs a herleitbar ist, oder

- _f_ in OL aus den Formeln der Basismenge des Akteurs a mit Hilfe von aussagen- und prädikatenlogischen Herleitungen inferierbar ist. PR(th(a), ⌜_f_⌝) wird in diesem Fall mit Hilfe von außerlogischen Mitteln gesetzt. Diese Technik, von Weyhrauch (1980) als 'Semantic Attachment' bezeichnet, geht auf Creary (1979) zurück.

BEL(th(a), ⌜_f_⌝) gilt also genau dann, wenn das System in der Basismenge von a oder in der allgemeinen Basismenge _f_ "findet", oder durch "Simulation von a" feststellt, daß a _f_ glaubt. Die durch die Sprachstufung gegebene Möglichkeit, Aussagen sowohl über die Basismenge eines Akteurs als auch über die Herleitbarkeit einer Formel zu machen, offeriert eine interessante Repräsentationsmöglichkeit für Nicht-Wissen. '~BEL(th(a), ⌜_f_⌝)' etwa drückt aus, daß _f_ in der Theorie th(a) nicht herleitbar ist, ohne daß daraus bereits folgt, daß BEL(th(a), ⌜not(f)⌝). (Dieser Schluß gilt nur in umgekehrter Richtung.) Interessant ist auch, daß Formeln der Art

(4) [BEL(a, ⌜imp(_f_,_g_)⌝)∧~BEL(a, ⌜_g_⌝)] ⊃ ~BEL(a, ⌜_f_⌝)

(die besagen, daß ein Akteur, wenn er imp(_f_,_g_) glaubt und nicht _g_ glaubt, dann auch nicht _f_ glaubt) Theoreme des Systems von Konolige sind, und nicht als Axiome angeführt werden müssen. (Ein Beweis für diese Theoreme - er verwendet (PR) und Modus Tollens - findet sich in Konolige 1981, p. 48.)

3.2.3.2. Die Repräsentation von ungesättigten Überzeugungen anderer Akteure

Ungesättigte Überzeugungen anderer Akteure der Art S (3.1.1.) a (1.2.1) - (1.2.2.), wie zum Beispiel

(5) S glaubt, daß a glaubt, daß jemand John ermordet hat.

lassen sich mit dem bisher entwickelten Instrumentarium leicht darstellen. (5) etwa kann repräsentiert werden durch

(W1) BEL(a, ⌜∃ x Murdered(x,JOHN)⌝)

'Murdered' ist hier Prädikat aus OL, 'JOHN' eine OL-Individuenkonstante, und '_x_' eine gebundene OL-Individuenvariable, alle mit naheliegender Extension.

Zur Repräsentation von ungesättigten Überzeugungen anderer Akteure der Art S (3.1.1.) a (1.2.5.), etwa zur Repräsentation von

(2) S glaubt, daß a denjenigen kennt, der John ermordet hat.

muß ein weiterer Sort in ML eingeführt werden. Es sei im folgenden

'⌜trm⌝': eine ML-Variable für den Namen des objektsprachlichen Terms _trm_. Unter Term
     ist jeder Ausdruck zu verstehen, der ein Individuum des Objektbereichs von
     OL referiert.

Weiters bezeichne '⌜_f_(⌜trm⌝)⌝' jene Formel der Objektsprache, die von demjenigen
ML-Namen referiert wird, der entsteht, wenn man alle freien Vorkommnisse von '⌜trm⌝'
in '⌜_f_(⌜trm⌝)⌝' durch denjenigen OL-Term, der durch '⌜trm⌝' referiert wird, ersetzt.
'⌜Murdered(⌜trm⌝,JOHN)⌝' bezeichnet also die OL-Formel 'Murdered(President(USA),
JOHN)', wenn '⌜trm⌝' den OL-Term 'President(USA)' bezeichnet.

Ein erster Versuch der Formalisierung von (2) führt zu

(W2)   ∃ ⌜trm⌝ [BEL(a,⌜Murdered(⌜trm⌝,JOHN)⌝)]

Hier ergibt sich allerdings das Problem, daß es unserem intuitiven Verständnis von
"denjenigen kennen, der..." nicht entspricht, wenn '⌜trm⌝' beliebige Terme aus OL,
die den Mörder referieren, bezeichnen kann. Das krasseste Gegenbeispiel ist wohl die
Funktion 'MURDERER(JOHN)' als Designat von '⌜trm⌝', die sicher intuitiv keine
ausreichende Beschreibung von Johns Mörder darstellt. Dies führt zur Frage, welche
Eigenschaften eine solche akzeptable Beschreibung haben muß. Konolige, bezugnehmend
auf Kaplan (1969), fordert, daß diese Beschreibung ein Name sein muß, der in allen
Modellen von OL dasselbe Individuum bezeichnet, also ein sogenannter 'Standardname'
sein muß.

Diese Auffassung wird von Haas (1983) mit Recht kritisiert. Ein Akteur a würde nach
Konolige nur dann wissen, wo John wohnt, wenn er einen Standardnamen für Johns Haus
besitzt. Die Überzeugung von a, daß er "in dem grauen Haus gegenüber dem Sternmarkt"
wohnt, wäre jedoch unserem intuitiven Verständnis nach sehr wohl ein hinreichendes
Kriterium dafür, a zubilligen zu können, er wisse, wo John wohnt, ohne daß diese
Beschreibung notwendigerweise in allen möglichen Welten Johns Haus referiert. Weiters
ist, wie Haas hinweist, die Akzeptabilität einer Beschreibung als Füller solcher
ungesättigter Überzeugungen stark kontextabhängig (oder, wie Cohen 1981 meint, zweck-
abhängig). In vielen Fällen wird etwa auch bloß die Überzeugung von a, daß John jetzt
in Chicago wohnt, hinreichend dafür sein, a zubilligen zu können, er wisse, wo John
(gerade) wohnt.

Mit Hilfe des Instrumentariums von Konolige kann nun folgende Formalisierung von (2) aufgestellt werden:

(W3) $\exists x,\underline{a}\ [(\mu(x)=\underline{a}) \wedge KNOW(a, \ulcorner\underline{Murdered(\underline{a},JOHN)}\urcorner\ )$

'$\mu(x)$' liefert dabei den OL-Standardnamen des mit 'x' referierten Individuums, '$\underline{a}$' ist eine OL-Individuenvariable für solche Standardnamen. '$\ulcorner\underline{f(\underline{a})}\urcorner$' bezeichne diejenige OL-Formel, die von jenem ML-Namen referiert wird, der entsteht, wenn man alle freien Vorkommnisse von '$\underline{a}$' in '$\ulcorner\underline{f(\underline{a})}\urcorner$' durch den OL-Standardnamen ersetzt, der durch '$\underline{a}$' referiert wird.

Überzeugungen eines Akteurs über Identitätsbeziehungen zwischen Referenten von OL-Termen können dann ausgedrückt werden durch

(I1) $\exists x,\underline{a}\ [(\mu(x)=\_)\ \ KNOW(a, \ulcorner\underline{trm=\underline{a}}\urcorner\ )]$

Oder kürzer, wenn vereinbart wird, daß x nicht mehr ein Individuum des Objektbereichs von OL, sondern den OL-Standardnamen für dieses Individuum bezeichnet:

(I2) $\exists x\ KNOW(a, \ulcorner\underline{trm=x}\urcorner)$

bzw statt (W3) allgemein

(W4) $\exists x\ KNOW(a, \ulcorner\underline{f(x)}\urcorner)$

Hier ergibt sich allerdings das Problem, daß nicht bekannt ist, welchen OL-Standardnamen x bezeichnet. Die durch '$\underline{trm=x}$' bzw '$\ulcorner\underline{f(x)}\urcorner$' bezeichneten OL-Formeln können also nicht herangezogen werden, wenn mit Hilfe von Herleitungen in OL festgestellt werden soll, ob ein Akteur eine bestimmte Überzeugung hat. Haas (1982, 83) schlägt aus diesem Grund vor, in OL temporär für solche Simulationszwecke spezielle Individuenkonstanten einzuführen. Solche Konstanten spielen auch im noch zu beschreibenden Schema von Cohen (1978) eine große Rollen.

Ein weiteres Problem ist, daß aus (I2) bzw. (W4) mit existentieller Generalisierung und der Definition von KNOW folgt, daß

(I3) $\exists x\ TRUE(\ulcorner\underline{trm=x}\urcorner)$
(W5) $\exists x\ TRUE(\ulcorner\underline{f(x)}\urcorner)$

Diese Formeln besagen, daß auch das System die durch die ML-Formelvariablen referierten - ihm aber unbekannten! - OL-Formeln akzeptiert.   Ist dies nicht er-

wünscht, so scheint es ohne Probleme möglich zu sein, zur Repräsentation von ungesättigten Überzeugungen eines Akteurs auch das ML-Prädikat BEL heranzuziehen.

3.2.3.3. Unzulänglichkeiten der Repräsentation von Konolige

a) Mangelnde Ausdrucksfähigkeit von OL

Zur Repräsentation von einfachen Überzeugungen des Systems und einfachen Überzeugungen in Akteurmodellen beliebiger Stufe steht in Konoliges System die Objektsprache OL
zur Verfügung.   Diese wird von Konolige nur als prädikatenlogische Sprache charakterisiert, eine Erweiterung auf eine Sortenlogik dürfte jedoch unproblematisch sein.
Die Sprache legt nahe, den Inhalt der erwähnten Überzeugungen durch die Brille der
von ihr vorgegebenen epistemologischen Primitiva, nämlich Sorten von Konstanten und
Variablen, Funktionen, Prädikaten, Junktoren und Quantoren, zu sehen. In Abschnitt
3.3.1. wird die Situationsbeschreibungssprache von VIE-DPM als epistemologisch adäquatere Alternative vorgestellt.

b) Keine beliebige Schachtelung von Überzeugungen

In der bisher beschriebenen Form gestattet das Schema von Konolige nur, Überzeugungen
des Systems über Überzeugungen anderer Akteure auf erster Stufe zu modellieren.
Überzeugungen des Systems über die Überzeugungen eines Akteurs über die Überzeugungen
eines dritten Akteurs (also Überzeugungen der Art S (3.1.1.) - (3.1.2.) a1 (3.1.1.) -
(3.1.2.) a2 (1.1.1.) - (1.1.2.)) sind also nicht darstellbar.   Zur Behebung dieser
Unzulänglichkeit ist es nun durchaus möglich, eine weitere Objektsprache, nennen wir
sie OL', einzuführen und OL zur Metasprache von OL' zu machen, dann analog eine
weitere Objektsprache OL'' einzuführen, etc. In der Tat wird dieser Ansatz von
Konolige auch gewählt, um in OL' die Inferenzen eines Akteurs über mögliche
Zustandsänderungen der Welt repräsentieren zu können. (Er versucht auf diese Weise,
ähnlich wie Moore 1980, eine Verbindung zum Situationskalkül von McCarthy & Hayes
1969 herzustellen.)

Dieser Ansatz ist aber, wie Konolige selbst zugesteht, extrem aufwendig. Für jede
weitere Modellierungsstufe muß eine eigene formale Sprache sowie zumindest deren
Beziehung zur unmittelbar übergeordneten Metasprache vollkommen neu definiert werden.
Dadurch ist einerseits eine maximale Schachtelungstiefe von Überzeugungen im System
vorgegeben. Zum anderen steigt auch der Aufwand für Inferenzen. Zur Vermeidung des
letzten Nachteils empfiehlt Konolige, in stärkerem Maße die Möglichkeiten des

Semantic Attachment auszunutzen, anstatt Metaaxiome über eine Objektsprache, wie etwa (PR), zu verwenden. Damit verläßt Konolige aber zum Teil den Boden des Sprachstufungsansatzes und wird zu einem Vertreter des Partitionsansatzes (siehe Abschnitt 3.2.5.).

c) <u>Infinit-reflexive Überzeugungen und gemeinsame Überzeugungen inadäquat</u>
   <u>repräsentiert</u>

Mit CFACT($\ulcorner\underline{f}\urcorner$) ('C' soll dabei für "Common" stehen) ist in Konoliges Schema darstellbar, daß $\underline{f}$ in der Basismenge aller repräsentierten Akteure enthalten ist und auch das System $\underline{f}$ akzeptiert. Eine verbesserte Repräsentation möchte er - bei Vorliegen einer Objektsprache zweiter Stufe OL' und zusätzlichen Spracherweiterungen - mit Hilfe von

$$(CF) \quad \forall \ulcorner\underline{f}\urcorner \; [CFACT(\ulcorner\underline{f}\urcorner) \supset CFACT(\ulcorner CFACT(\ulcorner\underline{f}\urcorner)\urcorner)]$$

erreichen. '$\ulcorner CFACT(\ulcorner\underline{f}\urcorner)\urcorner$' referiert dabei die OL-Formel 'CFACT($\ulcorner\underline{f}\urcorner$)', und '$\ulcorner\underline{f}\urcorner$' wiederum die Formel '$\underline{f}$' in OL'. 'CFACT($\ulcorner\underline{f}\urcorner$)' drückt damit aber nur aus, daß SBa1B(f) und SBa1Ba2B(f) für beliebige Akteure a1 und a2 gilt. Wenn man vom immensen Zusatzaufwand einmal absieht, scheint es nun durchaus möglich, weitere Objektsprachen und dafür auch weitere Axiome wie (CF) einzuführen und so die mögliche Schachtelungstiefe für diese inferierbaren Überzeugungen zu erhöhen. Da die maximale Schachtelungstiefe aber begrenzt ist, können nicht alle sich aus gemeinsamen Überzeugungen ergebenden Implikationen inferiert werden. Für infinit-reflexive Überzeugungen gibt es in Konoliges Schema überhaupt keine Repräsentationsmöglichkeit.

Ein noch schwerwiegenderer Nachteil seiner Repräsentation ist jedoch, daß gemeinsame Überzeugung nur für <u>alle</u> Akteure zusammen mit dem System definiert werden kann. Es ist also etwa nicht möglich, $\underline{f}$ als gemeinsame Überzeugung nur des Systems und eines bestimmten Akteurs oder als gemeinsame Überzeugung nur zweier vom System verschiedener Akteure aufzufassen. Dadurch geht aber eine der wichtigsten Informationen für benutzerspezifisches Dialogverhalten verloren.

3.2.4. Der semantische Ansatz von Moore

3.2.4.1. Historischer Rückblick

Moore (1977, 80) wählte zur Übersetzung der intensionalen epistemischen Sprache in eine Sprache erster Stufe den sogenannten "semantischen Ansatz". Die allgemeine Vorgangsweise verläuft dabei so, daß für ein objektsprachliches System in einer Metasprache erster Stufe eine geeignete semantische Interpretation formalisiert wird. Für den Bereich der epistemischen Logik bietet sich wegen ihrer Affinität zur Modallogik als geeignete Semantik die Mögliche-Welten-Interpretation an, die von Kripke (1963a, b) für modallogische Systeme entwickelt wurde. Die Grundidee dieser Art von Semantik ist es, die Bedeutung der Modaloperatoren in Erreichbarkeitsbeziehungen zwischen Möglichen Welten zu übersetzen. Diese Beziehungen können dann in einer Sprache erster Stufe axiomatisiert werden. Dadurch wird es möglich, Inferenzen statt über die Erfülltheit intensionaler Ausdrücke nunmehr über die Erreichbarkeit von Möglichen Welten zu ziehen.

Parallel zu Kripke skizzierte Hintikka (1962) eine Modelltheorie für die von ihm entwickelte modallogische Axiomatisierung des Wissensbegriffs, die der Möglichen-Welten-Semantik sehr ähnlich war. In Hintikka (1969) formulierte er sie in Kripkes Schema um, wobei er der Erreichbarkeitsrelation eine geeignete Interpretation gab, die auch von Moore übernommen wurde.

Im Bereich der KI-Forschung tauchte die Idee, Deduktionen statt in einer Objektsprache indirekt in einer Sprache erster Stufe, die deren Semantik formuliert, durchzuführen, erstmals bei McCarthy & Hayes (1969) auf, wird aber von beiden Autoren nicht weiter verfolgt. Morgan (1976) stellt ein auf dieser Basis operierendes experimentelles Deduktionssystem für Logiken mit Möglicher-Welten-Semantik vor. Ausführlichen Gebrauch von dieser Technik im Bereich der epistemischen Logik machte aber erst Moore (1977, 80). Diese Arbeit sowie die darauf aufbauende von Appelt (1982) soll im folgenden beschrieben werden, wobei zum Zwecke der Vereinheitlichung und Vereinfachung wieder einige Notationsänderungen vorgenommen wurden.

3.2.4.2. Die Repräsentation von Überzeugungen des Systems und anderer Akteure

Überzeugungen des Systems und anderer Akteure werden bei Moore in einer intensionalen mehrsortigen Objektsprache (nennen wir sie OLI) formuliert. Mit Hilfe einer Reihe

von Axiomenschemata wird OLI direkt in eine Metasprache erster Stufe, nennen wir sie
wieder ML, übersetzt. Objektbereich von OLI sind Individuen und Relationen in einer
Möglichen Welt.

Der Aufbau von OLI ist identisch mit demjenigen von OL im System von Konolige. (Auch
hier kann die abstrakte Syntaxbeschreibung mit der konkreten Syntax von OLI identifiziert werden.) Zusätzlich enthält OLI noch intensionale Operatoren, wie etwa 'know'.
Statt 'not(f)' wird auch manchmal (insbesondere in Abbildungen) die kompaktere
Notation '~f' verwendet.

Objektbereich von ML, einer Sortenlogik erster Stufe, sind Individuen und Relationen
in einer Möglichen Welt, Formeln von OLI, sowie Mögliche Welten. Es seien im
folgenden:

'w','w1','w2',..: Individuenvariable für Mögliche Welten.
'WO','W1','W2',..: Konstanten für Mögliche Welten. 'WO' bezeichne dabei die gerade
     gültige Welt (d.h. die derzeitige Situation).
⌜f⌝, ⌜g⌝ : Variable für die Namen der objektsprachlichen Formeln f, g. Der Aufbau
     dieser Namen ist identisch mit dem Aufbau der von ihnen referierten OLI-Formeln.

Um in ML über die Semantik von OLI sprechen zu können, führt Moore das Prädikat 'T'
ein, das als Argumente den Namen einer OLI-Formel und eine Mögliche Welt annimmt.
'T(w, ⌜f⌝)' drückt aus, daß f in der Welt w erfüllt ist, 'T(WO, ⌜f⌝)', daß f in der
gerade gültigen Welt erfüllt ist.

Der intensionale Operator 'know' aus OLI wird beim semantischen Ansatz, wie erwähnt,
in Erreichbarkeitsbeziehungen zwischen Möglichen Welten übersetzt. Zu diesem Zweck
führt Moore das Prädikat 'K' ein, das als Argumente einen Akteur und zwei Mögliche
Welten annimmt. 'K(a,w1,w2)' drückt aus, daß w2 für a von w1 aus erreichbar ist,
oder anders gesagt, daß w2 für a in bezug auf w1 eine mögliche Alternative darstellt.
Bezugnehmend auf Hintikka (1969) formuliert Moore dann die Beziehung zwischen 'know'
und 'K' wie folgt:

  (K1)   ∀w1 [T(w1, ⌜know(a,f)⌝) ⊃ ∀w2 [K(a,w1,w2) ⊃ T(w2, ⌜f⌝)]]

Dies drückt aus, daß 'know(a,f)' genau dann in w1 erfüllt ist, wenn 'f' erfüllt ist
in allen Welten, die für a mögliche Alternativen zu w1 darstellen. Es gelte dabei
aus Vereinfachungsgründen die Konvention, daß a:=μ(a), d.h., 'a' sei eine Variable
für den OLI-Standardnamen des durch eine Einsetzungsinstanz von 'a' bezeichneten
Individuums. 'f' kann sowohl eine gesättigte als auch eine ungesättigte einfache
Überzeugung darstellen. Ein Beispiel für die Überzeugungsrepräsentation nach Moore

bietet Abb. 3.1.: Hier wird ausgedrückt, daß John in WO $\underline{f}$ glaubt, bezüglich $\underline{g}$ aber unsicher ist. Neben der aktuellen Welt WO existieren noch drei Mögliche Welten W1 - W3. Da John in WO $\underline{f}$ glaubt, muß in allen seinen Alternativen bezüglich WO $\underline{f}$ erfüllt sein. W1 kann daher keine mögliche Alternative für John darstellen. Da John unsicher ist, ob $\underline{g}$, können sowohl w2 als auch w3 mögliche Alternativen für John sein.

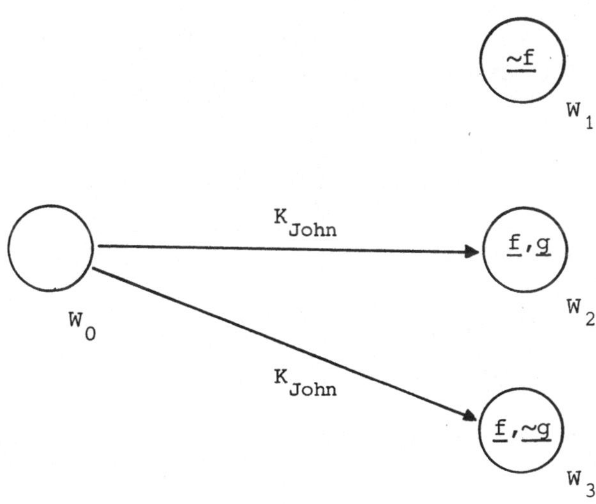

Abb.3.1.: John glaubt, daß $\underline{f}$, und ist unsicher, ob $\underline{g}$.
(nach Moore 1980, p.28)

Die rekursive Definition des extensionalen Operators T für komplexe Formeln aus OLI erlaubt es, Inferenzen statt in OLI in ML durchzuführen. Für den propositionalen Teil von OLI lautet die Definition:

$$(L2) \quad \forall w, \ulcorner\underline{f}\urcorner, \ulcorner\underline{g}\urcorner \ [T(w, \ulcorner\underline{and(f,g)}\urcorner) \equiv (T(w, \ulcorner\underline{f}\urcorner) \wedge T(w, \ulcorner\underline{g}\urcorner))]$$
$$(L3) \quad \forall w, \ulcorner\underline{f}\urcorner, \ulcorner\underline{g}\urcorner \ [T(w, \ulcorner\underline{or(f,g)}\urcorner) \equiv (T(w, \ulcorner\underline{f}\urcorner) \vee T(w, \ulcorner\underline{g}\urcorner))]$$
$$(L4) \quad \forall w, \ulcorner\underline{f}\urcorner, \ulcorner\underline{g}\urcorner \ [T(w, \ulcorner\underline{imp(f,g)}\urcorner) \equiv (T(w, \underline{f}) \supset T(w, \underline{g}))]$$
$$(L6) \quad \forall w, \ulcorner\underline{f}\urcorner \ [T(w, \ulcorner\underline{not(f)}\urcorner) \equiv \sim T(w, \ulcorner\underline{f}\urcorner)]$$

Um die Definition von T auch auf die quantifizierten Ausdrücke von OLI ausdehnen zu können, ist es notwendig, ML zu erweitern. Es bezeichne '$\ulcorner\underline{exist(s,f)}\urcorner$' eine OLI-Formel, die aussagt, daß es ein Individuum vom Sort s gibt, sodaß die offene Formel $\underline{f}$ durch dieses Individuum erfüllt wird; '$\ulcorner\underline{all(s,f)}\urcorner$' bezeichne eine OLI-Formel, die aussagt, daß durch alle Individuen vom Sort s die offene Formel $\underline{f}$ erfüllt wird; '$\mu(s)$' liefert den OLI-Standardnamen des von s referierten Individuums.

'⌜$\underline{f}$(trm1/trm2)⌝' schließlich bezeichne diejenige OLI-Formel, die entsteht, wenn man jedes freie Vorkommen von $\underline{trm2}$ in $\underline{f}$ durch $\underline{trm1}$ ersetzt. Die restlichen Axiome zur Definition von T lauten dann:

(L7)   ∀ w [T(w,⌜$\underline{exist(s,f)}$⌝) ⊃ ∃s (T(w,⌜$\underline{f(μ(s)/s)}$⌝)]

(L8)   ∀ w [T(w,⌜$\underline{all(s,f)}$⌝) ⊃ ∀s (T(w,⌜$\underline{f(μ(s)/s)}$⌝)]

Mit Hilfe von (L7) ist Moore nun in der Lage, ungesättigte Überzeugungen von Akteuren zu repräsentieren. Die Beispiele aus Abschnitt 3.2.3.2., nämlich

(1)   S glaubt, daß a glaubt, daß jemand John ermordet hat.
(2)   S glaubt, daß a denjenigen kennt, der John ermordet hat.

würde Moore wie folgt repräsentieren:

(3)   T(w1,⌜$\underline{know(a,exist(x,Murdered(x,JOHN)))}$⌝)
(4)   T(w1,⌜$\underline{exist(a,know(x,Murdered(x,JOHN)))}$⌝)

Mit Hilfe von (K1) und (L7) kann (3) und (4) in die Mögliche-Welten-Sprache übersetzt werden:

(5)   ∀w2 [K(a,w1,w2) ⊃ ∃x [T(w2,⌜$\underline{Murdered(μ(x),JOHN)}$⌝)]]
(6)   ∃x ∀w2 [K(a,w1,w2) ⊃ T(w2,⌜$\underline{Murdered(μ(x),JOHN)}$⌝)]

(5) besagt, daß es in jeder möglichen Welt, die für a eine Alternative darstellt, jemanden gibt, der John ermordet hat. (6) besagt, daß es jemanden gibt, der in allen Alternativen von a John ermordet hat, was von Moore als "a kennt John's Mörder" interpretiert wird.

Moores Schema bietet auch die Möglichkeit der Repräsentation von Überzeugungen über Überzeugungen anderer Akteure. Dies geschieht mit ML-Formeln wie etwa

(7)   ∀a1,a2,w1,w2 [K(a1,WO,w1) ⊃ [K(a2,w1,w2) ⊃ T(w3,⌜$\underline{f}$⌝)]]

(7) besagt, daß a1 in WO glaubt, daß a2 $\underline{f}$ glaubt. Ist dies der Fall, so gilt in allen möglichen Alternativen w1 von a1 bezüglich WO, daß a2 $\underline{f}$ glaubt, was wiederum besagt, daß in allen möglichen Alternativen von a2 bezüglich w1 $\underline{f}$ erfüllt ist. Dies ist in Abb. 3.2. beispielhaft dargestellt.

Moores Schema bietet auch die Möglichkeit, auszudrücken, daß a1 unsicher ist ob $\underline{f}$, aber glaubt, daß a2 weiß, ob $\underline{f}$. Es sind also Überzeugungen der Klassen a1 (1.1.3.)

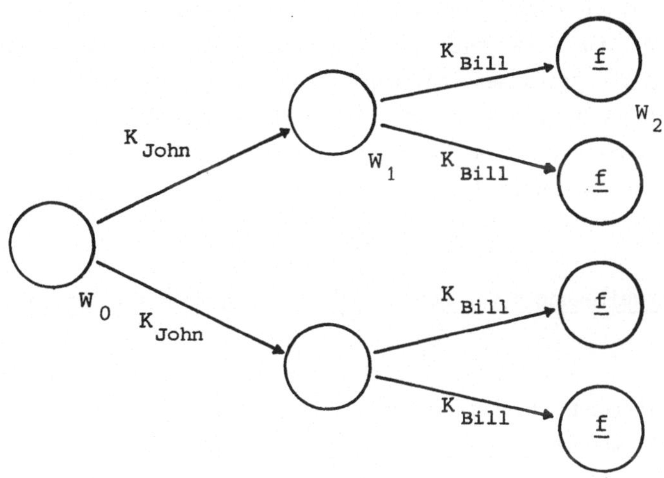

Abb.3.2.: John glaubt, daß Bill glaubt, daß $\underline{f}$.
(nach Moore 1980, p.31)

und a1 (3.1.1.) a2 (1.1.4.) darstellbar. Abb. 3.3. gibt ein Beispiel: In allen Alternativen von John, in denen $\underline{f}$ erfüllt ist, gilt auch, daß Bill $\underline{f}$ glaubt. Analoges
gilt für $\underline{not(f)}$. John erwartet also, daß Bill den zutreffenden Sachverhalt kennt,
egal, welcher es auch sei.

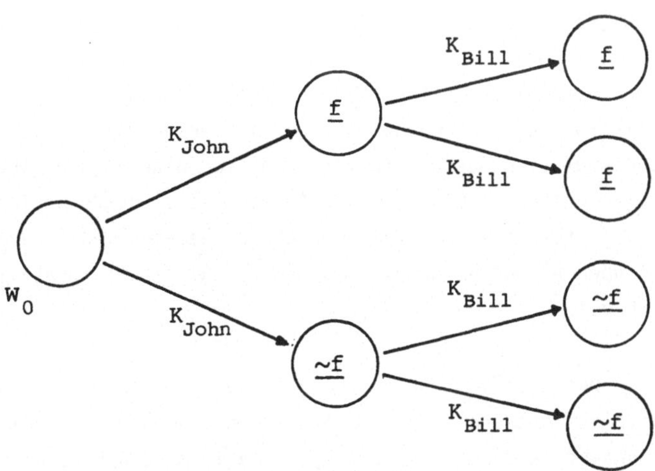

Abb.3.3.: John ist unsicher, ob $\underline{f}$, glaubt aber,
daß Bill weiß, ob $\underline{f}$
(nach Appelt 1982, p.41)

Es sei bereits jetzt darauf hingewiesen, daß Moore durch das Einführen zusätzlicher
Restriktionsaxiome für K das hier gezeigte Schema zur Repräsentation von Überzeugungen in bezug auf Überzeugungen anderer Akteure relativ ausdrucksarm macht. Diese
Axiome sind aber im Prinzip kein essentieller Bestandteil seiner Repräsentation, sie
können bei Nichtgefallen auch weggelassen werden. Eine Diskussion dieses Problems
soll daher erst in Abschnitt 3.2.4.4. erfolgen.

3.2.4.3. Die Erweiterungen von Appelt: Ziele und gemeinsame Überzeugungen

Gemeinsame Überzeugungen können in dem von Moore definierten Repräsentationsschema
nicht ausgedrückt werden. Erst in der Arbeit von Appelt (1982) wird eine Erweiterung
dafür vorgeschlagen. Appelt führt, in gewisser Anlehnung an die Arbeiten von
McCarthy et al. (1978), einen hypothetischen Akteur ein, der genau diejenigen Überzeugungen hat, die den gemeinsamen Überzeugungen zweier nichthypothetischer Akteure
entsprechen. Dieser hypothetische Akteur wird mit Hilfe der Funktion 'Kernel'
referiert. 'Kernel(a1,a2)' liefert denjenigen hypothetischen Akteur, dessen Überzeugungen der gemeinsamen Überzeugung von a1 und a2 entsprechen.

Die formalen Eigenschaften von Kernel werden in den beiden folgenden Axiomen festgelegt:

   (MK1) $\forall$a1,a2 [Kernel(a1,a2)=Kernel(a2,a1)]
   (MK2) $\forall$a1,w1,w2 [K(a1,w1,w2) $\supset$ $\forall$a2 [K(Kernel(a1,a2),w1,w2)]]

(MK2) besagt, daß die möglichen Alternativen für a1 in bezug auf w1 eine Untermenge
der möglichen Alternativen von Kernel(a1,a2) in bezug auf w1 (bei beliebigem a2)
darstellen. Dies ergibt sich aus der Reziprozität von Glauben und möglichen Alternativen: Je detaillierter der Glaube eines Akteurs ist, desto weniger Alternativen
hat er. Ein Beispiel für die Darstellung einer gemeinsamen Überzeugung bietet
Abb. 3.4. Hier glauben A1 und A2 gemeinsam, daß f. A1 glaubt zusätzlich, daß g, und
A2 ist unsicher, ob g.

Weiters erweiterte Appelt (1982) das Schema von Moore in der Weise, daß neben Überzeugungen auch Ziele von Akteuren dargestellt werden können. Zu diesem Zweck führt er
in OLI den intensionalen Ausdruck 'want(a,f)' und in ML die Erreichbarkeitsrelation
'W(a,i,w1,w2)' ein. Letzteres soll ausdrücken, daß der Akteur a die Welt w2 aus der
Menge von Möglichen Welten i als mögliche Alternative in bezug auf seine Ziele in w1
ansieht. Die Mengen von Möglichen Welten führt Appelt ein, um einem Akteur auch zu
ermöglichen, verschiedene miteinander kontradiktorische Ziele zu haben, die dann in

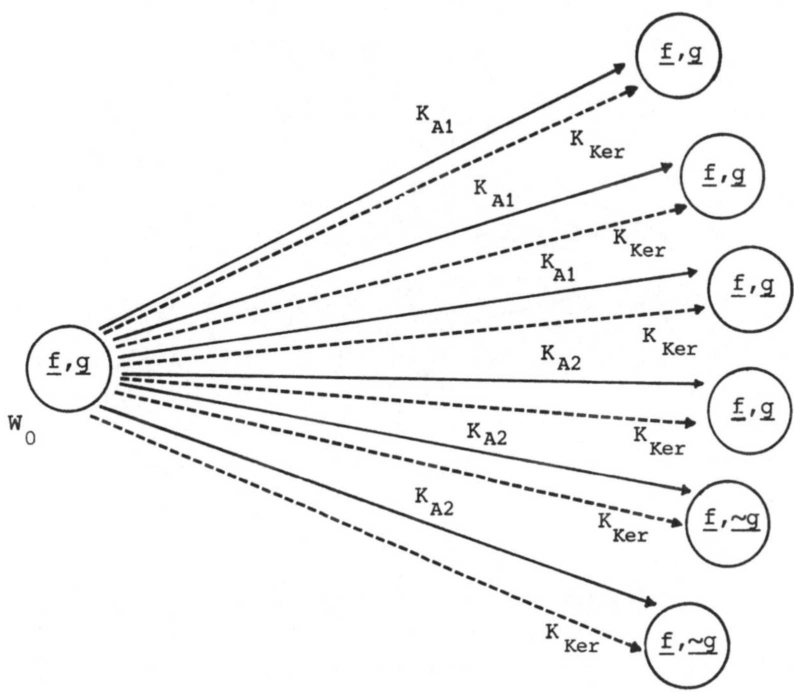

Abb.3.4.: A1 und A2 glauben gemeinsam, daß f,
A1 glaubt, daß g, und A2 ist unsicher, ob g.
(nach Appelt 1982, p.55)

unterschiedlichen Mengen von Möglichen Welten zu repräsentieren sind. Die Mögliche-
Welten-Übersetzung von 'want(a,f)' lautet bei ihm dann wie folgt:

(W1) $\exists i \forall w [W(a,i,W0,w) \supset T(w, \ulcorner f \urcorner)]$

Ein Beispiel gibt Abb. 3.5.: Hier möchte A, daß f und not(g), hat aber keine Präferenzen bezüglich h, da er weder h noch not(h) möchte. Da Abb. 3.5. nicht repräsentiert, daß A g möchte, meint Appelt, sie repräsentiere, daß A g nicht möchte.

Die Definition für Ziele in Appelts Erweiterung erlaubt es offenbar auch, Ziele und
Überzeugungen beliebig zu schachteln, ähnlich wie in (7) dargestellt.

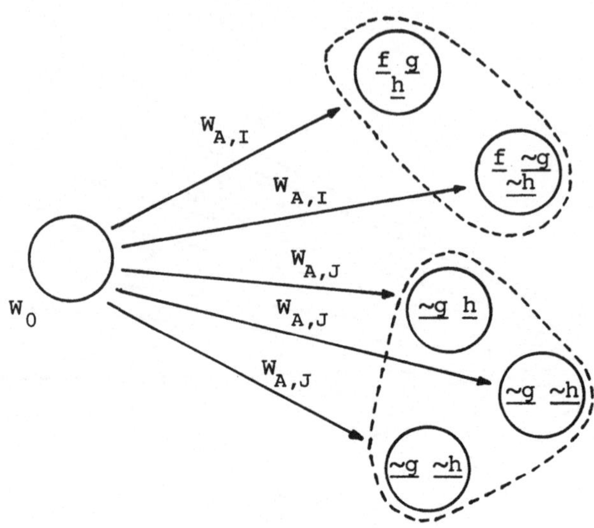

Abb.3.5.: A möchte $\underline{f}$ und $\underline{\sim g}$, möchte nicht $\underline{g}$,
und hat keine Präferenzen bezüglich $\underline{h}$
(nach Appelt 1982, p.61)

3.2.4.4. Unzulänglichkeiten der Repräsentation von Moore

a) Mangelnde Ausdrucksfähigkeit von OLI

Ein Grund, warum Moore überhaupt eine intensionale Objektsprache (Modalsprache) einführt und diese dann mit (K1) in seine Mögliche-Welten-Sprache übersetzt, und nicht
Überzeugungen direkt im letzteren Schema repräsentiert, ist, daß er die Mögliche-
Welten-Sprache im Vergleich mit der Objektsprache als "konzeptuell ärmer" ansieht.
(Wir wollen hierfür aber weiter den Ausdruck 'epistemologisch ausdrucksschwächer'
beibehalten.) Er bemerkt, daß, "selbst wenn wir in jedem der beiden Schemata dieselben Sachverhalte ausdrücken können, daraus nicht folgt, daß für jedes Konzept, das
wir in der Modalsprache ausdrücken können, ein entsprechendes Konzept in der
Mögliche-Welten-Sprache existiert" (Moore 1980, p.76). Der OLI-Operator 'can' etwa
(der hier nicht behandelt wurde) verschwindet nach Moores Auffassung in einer Reihe
bestimmter Übergangsrelationen.

Moores Argumente sind überzeugend, können jedoch auch auf die von ihm als epistemologisch ausdrucksstärker eingeschätzte Sprache OLI angewandt werden. Diese ist eine

Sortenlogik erster Stufe mit verschiedenen intensionalen Operatoren. Der "nichtintensionale Teil" von OLI hat dieselben epistemologischen Primitiva wie die Sprache OL im Schema von Konolige. Die Situationsbeschreibungssprache von VIE-DPM kann hiezu als epistemologisch adäquatere Alternative angesehen werden.

b) "Nichtglauben, daß" nicht ausdrückbar

In Moores Schema ist ausdrückbar, daß ein Akteur a in w1 unsicher ist, ob $\underline{f}$. Dies wird dadurch repräsentiert, daß a weder $\underline{f}$ noch $\underline{not(f)}$ glaubt. In mindestens einer Alternative von a in bezug auf w1 gilt also $\underline{not(f)}$, und in mindestens einer $\underline{f}$. Nicht repräsentierbar sind hingegen Überzeugungen der Klasse a (3.1.2.) ..., also Überzeugungen eines modellierenden Akteurs, daß ein modellierter Akteur eine bestimmte Überzeugung sicher $\underline{nicht}$ hat (was etwa Konolige mit ML-Formeln der Art ~PR(th(a), $\ulcorner\underline{f}\urcorner$) ausdrückte). Solche Überzeugungen können in Moores Schema gar nicht dargestellt werden. Aus der naheliegenden Repräsentation

$$(8) \quad \sim(T(w1, \ulcorner\underline{know(\underline{a},\underline{f})}\urcorner))$$

bzw. deren Mögliche-Welten-Äquivalent

$$(9) \quad \sim[\forall w2 \; [K(a,w1,w2) \supset T(w2, \ulcorner\underline{f}\urcorner)]]]$$

folgt nämlich

$$(10) \quad \exists w2 \; [K(a,w1,w2) \wedge \sim T(w2, \ulcorner\underline{f}\urcorner)]$$

und hieraus mit (L6)

$$(11) \quad \exists w2 \; [K(a,w1,w2) \wedge T(w2, \ulcorner\underline{not(\underline{f})}\urcorner]$$

Dies ist aber schon die erste Hälfte der Definition von Unsicherheit eines Akteurs. Wenn nicht zusätzlich T(w1, $\ulcorner\underline{know(\underline{a},\underline{not(f)})}\urcorner$) gilt, so gilt auch die zweite Hälfte, d.h. mit (8) wurde ausgedrückt, daß a unsicher ist, ob $\underline{f}$. Ein Grund für diesen Defekt des Repräsentationsschemas von Moore liegt m.E. darin, daß sich "Nichtwissen, daß" mit Hilfe von Möglichen Welten und Erreichbarkeitsrelationen gar nicht ausdrücken läßt. Es ist eigentlich sinnlos zu fragen, welche Welten für einen modellierten Akteur - jetzt von diesem Akteur aus gesehen - mögliche Alternativen sind, wenn er etwas nicht weiß. Der Begriff "Nichtwissen, daß" bezeichnet eigentlich eine Meinung eines modellier$\underline{enden}$ Akteurs über - nennen wir sie einmal so - epistemische Strukturen eines modellierten Akteurs. In VIE-DPM wird "Nichtwissen, daß" deshalb

als Akzeptanzeinstellung des modellierenden Akteurs in bezug auf Situationsbeschreibungen des modellierten Akteurs analysiert.

c) Zueinander kontradiktorische Überzeugungen zweier Akteure nicht darstellbar

Mit Hilfe einiger bisher noch nicht behandelter Axiome, die Restriktionen für die
Erreichbarkeitsrelation K formulieren, kann Moore ein modelltheoretisches Äquivalent
der modallogischen Axiome (M2) - (M5) (siehe Abschnitt 3.2.2.) realisieren. Die
modelltheoretische Entsprechung für (M2) etwa ist

$$(12) \quad \forall a\ [K(a,WO,WO)]$$

Mit (K1) und (12) folgt daher aus $T(WO,\ulcorner know(\underline{a},\underline{f})\urcorner)$, daß $T(WO,\ulcorner\underline{f}\urcorner)$. Daraus folgt
aber, daß niemals sowohl $T(WO,\ulcorner know(\underline{a1},\underline{f})\urcorner)$ als auch $T(WO,\ulcorner know(\underline{a2},\underline{not(f)})\urcorner)$ gelten
kann, da daraus $T(WO,\ulcorner\underline{f}\urcorner) \wedge T(WO,\ulcorner\underline{not(f)}\urcorner)$ und weiter mit (L2) $T(WO,\ulcorner\underline{and(f,not(f))}\urcorner)$
folgen würde. Weder ist also in Moores Repräsentationsschema darstellbar, daß SB(p)
und SB(UB(nicht-p)), noch, daß SB(UB(p)) und SB(aB(nicht-p)).

Um auch das modallogische Axiom (M5) in das Mögliche-Welten-Schema integrieren zu
können, verallgemeinert Moore die Erreichbarkeitsrestriktion (12) zu

$$(K2) \quad \forall a,w\ [K(a,w,w)]$$

Damit wird aber etwa nicht repräsentierbar, daß SB(a1B(p)) und SB(a1B(a2B(nicht-p))).
Denn aus

$$(13) \quad T(w1,\ulcorner\underline{know(a1,f)}\urcorner) \wedge T(w1,\ulcorner\underline{know(a1,know(a2,not(f)))}\urcorner)$$

folgt mit (K1)

$$\cdot (14) \quad \forall w2\ [K(a1,w1,w2) \supset [T(w2,\ulcorner\underline{f}\urcorner) \wedge \forall w3[K(a2,w2,w3) \supset T(w3,\ulcorner\underline{not(f)}\urcorner)]]]$$

und daraus wieder mit (K2)

$$(15) \quad \forall w2\ [K(a1,w1,w2) \supset [T(w2,\ulcorner\underline{f}\urcorner) \wedge T(w2,\ulcorner\underline{not(f)}\urcorner)]]$$

und daraus mit (L2)

$$(16) \quad \forall w2\ [K(a1,w1,w2) \supset [T(w2,\ulcorner\underline{and(f,not(f))}\urcorner)]]$$

Der Grund, warum Moore (12) und (K2) als Axiome in sein System aufnimmt, liegt darin, daß er aus Vereinfachungsgründen keine Überzeugungen, sondern "Wissen" repräsentieren will, und er mit Hintikka (1962) die Axiome (M2) und (M5) als Teil einer adäquaten Formalisierung des umgangssprachlichen Gebrauchs des Begriffs 'Wissen' ansieht. Er begibt sich dadurch aber der Möglichkeit, zueinander kontradiktorische Überzeugungen zweier Akteure darstellen zu können. Dies mag vielleicht im Bereich des Distributed Problem Solving angehen, ist aber im Bereich der Benutzermodellierung ein schwerwiegender Nachteil eines Repräsentationsschemas. (12) bzw. (K2) sind jedoch keine essentiellen Bestandteile des Schemas von Moore, sie können bei Nichtgefallen eigentlich auch weggelassen werden. Aus diesem Grund war in obiger Beschreibung seines Ansatzes auch immer von der Darstellung von Überzeugungen die Rede, nicht jedoch, wie in der Originalarbeit von Moore, von der Darstellung von Wissen.

3.2.5. Der Partitionsansatz von Cohen

3.2.5.1. Die Repräsentation von einfachen Überzeugungen und Zielen

Cohen (1978) ist derjenige der hier referierten Autoren, dessen Arbeiten dem System VIE-DPM am nächsten kommen. Aus diesem Grund sollen seine Vorschläge hier auch ausführlicher behandelt werden. Cohen ist auch derjenige, der sich am meisten auf außerlogische Mittel zur Repräsentation von Überzeugungen und Zielen anderer Akteure stützt. Grob gesprochen verwendet er formallogische Ausdrücke nur zur Repräsentation von

(a) einfachen Überzeugungen und Zielen des Systems
(b) einfachen Überzeugungen und Zielen in einem Akteurmodell beliebiger Stufe.

Zur Repräsentation von Überzeugungen und Zielen in bezug auf (b) verwendet er hingegen den sogenannten "Partitionsansatz" (von Moore 1980 auch "Datenbasisansatz" genannt). Jede Modellierungsstufe stellt (getrennt nach Überzeugungen und Zielen) einen eigenen Kontext (von Cohen 'Space' genannt) dar, in den die Inhalte der obigen Überzeugungen eingetragen werden können.

Die Repräsentation von (a) und (b) erfolgt eigentlich mit Hilfe einer Netzwerkstruktur, die im wesentlichen auf den Arbeiten von Hendrix (1975a, b) basiert. Die epistemologische Ebene dieses Netzwerks ist aber fast identisch mit derjenigen einer Sortenlogik erster Stufe. Cohen selbst suggeriert, das Netzwerk als eine prädikatenlogische Notationsvariante anzusehen. Als Knoten der Netzstruktur können Konstanten, "Known Constants" und Variablen auftreten. (Teilweise abweichend von unseren bisherigen Notationsvereinbarungen sollen in diesem Abschnitt die Zeichen 'A' und 'B' Namen von Konstanten vom Sort 'Klasse von Objekten' sein, und 'a' und 'b' Namen von Konstanten vom Sort 'Objekt'.) Konstanten bezeichnen Objekte der Situation und deren Beziehungen, sowie Klassen von Objekten und Beziehungen. Variablen haben als Extension nur Objekte der Situation, "Known Constants" sollen erst im folgenden Abschnitt behandelt werden. Die Kanten zwischen zwei Knoten geben eine nähere Charakterisierung der Beziehung zwischen den beiden Knoten an.

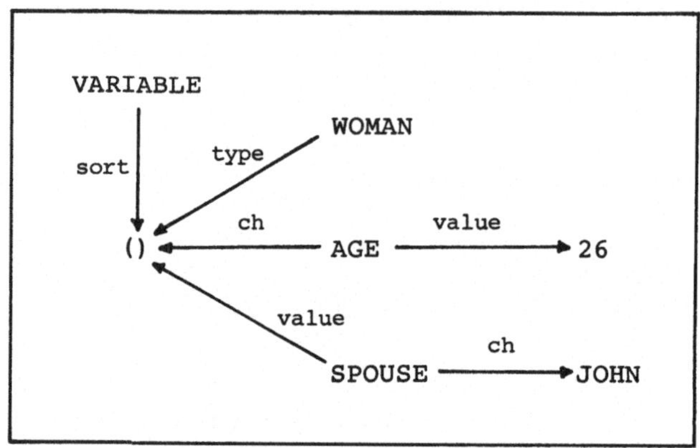

Abb.3.6.: Repräsentation von "Johns Frau ist 26"
(frei nach Cohen 1978, p.69)

Abb. 3.6. zeigt ein Beispiel für eine solche Repräsentation, nämlich die Netzwerkdarstellung von

(1) $\exists x \in$WOMAN so, daß (SPOUSE(JOHN)=x $\wedge$ AGE(x)=26)

was ausdrücken soll, daß Johns Frau 26 Jahre alt ist. Das Symbol '()' steht für eine Netzwerkvariable, es wird implizit angenommen, daß sie existentiell quantifiziert ist. Die Kantenbezeichnung 'type' referiert eine Elementbeziehung zwischen einer Klasse von Objekten und einem durch eine Variable repräsentierten Objekt. Die Bedeutung der Kantenbezeichung 'ch' wird von Cohen mit "characterizes" angegeben, diejenige von 'value' nicht näher definiert.

Von Hendrix (1975a, b) übernimmt Cohen auch Repräsentationsschemata für Negation, Disjunktion und universelle Quantifikation, die in das beschriebene Netz integriert

werden können. Zur Repräsentation von negierten Assertionen wird ein sogenannter
NOT-Raum eingeführt. Darunter ist eine Unterteilung des Netzwerks zu verstehen, in
die diejenigen Überzeugungen, die nach Meinung des modellierenden Akteurs vom modell-
lierten Akteur <u>nicht</u> geglaubt werden, eingetragen werden können. Das Beispiel in Abb.
3.7. etwa soll ausdrücken, daß <u>nicht</u> geglaubt wird, daß John 32 Jahre alt ist. Die
Konstante JOHN steht dabei außerhalb des NOT-Raumes. Wäre sie darin enthalten, würde
dies nach Cohen ausdrücken, daß der Konstanten kein Objekt in der Realität entspricht.

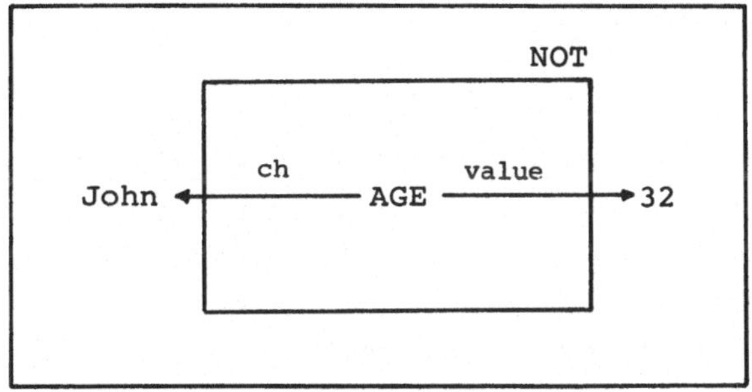

Abb.3.7.: Die Verwendung eines NOT-Raumes
(nach Cohen 1978, p.70)

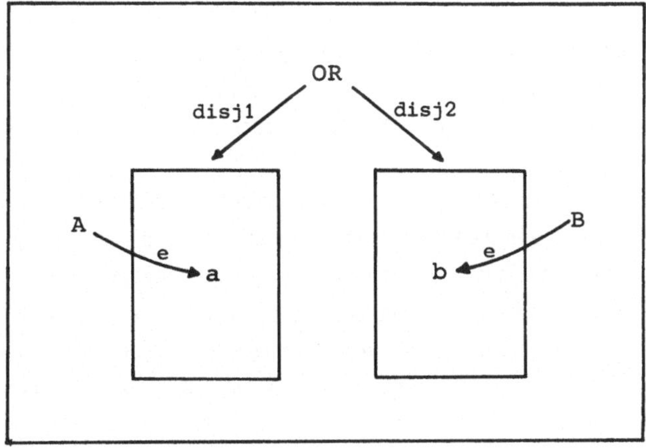

Abb.3.8.: Die Verwendung von OR-Räumen
(nach Cohen 1978, p. 71)

In ähnlicher Weise werden OR-Räume zur Repräsentation von disjunktiven Überzeugungen
verwendet. Abb. 3.8. zeigt als Beispiel die Repräsentation von 'a oder b', wobei a

Element von A und b Element von B ist. (Dies wird durch die Kantenbezeichnung 'e' ausgedrückt.)

Auf die Repräsentation von universeller Quantifikation in Cohens System soll hier nicht weiter eingegangen werden, da sie für unsere Probleme nicht von Belang ist. Eine detaillierte Beschreibung findet sich in Cohen (1978, pp. 71ff).

3.2.5.2. <u>Die Repräsentation von gesättigten Überzeugungen und Zielen des Systems und</u>
     <u>anderer Akteure</u>

Zur Repräsentation von Überzeugungen anderer Akteure verwendet Cohen den Partititonsansatz. Das Netzwerk wird dabei in eine Reihe von (geschachtelten) Überzeugungskontexten eingeteilt. Alle im Netzwerk dargestellten Überzeugungen gehören per definitionem dem Systemkontext SB an. Hat das System Überzeugungen über die Überzeugungen eines anderer Akteurs, etwa desjenigen mit der Individuenkonstante 'U', wird für diesen in SB ein eigener Kontext mit der Bezeichnung 'SBUB' angelegt. Glaubt das System, daß U Überzeugungen über die Überzeugungen eines dritten Akteurs a besitzt, so wird in diesem ein weiterer Kontext SBUBaB angelegt.

Ziele des Systems bzw. anderer Akteure werden ebenfalls mit Hilfe solcher Kontexte ausgedrückt. Ein solcher Zielkontext enthält dabei eine Beschreibung der Welt, so wie sie nach den Wünschen des jeweiligen Akteurs ausschauen soll. Hat das System bestimmte Ziele, so wird ein Zielkontext SBSW in SB angelegt. Glaubt S, daß U bestimmte Ziele hat, so wird in SBUB ein Kontext SBUBUW angelegt.

Abb. 3.9. zeigt ein Beispiel für eine solcherart aufgebaute Netzwerkstruktur. Das System hat hier eigene Ziele (dargestellt in SBSW) und Überzeugungen über einen Akteur U (dargestellt in SBUB). Diese Überzeugungen betreffen bestimmte Ziele von U (dargestellt in SBUBUW) und Überzeugungen von U über Überzeugungen von S (also reflexive Überzeugungen), die in SBUBSB dargestellt werden. In allen diesen Kontexten sind dann Repräsentationsstrukturen der Art eingetragen, wie sie beispielhaft in Abb. 3.6. dargestellt wurden.

Jeder Überzeugungskontext enthält standardmäßig auch Rückverweise auf sich selbst (in Abb. 3.9. mit (*) gekennzeichnet). Dies soll ausdrücken, daß der jeweilige Akteur, dessen Überzeugungen in diesem Kontext ausgedrückt sind, auch die Überzeugung hat, <u>daß</u> er diese Überzeugungen hat. Aus SB(p) folgt also SBSB(p), aus SBUB(p) SBUBUB(p), und aus SBUBSB(p) folgt SBUBSBSB(p), etc. Diese Repräsentationskonvention ist aber kein essentieller Bestandteil des Schemas von Cohen, sie kann bei Nichtgefallen

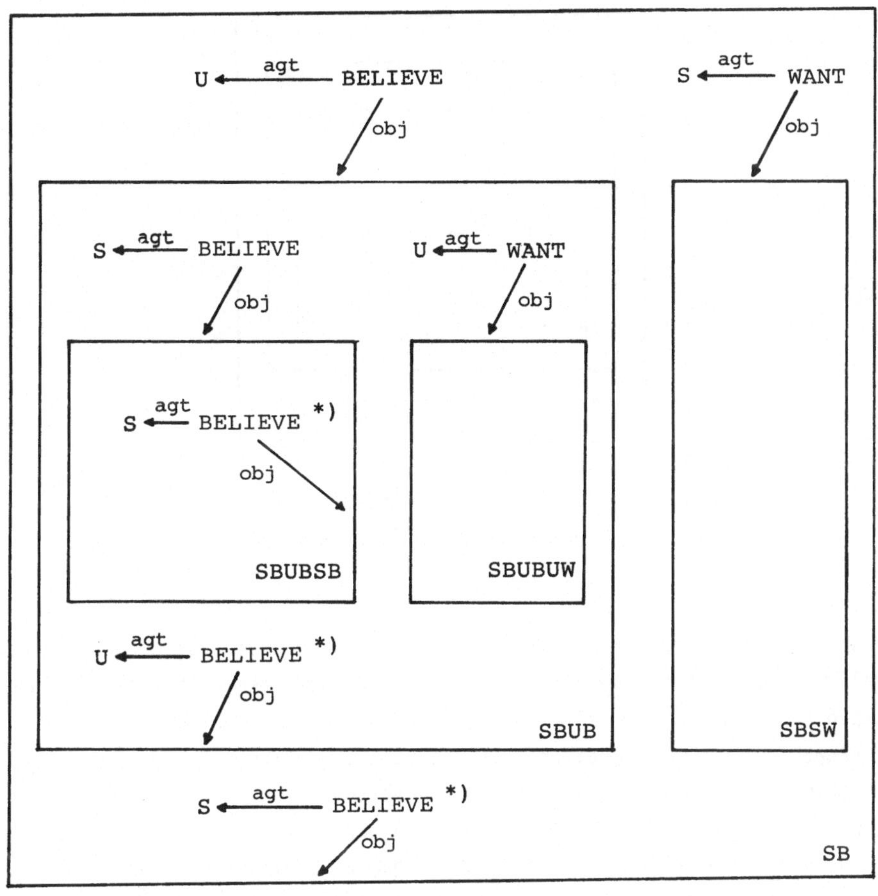

Abb.3.9.: Beispiel für eine Kontexthierarchie
(frei nach Cohen 1978, p.98)

eigentlich auch weggelassen werden.

Das Repräsentationsschema kann mit einfachen Mitteln so erweitert werden, daß darin
infinit-reflexive Überzeugungen und gemeinsame Überzeugungen zwischen dem System und
einem Akteur oder zwischen Paaren von Akteuren ausgedrückt werden können. Cohen verwendet dafür eine selbstreferentielle Notation, Abb. 3.10. zeigt das Grundschema. Die
Konzeptkonstante BELIEVE in SBUBSB wird dabei mit dem äußeren Kontext SBUB verbunden,
was ausdrücken soll, daß der nicht explizit repräsentierte Kontext SBUBSBUB identisch
ist mit SBUB. Die infinit-reflexive Überzeugung S (3.1.5.) [U (1.1.1.)] wird daher
durch Eintragen von p im Kontext SBUB realisiert, S (3.1.1.) U (3.1.5.) [S (1.1.1.)]
durch Eintragen von p im Kontext SBUBSB, und eine gemeinsame Überzeugung über p durch
Eintragen von p in die Kontexte SB, SBUB und SBUBSB.

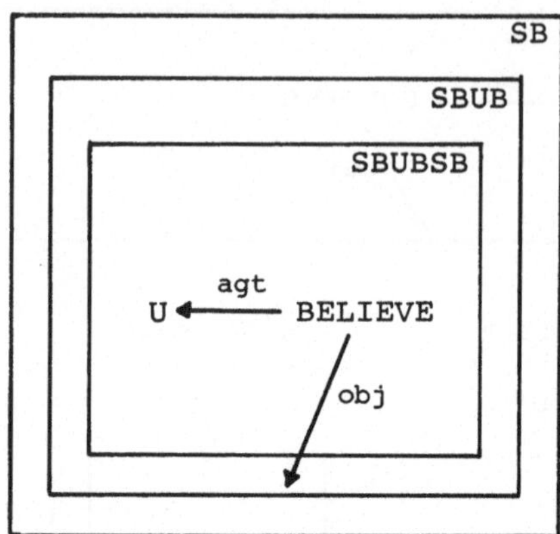

Abb.3.10.: Grundschema für die Repräsentation von
infinit-reflexiven und gemeinsamen Überzeugungen
(nach Cohen 1978, p.251)

In Cohens Repräsentationsschema kann auch auf einfache Weise ausgedrückt werden, daß ein modellierendes System a1 _nicht_ glaubt, daß ein modelliertes System a2 einen Sachverhalt p glaubt. In diesem Fall braucht im NOT-Raum von a1 bloß ein Überzeugungskontext a1Ba2B für a2 geschaffen und die Repräsentation von p dort eingetragen zu werden. (Dies ist zu unterscheiden von der Repräsentation, daß a1 glaubt, daß a2 p glaubt, was durch einen NOT-Raum in a1Ba2B dargestellt wird.) Auf ähnliche Art und Weise wird auch repräsentiert, daß a1 glaubt, daß a2 p glaubt oder a2 q glaubt. Zu diesem Zweck werden im Kontext a1B zwei OR-Räume angelegt und darin wiederum je ein a1Ba2B-Kontext geschaffen, in die die Repräsentation von p bzw. q eingetragen wird.

3.2.5.3. Die Repräsentation von ungesättigten Überzeugungen und Zielen anderer Akteure

Bei der Repräsentation von ungesättigten Zielen macht Cohen Gebrauch von der Konvention, daß jede Variable in einem Kontext existentiell quantifiziert ist, während jede Konstante in einem Kontext für jeden eingebetteten Kontext einen "definiten Wert" hat. Die unterschiedliche Bedeutung von

(2) S glaubt, daß John (irgendeinen) Doktor heiraten möchte, und

(3) S glaubt, daß John einen bestimmten Doktor, nämlich Joan, heiraten möchte

wird daher dadurch ausgedrückt, daß im ersten Fall (siehe Abb. 3.11.) das Objekt in
SBJBJW, im zweiten Fall (siehe Abb. 3.12.) aber in SBJB steht.

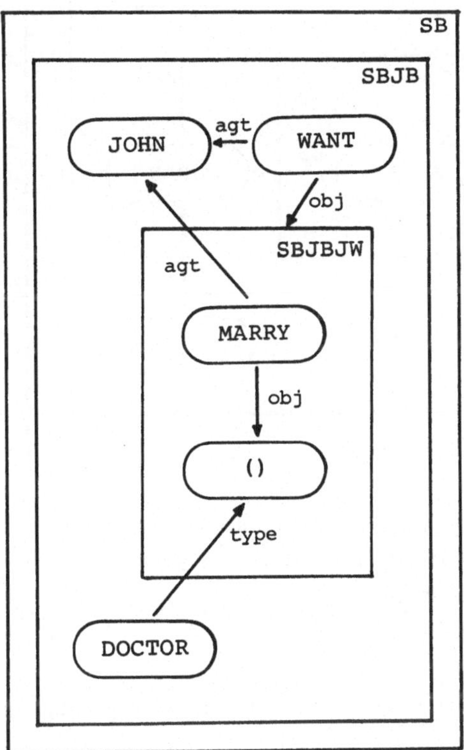

Abb.3.11.: Repräsentation von
'S glaubt, daß John (irgendeinen) Doktor heiraten will
(nach Cohen 1978, p.108)

Bei der Repräsentation von

   (4) S glaubt, daß U Johns Gattin kennt

stellen sich für Cohen zwei Probleme. Erstens erhebt sich wieder die Frage, was es
eigentlich bedeutet, ein x zu "kennen". Konolige und Moore sahen diese Bedeutung darin, einen Standardnamen für x zu besitzen. Cohen möchte das Problem dadurch umgehen,
daß er ein Primitivelement für "x kennen" einführt, das nicht weiter analysierbar
ist.

Dies führt zur weiteren Frage, welche Eigenschaften ein solches Primitivelement haben
soll. (4) läßt sich umschreiben durch

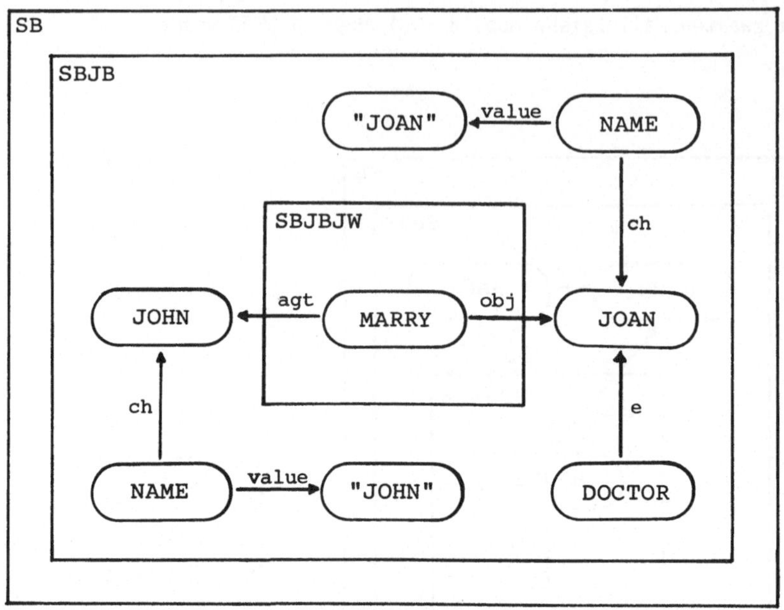

Abb.3.12.: Repräsentation von 'S glaubt, daß John einen
bestimmten Doktor, nämlich Joan, heiraten will'
(nach Cohen 1978, p.107)

(5) S glaubt, daß U glaubt, daß John eine bestimmte Frau als Gattin hat, und daß U
    diese kennt.

Das Primitivelement sollte daher, um den definiten Charakter zu erhalten, offenbar
eine Konstante sein.   Nun muß aber bei Cohen nach einer nicht explizit im Repräsentationssystem vermerkten Konvention jede Konstante eines eingebetteten Kontexts auch
im übergeordneten Kontext vorhanden sein. Dies bedeutet aber, daß x auch im übergeordneten Kontext "bekannt ist", was in Fällen wie (4) bzw. (5) aber nicht erwünscht
ist. Cohen verwendet daher für solche Fälle eine eigene Knotenart, nämlich die
bereits erwähnten Known Constants, für die diese Vereinbarung nicht gilt. Known
Constants werden mit dem Symbol '[]' dargestellt.

In Abb. 3.13. wird (4) bzw. (5) durch die Netzwerkstruktur in SBUB ausgedrückt (man
denke sich '(]' in SBUB ersetzt durch '[]'). Zusätzlich soll Abb. 3.13. dargestellen,
daß S Johns Gattin nicht kennt, was bedeutet, daß S für eine adäquate Repräsentation
eine Variable verwenden muß.   Der Doppelcharakter dieses Repräsentationselements,
nämlich Known Constant in SBUB und Variable in SB zu sein, wird durch das spezielle

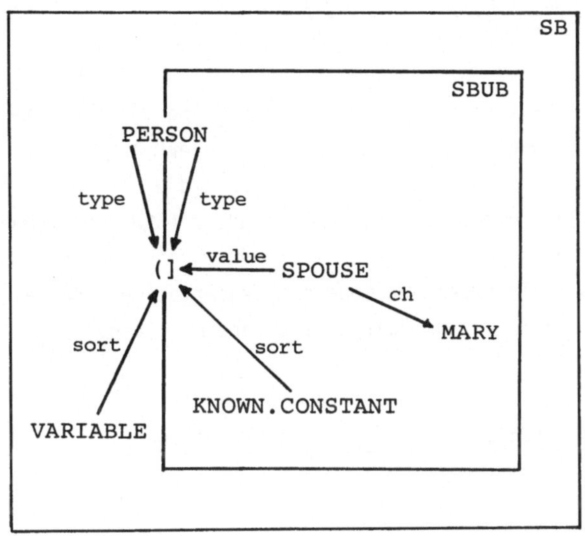

Abb.3.13.: Repräsentation von 'S glaubt, daß U weiß,
wer Marys Gatte ist'
(nach Cohen 1978, p.176)

Symbol '(]' und durch die unterschiedlichen Sortenkanten in den beiden Kontexten
ausgedrückt.

Die beschriebene Repräsentation für ungesättigte Überzeugungen hat auf den ersten
Blick eine starken Ad-Hoc-Charakter. Sie stellt aber eigentlich nur eine Notationsvariante der üblichen prädikatenlogischen Formalisierung solcher Überzeugungen dar,
für (4) bzw. (5) also etwa der Formel

(6) $\exists x\ [x=\text{SPOUSE(JOHN)} \land \text{KNOW}(U,x)]$

Die Probleme, die bei einer Vermischung der sogenannten "transparenten" und "opaken"
Lesart dieser Formalisierung entstehen können (siehe Abschnitt 3.2.2.), treten beim
Partititonsansatz, und somit auch bei Cohen, jedoch nicht auf. Die auf solchen Repräsentationen operierenden Inferenzprozesse können streng zwischen Identitätsbeziehungen in übergeordneten und solchen in eingebetteten Kontexten unterscheiden.

3.2.5.4. Unzulänglichkeiten der Repräsentation von Cohen

Das Schema von Cohen ist sicher das umfassendste und allgemeinste der hier beschriebenen Ansätze. Es erlaubt die Repräsentation vieler Arten von Überzeugungen und
Beziehungen zwischen Zielen und Überzeugungen, die in den Schemata von Konolige
(1981) und Moore (1980) nicht ausdrückbar sind.   (Etwa die Darstellung beliebig
geschachtelter Überzeugungen, die auch im Widerspruch zu Überzeugungen einer höheren
Stufe stehen können.) Trotzdem hat Cohens Repräsentation eine Reihe von Nachteilen,
von denen die unangenehmsten kurz diskutiert werden sollen.

a) Mangelnde Ausdrucksfähigkeit des Semantischen Netzwerks

Das von Hendrix übernommene Semantische Netz ist epistemologisch fast äquivalent mit
einer Sortenlogik erster Stufe, die Unterteilungen des Netzes sind, wie Cohen und
Hendrix es selbst sehen, primär ein Ersatz für die Klammern einer prädikatenlogischen
Sprache. Die Grundidee des Netzes, nämlich die Beziehungen zwischen allgemeinem
Wissen und Wissen über Individuen und raumzeitliche Ereignisse durch eine Menge von
Relationen und Objekten sowie Elementbeziehungen auszudrücken, ist eher unbefriedi-
gend. Im folgenden Abschnitt wird das Repräsentationsschema von VIE-DPM als epistemo-
logisch adäquatere Alternative präsentiert.

b) Verbindung zwischen Akteurkonstanten und zugehörigen Überzeugungskontexten nicht adäquat repräsentiert

Die Verbindung zwischen Akteurkonstanten und den zugehörigen Überzeugungskontexten
erfolgt offensichtlich nur über den externen Namen dieser Konstanten.   Es ist
implizite Konvention, nicht aber im Repräsentationssystem direkt ausgedrückt, daß der
Kontext SBUB die Überzeugungen von S über die Überzeugungen von U darstellt.
Probleme bringt dieser Ansatz, sobald es nicht eindeutig ist, welcher Konstante ein
bestimmter Überzeugungskontext zuzuordnen ist, wie etwa in

   (7) S glaubt, daß U weiß, wer die Kombination des Safes kennt.

Überzeugungen der Form (3.2.1.) - (3.2.5.) und (4.2.1.) - (4.2.5.) sind also in
Cohens Schema nicht ausdrückbar.

c) "Unsicherheit, ob" und "Wissen, daß" nicht adäquat ausdrückbar

'S glaubt, daß U glaubt, daß p' wird durch Eintragen von p in SBUB repräsentiert. 'S glaubt, daß U glaubt, daß nicht-p' durch Eintragen von p in den NOT-Raum von SBUB. Was aber, wenn U dem System S mitteilt, er sei unsicher, ob p. Diese Mitteilung besitzt ohne Zweifel einen Informationswert, der in Cohens Schema aber nicht ausdrückbar ist. Das System kann nun sicher sein, daß U unsicher ist, ob er p akzeptieren soll. (Dies ist zu unterscheiden vom Nichteintragen von p in SBUB bzw. den NOT-Raum von SBUB, was bei Cohen bedeutet, daß das System unsicher ist, ob U p glaubt oder nicht.) Überzeugungen der Form (1.1.3.) und (1.2.3.), und in weiterer Folge auch Überzeugungen der Art ... a (3.1.3.) ... und ... a (3.2.3.) ..., sind in Cohens Schema also ebenfalls nicht darstellbar.

Auch die Repräsentation von "Wissen, ob" zeigt bei Cohen einige Schwächen. Zur Repräsentation von Überzeugungen der Klassen (1.1.4.) und (1.2.4.) führt er einen eigenen "Wahrheitswert-Knoten" ein. Es ist unklar, ob diese Repräsentation auch auf Überzeugungen der Klassen (3.1.4.) und (3.2.4.) erweitert werden kann.

3.3. Die Repräsentation von Akteurmodellen in VIE-DPM

In Abschnitt 2.4.2. wurde detailliert untersucht, welche Arten von Überzeugungen und Zielen in einem Repräsentationssystem für Akteurmodelle darstellbar sein sollten. Die wenigsten im Bereich der Benutzermodellierung oder des "Distributed Problem Solving" zu diesem Zweck verwendeten Repräsentationsformen werden jedoch, wie erwähnt, diesen Anforderungen auch nur einigermaßen gerecht. Aber auch diejenigen Schemata, bei deren Entwurf auf Ausdrucksreichtum für Überzeugungen und Ziele größerer Wert gelegt wurde, weisen, wie die vorangegangenen Abschnitte zeigten, eine Reihe schwerwiegender repräsentationaler Mängel auf.

Ein solcher Mangel sind etwa die epistemologisch unbefriedigenden Repräsentationsformen für die Inhalte einfacher Überzeugungen und Ziele, nämlich Sortenlogik erster Stufe bei Konolige (1981) und Moore (1980) bzw. eine dazu epistemologisch ziemlich äquivalente Netzwerk-Darstellung bei Cohen (1978). Weiters ist oft ein recht beträchtlicher formaler Aufwand notwendig, um diese Repräsentationsschemata für einfache Ziele und Überzeugungen so zu erweitern, daß auch Akteurmodelle dargestellt werden können. Dies mag vielleicht nur eine Unschönheit sein, es können sich daraus bei einer komputationalen Realisierung aber auch schwerwiegende Effizienzprobleme ergeben. Der im Rahmen unseres Themas schwerste Nachteil dieser Schemata ist jedoch, daß in ihnen wegen inhärenter Grenzen der Ausdrucksfähigkeit bestimmte wichtige Überzeugungen und Ziele grundsätzlich nicht darstellbar sind. Beispiele für solche Überzeugungen und Ziele wurden in den vorangegangenen Abschnitten gegeben.

Im folgenden soll die Repräsentation von Akteurmodellen im System VIE-DPM vorgestellt werden. VIE-DPM ist Teil des Systems VIE-LANG, eines natürlichsprachigen Dialogsystems für die deutsche Sprache (Buchberger et al. 1982, Trost et al. 1983). Das Repräsentationsschema für Überzeugungen und Ziele in VIE-DPM basiert, ebenso wie das Schema von Cohen (1978), auf dem sogenannten "Partitionsansatz". Dieser ist dadurch gekennzeichnet, daß die Inhalte von einfachen Überzeugungen und Zielen des Systems sowie die Inhalte von einfachen Überzeugungen und Zielen in Akteurmodellen beliebiger Stufe jeweils einen eigenen Kontext bilden (siehe Abb. 3.14).

Mit diesem allgemeinen Charakteristikum enden aber auch schon die Ähnlichkeiten zu Cohens Repräsentationsschema. In VIE-DPM werden diese Überzeugungen und Ziele nämlich durch Beschreibungen der derzeit gültigen oder einer angestrebten Situation repräsentiert. Diese Beschreibungen (oder präziser: bestimmte Elemente dieser Beschreibungen) werden mit Akzeptanzbewertungen versehen, welche die Einstellungen eines modellierenden Akteurs und/oder eines modellierten Akteurs in bezug auf diese Beschreibungselemente ausdrücken. Zusätzlich werden noch syntaktische Ähnlichkeiten zwischen

Beschreibungselementen in verschiedenen Kontexten explizit dargestellt.

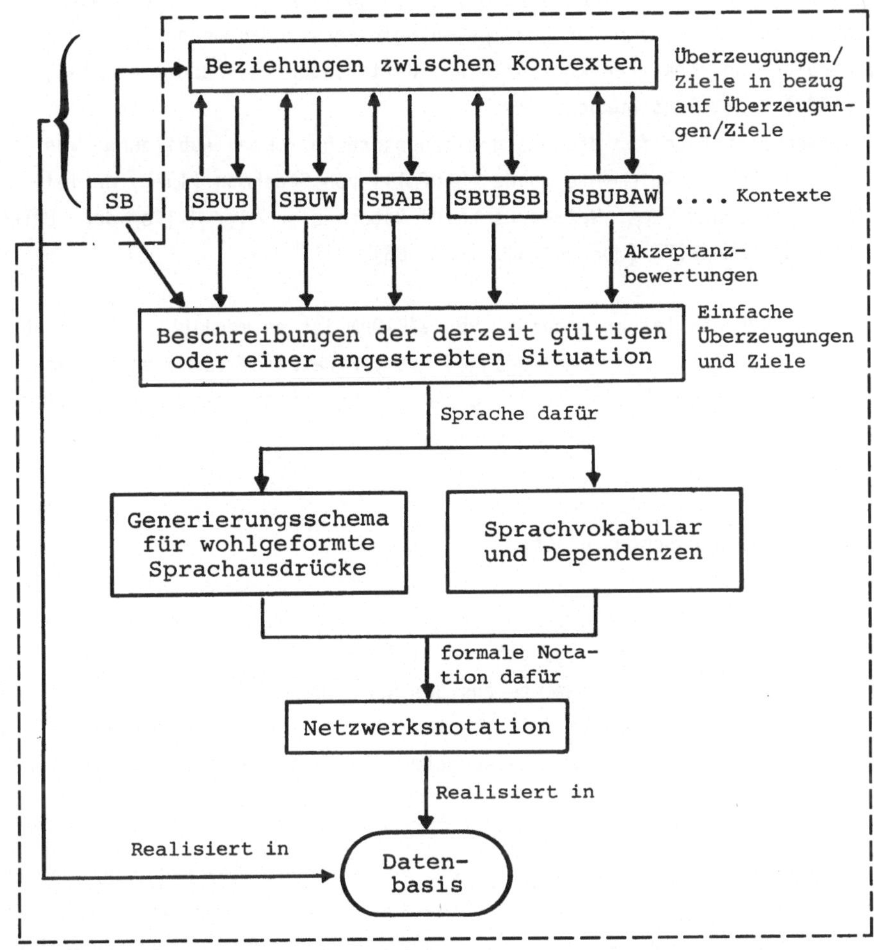

Abb.3.14.: Die Komponenten des Repräsentationsschemas
für Akteurmodelle im System VIE-DPM

Zur Formulierung dieser Beschreibungen von Situationen ist eine geeignete Beschreibungssprache erforderlich.   Die in VIE-DPM verwendete Sprache umfaßt folgende Teile
(s.a. Abb. 3.14.):

a) Ein Generierungsschema, das die Struktur wohlgeformter Ausdrücke der Sprache fest-
legt. Für diese Funktion wird auf das Schema von KL-ONE (Brachman 1978) zurückgegriffen. KL-ONE generiert nicht nur konkrete Beschreibungen, sondern bietet

auch umfangreiche Möglichkeiten, Beziehungen zwischen den "Nicht-KL-ONE-Sprachelementen", insbesondere zwischen den sogenannten "Konzepten", ausdrücken zu können. (Unter "Nicht-KL-ONE-Sprachelementen" soll hier das KL-ONE-Äquivalent zu den nichtlogischen Zeichen der Prädikatenlogik verstanden werden.)

b) Ein Vokabular von konkreten Konzepten und Beziehungen zwischen Konzepten, das von Trost (1983) festgelegt wurde.

c) Eine Netzwerksnotation für die Beschreibungssprache. Die Abbildung von Sprachelementen auf Netzwerkelemente wurde ebenfalls von Brachman (1978) definiert.

d) Eine Implementierung des Netzwerks als Datenbasis mit Hilfe der Datenbankdefinitionssprache KSDS (Horn et al. 1982, 83).

Mit Hilfe des Repräsentationsschemas von VIE-DPM ist es möglich, alle in Abschnitt 2.4.2. angeführten Ziele und Überzeugungen mit vertretbarem formalen Aufwand darzustellen. Die erwähnten Bestandteile dieses Repräsentationsschemas sollen in den nächsten Abschnitten ausführlicher beschrieben werden.

3.3.1. Das Generierungsschema KL-ONE

Die Inhalte von einfachen Überzeugungen und Zielen werden in VIE-DPM also dadurch repräsentiert, daß einzelne Elemente aus Beschreibungen einer Situation der derzeit gültigen bzw. einer angestrebten Welt bestimmten Akzeptanzbewertungen unterworfen werden. Die Struktur der dabei verwendeten Beschreibungssprache wird durch das Generierungsschema KL-ONE festgelegt.

Aus drei Gründen kann hier allerdings keine vollständige Beschreibung von KL-ONE gegeben werden. Zum einen soll der Schwerpunkt dieses Kapitels mehr auf der Repräsentation von Überzeugungen und Zielen und nicht so sehr der Repräsentation des Inhalts dieser Überzeugungen und Ziele liegen. Zum anderen ist KL-ONE noch sehr stark in Entwicklung begriffen, viele Elemente sind noch umstritten (siehe etwa die Diskussion in Schmolze & Brachman 1982). Und zum dritten ist KL-ONE, sowohl von der Sprachkomplexität als auch der Anzahl der damit verbundenen technischen Begriffe her gesehen, extrem umfangreich. "KL-ONE-isch" ist bereits zu einem nur Eingeweihten verständlichen Jargon geworden (ein erstes Wörterbuch findet sich im Anhang von Schmolze und Brachman 1982). Aus diesen Gründen kann die Sprache hier nur in groben Zügen dargestellt werden, für eine detaillierte Beschreibung sei auf die zitierten Quellen verwiesen. (Ein aktueller Überblick, der die Sprachentwicklung bis Sommer 1982 berücksichtigt, erscheint in Brachman & Schmolze 1985.) Bei dieser Darstellung soll versucht werden, KL-ONE auf eine Reihe einfacherer Grundideen zurückzuführen und auf dieser Basis eine Systematik der Sprache aufzubauen. Diese "Exegese" ist im

großen und ganzen sicher im Geist der "offiziellen" Vertreter von KL-ONE gehalten,
weicht im Detail von der Grundinterpretation aber manchmal ab.

3.3.1.1. Der Objektbereich von KL-ONE

Die Beschreibungssprache von VIE-DPM soll der Beschreibung der derzeit gültigen oder
einer angestrebten Situation dienen. Da es von geringem Nutzen ist, eine Situtation
nur als ungegliedertes Ganzes zu beschreiben, muß man sich darüber einig werden,
welche abstrakte Struktur man "über die Welt legen" will. Es gilt also, brauchbare
Kategorien festzulegen, und jene "Dinge der Welt" (was immer das sei), für die man
sich interessiert, als zu einer bestimmten Kategorie zugehörig zu identifizieren.
Damit wird in keiner Weise festgelegt, was es in der Welt "gibt" (es wird also kein
ontologischer Standpunkt eingenommen), sondern nur, als was das, für das man sich
interessiert, identifiziert werden kann.

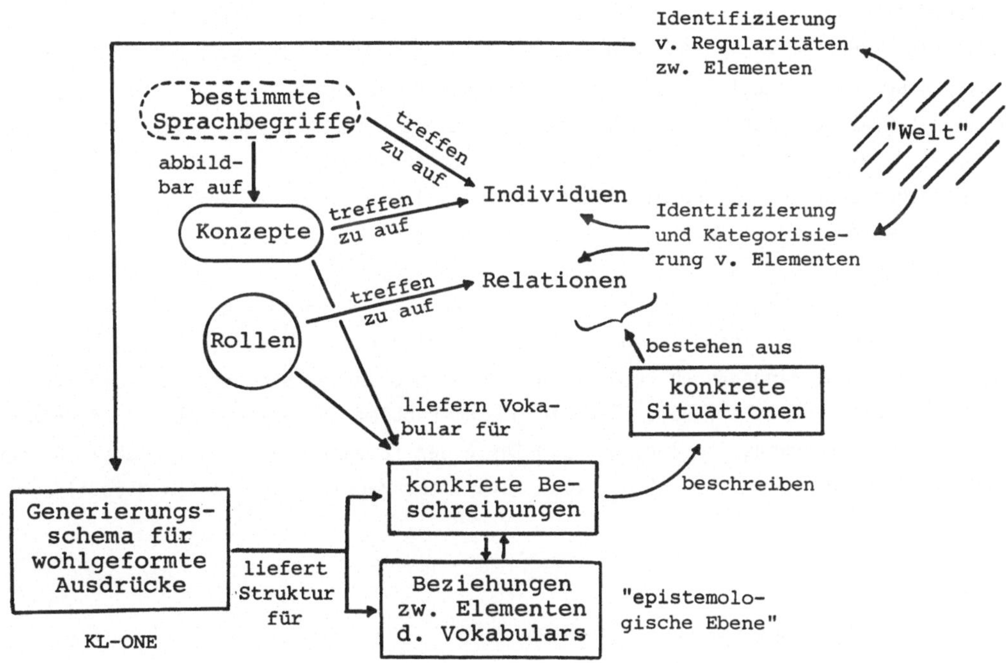

Abb.3.15.: Die Umgebung der Beschreibungssprache

Bei KL-ONE gibt es nun zwei Basiskategorien für "Dinge der Welt", nämlich die Kategorie Individuum und die Kategorie "Relation zwischen Individuen" (siehe Abb. 3.15.). KL-ONE liefert jedoch weder eine Definition dafür, was ein Individuum (bei Brachman 1978 auch als "Objekt" bezeichnet) oder eine Relation zwischen Individuen "eigentlich ist", noch ein Kriterium dafür, welche "Dinge der Welt" welchen Kategorien zuzuordnen sind. Letztere Entscheidung ist vollkommen der vortheoretischen Intuition des Benutzers von KL-ONE überlassen, ähnlich wie in der Prädikatenlogik, welche auch "keine Grenzen dafür vorgibt, was als [logisches] Objekt angesehen werden kann" (Moore 1982, p. 430).

Es haben sich aber nun - ähnlich wie in der Prädikatenlogik - natürlich gewisse Konventionen dafür entwickelt, was als Individuum und was als Relation zwischen Individuen angesehen werden soll. Typische Beispiele für Individuen etwa sind jene "Dinge der Welt", die umgangssprachlich als "Gegenstände", "Personen", "Aktionen", "Ereignisse", "Zustände", "Zustandsveränderungen", etc. identifiziert werden. Ein typisches Beispiel für eine Relation in KL-ONE hingegen wäre etwa die "Akteurbeziehung" zwischen einer (als Individuum aufgefaßten) Aktion und einer (als Individuum aufgefaßten) Person. Oder die "Teilebeziehung" zwischen einem aus mehreren Teilen bestehenden Objekt und einem dieser Teile. Andere Beispiele für Relationen wären nach Leinfellner et al. (1984) die Funktion eines Objekts in einem übergeordneten Ganzen oder nach Trost & Steinacker (1981) die Rolle einer Person in einem sozialen Gebilde. Diese Beispiele zeigen bereits, daß einige Unterschiede bestehen zwischen der bei der Verwendung von KL-ONE üblichen Kategorisierung von "Dingen der Welt" und der üblichen Zuordnung im Bereich der Prädikatenlogik, wo ja ähnliche Kategorien verwendet werden.

Die Beziehung zwischen "Realität" und intuitiven bzw. theoretischen Strukturvorstellungen darüber birgt eine Reihe weiterer grundlegender Probleme, auf die in diesem Rahmen aber nicht eingegangen werden kann. Hingewiesen sei hier nur auf die kritischen Arbeiten von Born (1982, 83ab) zu diesem Problem. Diese Arbeiten liefern auch wichtige weiterführende Überlegungen zum Thema der folgenden Abschnitte, nämlich der Approximation oder Rekonstruktion von natürlichsprachigen Begriffen mit Hilfe von formalen Mitteln.

3.3.1.2. Konzepte und Konzepthierarchien

Elemente der durch KL-ONE definierten Beschreibungssprache beschreiben also Individuen oder Relationen in der gerade gültigen oder einer angestrebten Situation. Individuen werden dabei mit Hilfe von sogenannten Konzepten beschrieben. KL-ONE

unterscheidet terminologisch zwischen "generischen Konzepten" und "inividualisierten
Konzepten". Unter ersterem möge vorerst ein beliebiges einstelliges Prädikat
verstanden werden, das auf Individuen angewandt werden kann. Diese Eigenschaft kommt
m.E. aber besser durch die Bezeichnung "generelles Konzept" zum Ausdruck, weshalb
diesem Terminus im folgenden der Vorzug gegeben wird. Wenn nicht anders angegeben,
wird auch die Bezeichnung 'Konzept' als Synonym für 'generelles Konzept' verwendet.
Individualisierte Konzepte werden erst im Abschnitt 3.3.1.4. behandelt.

Konzepte sollen u.a. als Hilfsmittel dafür verwendet werden, die Bedeutung natürlichsprachiger Begriffe mit formalen Mitteln zu approximieren.   Die meisten Konzepte
können daher in Beziehung gesetzt werden zu solchen sprachlichen Begriffen, die ebenfalls Individuen des Objektbereichs beschreiben (siehe Abb. 3.15). Diese Beziehung
wird im System VIE-LANG etwa dazu verwendet, bestimmte Worte aus natürlichsprachigen
Eingabesätzen in Konzepte des Repräsentationssystems überzuführen (siehe Abschnitt
4.3.3.3.) oder umgekehrt Konzepte in Worte einer natürlichsprachigen Ausgabe zu übersetzen.

Für Konzepte, bei denen eine so enge Beziehung zu sprachlichen Begriffen vorhanden
ist, gelte die Konvention, daß sie mit diesem in Großbuchstaben geschriebenen
sprachlichen Begriff bezeichnet werden. Das Konzept 'HUND' bezeichne also dasjenige
Konzept, das in einer konkreten, mit Hilfe von KL-ONE generierten Beschreibung in
Beziehung zum sprachlichen Begriff 'Hund' gesetzt wurde. Aus verschiedensten Gründen
wurden in das Vokabular der Beschreibungselemente aber auch Konzepte aufgenommen, für
die es kein unmittelbares natürlichsprachiges Pendant gibt. In diesem Fall versucht
der Konzeptname den fehlenden Sprachbegriff so genau wie möglich zu approximieren,
wie etwa beim Konzeptnamen 'BEWIRKTE ORTSVERÄNDERUNG'.

Als 'Instanzen' eines Konzepts werden in KL-ONE diejenigen Individuen bezeichnet, auf
die dieses Konzept zutrifft.   Für viele Konzepte gilt nun (aus empirischen Gründen
oder auf Grund des üblichen Sprachgebrauchs), daß alle seine Instanzen auch Instanzen
eines anderen Konzepts sind. Auf alle Individuen etwa, auf die das Konzept HUND
zutrifft, trifft z.B. auch das Konzept TIER zu. Ein solches "übergeordnetes" Konzept
wird in KL-ONE als "Superkonzept" bezeichnet, das untergeordnete als "Subkonzept".
Für Superkonzepte können wieder ein oder mehrere Superkonzepte existieren, u.s.w.
Auf diese Art und Weise lassen sich sogenannte "Konzepthierarchien" aufstellen (die
aber nicht unbedingt streng baumartig zu sein brauchen). Die von uns aufgegebene
Bezeichnung "generische Konzepte" für generelle Konzepte rührt daher, daß in KL-ONE
die meisten generellen Konzepte in einer Konzepthierarchie auftreten.

Abb. 3.16. zeigt ein Beispiel für eine Konzepthierarchie. In dieser wie auch in allen
folgenden Abbildungen ist zu beachten, daß die natürlichsprachigen Bezeichnungen in

keiner Weise Teil des Repräsentationsschemas sind, sondern lediglich dem intuitiven Verständnis der Zusammenhänge zwischen den bezeichneten Elementen dienen sollen. Eine solche Vorgangsweise ist nicht ganz unproblematisch: Das so harmlos ausschauende "Pidgin-Deutsch" suggeriert nämlich, wie schon von McDermott (1976) bemerkt wurde, eine starke "Natürlichkeit" dieser formalen Elemente, welche aber absolut nicht vorhanden ist.

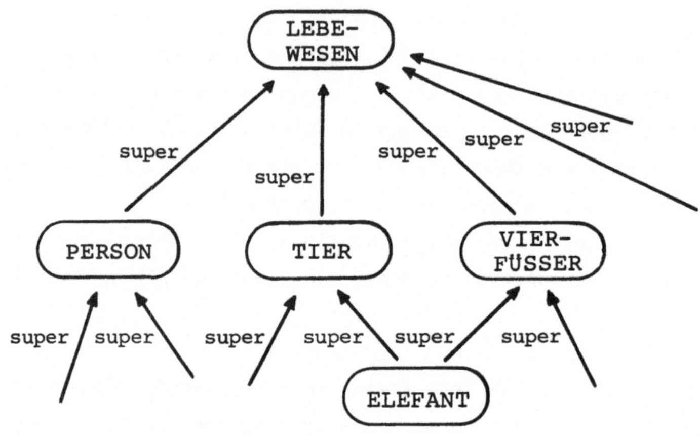

Abb.3.16.: Beispiel für eine Konzepthierarchie

3.3.1.3. <u>Attributbeschreibungen und Attributbeschreibungshierarchien</u>

Viele in der "Welt" identifizierbare Individuen stehen, wie erwähnt, üblicherweise in bestimmten Relationen zu anderen Individuen. Es kann nun vorkommen (wieder aus empirischen Gründen oder auf Grund des üblichen Sprachgebrauchs), daß in den Fällen, in denen ein Konzept k1 auf ein Individuum x1 zutrifft, es immer oder zumindest häufig ein Individuum x2 gibt, das mit x1 in einer Relation r steht und auf das ein Konzept k2 zutrifft. (In besonderen Fällen kann k2 auch gleich k1 sein.) Ein Beispiel wäre etwa die Akteurrelation zwischen Individuen, auf die das Konzept BEWIRKTE ORTSVER-ÄNDERUNG zutrifft, und Instanzen des Konzepts LEBEWESEN. Solche Paare (r,x2), auf die die obige Bedingung zutrifft, sollen hier als <u>Attribute</u> des Individuums x1 bezeichnet werden.

Sogenannte <u>Attributbeschreibungen</u> erlauben es, nähere Angaben über die üblichen Attribute von Individuen zu machen, auf die ein bestimmtes Konzept zutrifft. Zu diesen Angaben gehört etwa:

- die <u>Anzahl</u>: ein Zahlenintervall, das angibt, wie oft ein bestimmtes Attribut bei
  einem Individuum auftritt. (Bei Individuen, auf die das Konzept 'QUADRAT' zutrifft, würde die Beschreibung für das Attribut 'Seite' etwa die Anzahl [4,4]
  enthalten.)
- die <u>Werteinschränkung</u>: gibt das "höchste" Konzept an, das auf $x2$ anwendbar ist.
  (Bei der Beschreibung des Attributs "Akteur" von Instanzen des Konzepts BEWIRK-
  TE ORTSVERÄNDERUNG wäre das Konzept LEBEWESEN die Werteinschränkung, und nicht
  nur das Konzept MENSCH.) Für das Werteinschränkungskonzept können selbst wieder
  Attributbeschreibungen existieren.
- die <u>Modalität</u>: gibt im wesentlichen an, ob das Attribut bei $x1$ immer oder nicht
  immer auftritt. Im ersten Fall würde die Modalität den Wert <u>notwendig</u> annehmen,
  im zweiten den Wert <u>fakultativ</u>. (Das Attribut "Schwanz" beim Konzept SÄUGETIER
  zum Beispiel könnte man als fakultativ ansehen.)
- die <u>Rolle</u>: Besteht aus einem einstelligen Prädikat, das auf Relationen zwischen
  Individuen angewandt wird. Für Rollen sollen hier ebenfalls sprechende Namen
  verwendet werden, die gleichzeitig auch die Attributbeschreibungen, in denen
  diese Rollen enthalten sind, bezeichnen.
- der <u>Rollenverweis</u>: zeigt auf die "übergeordnete Rolle" (s.u.), falls eine solche
  vorhanden ist.

Die Bezeichnung 'Rolle' (oder 'Rollenbeschreibung') wird von Brachman (1978) leider
oft auch als Synonym für 'Attributbeschreibung' verwendet. Diese Praxis soll hier
nicht beibehalten werden; die sich daraus ergebenden terminologischen Abweichungen
halten sich in vertretbarem Rahmen.

Die <u>übergeordnete Attributbeschreibung</u> einer Attributbeschreibung eines Subkonzepts
erhält man dadurch, daß man (wieder aus empirischen Gründen oder auf Grund des üblichen Sprachgebrauchs) eine bestimmte Attributbeschreibung des unmittelbar übergeordneten Superkonzepts mit dieser Attributbeschreibung in Verbindung bringt. Abb. 3.17.
gibt ein Beispiel: Hier wird die Attributbeschreibung SIDE des Konzepts WÜRFEL in
Beziehung gesetzt zur Attributbeschreibung SEITE des Superkonzepts POLYEDER. Die
beiden Attributbeschreibungen sind aber nicht identisch, sondern die Attributbeschreibung des Subkonzepts ist eine <u>Restriktion</u> der Attributbeschreibung des Superkonzepts. (Der letztere Begriff stammt aus Brachman 1982, in Brachman 1978 wird noch
der Terminus 'Modifikation' gebraucht.) Zwar sind die Rollen der beiden Attributbeschreibungen äquivalent (was Brachman dazu bewegt, in diesen Fällen überhaupt von
identischen Rollen zu sprechen; dies soll hier aus Transparenzgründen aber nicht
beibehalten werden). Es wird aber bei der Attributbeschreibung des Subkonzepts das
Intervall für die Anzahl eingeschränkt, und als Werteinschränkung tritt ein Sub-

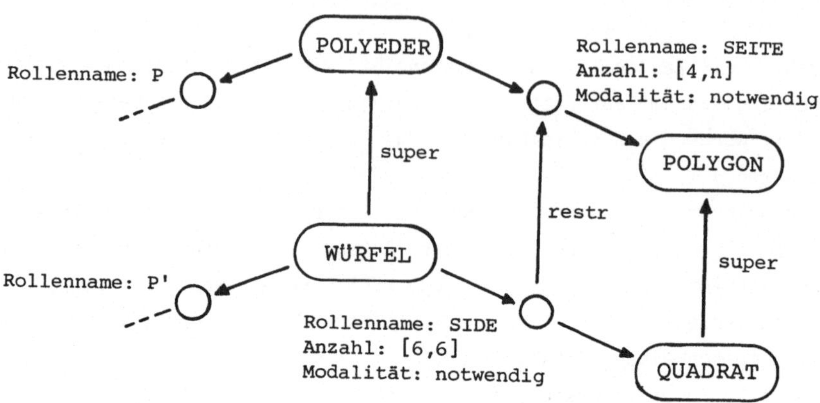

Abb.3.17.: Beispiel für eine Rollenhierarchie

konzept der Werteinschränkung des Superkonzepts auf.

Wendet man diese Vorgangsweise auch auf Attributbeschreibungen weiter übergeordneter Superkonzepte an, so entstehen parallel zu den Konzepthierarchien sogenannte "Attributbeschreibungshierarchien". (Die Werteinschränkungskonzepte der Attributbeschreibungen bilden dabei wiederum eine Konzepthierarchie.) Bezeichnet man den Übergang von einem Superkonzept zu einem Subkonzept als Spezialisierung des Superkonzepts, so gilt, daß bei der Spezialisierung eines Konzepts die Attributbeschreibungen dieses Konzepts nach folgenden Regeln vererbt werden:

a) Die Attributbeschreibungen des Konzepts werden unverändert übernommen.
b) Oder: Eine Attributbeschreibung erfährt eine Restriktion, indem die Anzahl auf ein Teilintervall des bisherigen Intervalls gesetzt wird, die Modalität von 'fakultativ' auf 'notwendig' geändert wird, oder das Konzept, das die Werteinschränkung der Attributbeschreibung angibt, durch eines seiner Subkonzepte ersetzt wird.
c) Oder: Eine Attributbeschreibung erfährt eine Differenzierung in (üblicherweise mehrere) neue Attributbeschreibungen des Subkonzepts. Die Attributbeschreibung SOZIALE ROLLE im Konzept SOZIALE INSTITUTION mit dem Werteinschränkungskonzept MENSCH wird etwa beim Subkonzept FAMILIE differenziert in die drei Attributbeschreibungen MUTTER, VATER und (fakultativ) KIND.
d) Die Vererbungsregeln (a) - (c) sind zwingend, Attributbeschreibungen des Superkonzepts können bei einer Spezialisierung also nicht aufgegeben werden.

3.3.1.4. Individualisierung und Strukturdefinition

Neben den generellen Konzepten und Attributbeschreibungen gibt es in KL-ONE auch sogenannte "individualisierte Konzepte" und "individualisierte Attributbeschreibungen".
Beide dienen der Beschreibung einer konkreten Situation, d.h. einer Menge von
Individuen und Relationen zwischen Individuen. Eine Beschreibung erfolgt dadurch,
daß generellen Konzepten und Attributbeschreibungen individualisierte Konzepte und
Attributbeschreibungen zugeordnet werden. (Letztere bestehen nur mehr aus einer
individualisierten Rolle und einem individualisierten Konzept.)

Die Zuordnung von individualisierten Konzepten und Attributbeschreibungen zu generellen Konzepten und Attributbeschreibungen (die sogenannte "Individualisierung") erfolgt nach ganz bestimmten Regeln, die garantieren, daß die Beziehungen zwischen den
generellen Konzepten und deren Attributbeschreibungen auch auf der individualisierten
Ebene erhalten bleiben. Die Individualisierung kann nur von einem Konzept ausgehend
nach folgenden Regeln erfolgen:

a) Einem generellen Konzept k wird ein individualisiertes Konzept zugeordnet.
b) Für jede der eventuell vorhandenen Attributbeschreibungen des generellen Konzepts
   gilt: Hat die Modalität in der Attributbeschreibung den Wert 'notwendig', so muß
   (ba) - (bc) auf diese Attributbeschreibung angewandt werden. Hat die Modalität den
   Wert 'fakultativ', so kann (ba) - (bc) auf diese Attributbeschreibung angewandt
   werden.
   (ba) Es sind n individualisierte Attributbeschreibungen zuzuordnen, wobei n im
        Zahlenintervall der Anzahl der generellen Attributbeschreibung liegen muß.
   (bb) Die Rollen der individualisierten Attributbeschreibungen werden dabei den
        Rollen der generellen Attributbeschreibungen zugeordnet, die individualisier-
        ten Konzepte der individualisierten Attributbeschreibungen den Werteinschrän-
        kungskonzepten der generellen Attributbeschreibungen, oder direkten oder
        indirekten Subkonzepten davon. Diese individualisierten Konzepte sollen hier
        als "Füller der Rolle der generellen Attributbeschreibung", oder kürzer als
        "Rollenfüller", bezeichnet werden.
   (bc) Besitzen die Werteinschränkungskonzepte der in (ba) - (bc) individualisierten
        Attributbeschreibungen selbst wieder Attributbeschreibungen, so muß oder kann
        (je nach Modalität) auf sie wieder (ba) - (bc) angewandt werden.

Durch die Individualisierung von generellen Konzepten und Rollen werden elementare
Situationsbeschreibungen geschaffen. Die Individualisierung des generellen Konzepts
k mit Hilfe eines individualisierten Konzepts ik drückt die Beschreibung aus, daß in
der Situation ein Individuum x existiert, auf das das Konzept k zutrifft (auf x tref-

fen damit natürlich auch alle Superkonzepte von k zu). Es gelte im folgenden die Sprechweise, daß ik x _bezeichnet_. Wird ein generelles Konzept k1 zusammen mit einer Attributbeschreibung (welche das Werteinschränkungskonzept k2 und die generelle Rolle gr enthält) mit Hilfe der individualisierten Konzepte bzw. Rollen ik1, ik2 und ir individualisiert, so drückt die Individualisierung von gr die Beschreibung aus, daß in der Situation eine Relation zwischen den von ik1 und ik2 bezeichneten Individuen existiert, auf die gr zutrifft.

Ist ein individualisiertes Konzept Rollenfüller mehrerer Attributbeschreibungen, so bedeutet dies, daß _ein_ Individuum der Situation in den beschriebenen Relationen steht, und umgekehrt. Für individualisierte Konzepte sollen hier ebenfalls sprechende Namen eingeführt werden, für individualisierte Rollen wird darauf verzichtet. Um eine Verwechslungsgefahr mit den Namen von generellen Konzepten zu vermeiden, sollen die Namen von individualisierten Konzepten mit einer oder mehreren Ziffern enden (üblicherweise wird eine fortlaufende Numerierung herangezogen). Weiters wird, um den Beschreibungscharakter hervorzuheben, den Namen das Zeichen 'Ǝ' vorangesetzt.

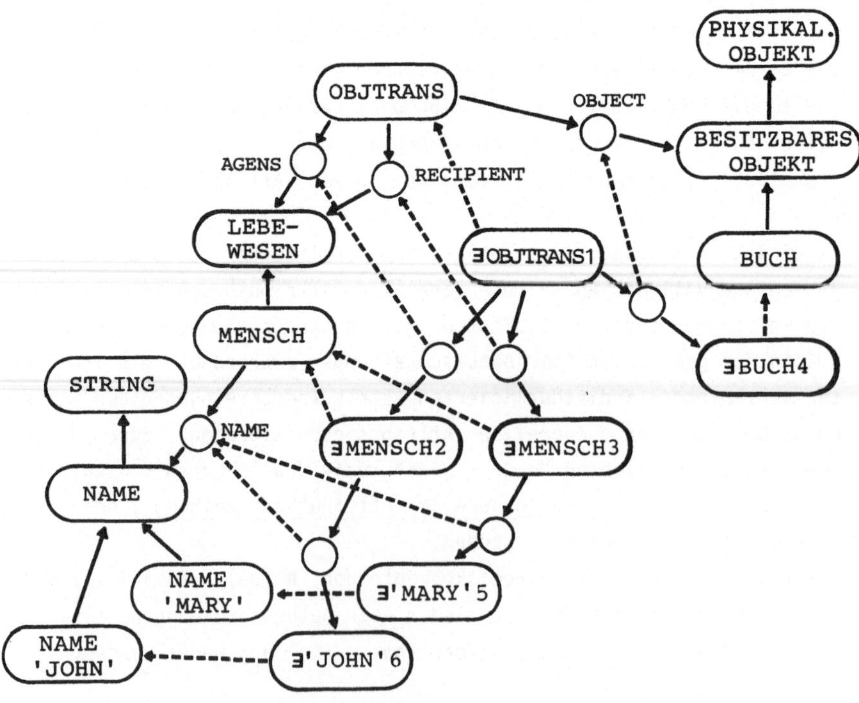

Abb.3.18.: Beispiel einer möglichen Individualisierung
des Konzepts OBJTRANS

Abb. 3.18. zeigt eine mögliche Individualisierung des Konzepts OBJTRANS. Dieses sei so definiert, daß auf Individuen, auf die dieses Konzept zutrifft, auch der sprachliche Begriff 'geben' im Sinne eines Nutznießungs- und Kontrollmöglichkeitstransfers zutrifft. Als erstes wird diesem Konzept ein individualisiertes Konzept zugeordnet. Da das generelle Konzept drei Attributbeschreibungen (nehmen wir an, jeweils mit der Modalität 'notwendig') besitzt, werden den generellen Attributbeschreibungen individualisierte Attributbeschreibungen zugeordnet: Den Werteinschränkungskonzepten (bzw. Subkonzepten davon) werden individualisierte Konzepte zugeordnet, und den generellen Rollen individualisierte Rollen.

Ein weiteres wichtiges Element von KL-ONE sind sogenannte "Strukturdefinitionen". Diese geben zusätzliche Regeln für die Individualisierung von Konzepten vor. Durch Strukturdefinitionen kann etwa vorgeschrieben werden, daß bei einer mehrstufigen Individualisierung nach (a) - (b) die Rollenfüller bestimmter Attributbeschreibungen identisch sein müssen. Oder daß zusätzlich zu den Konzepten, die nach (b) zu individualisieren sind, noch andere Konzepte individualisiert werden müssen, wobei bestimmte Rollenfülleridentitäten zu beachten sind. Als Beispiel gibt Brachman (1978) das Konzept WASSERSTOFFBOMBE an, dessen Individualisierung seiner Auffassung nach auch eine Individualisierung der Konzepte EXPLODIEREN, FUSIONSREAKTION und NUKLEARE KETTENREAKTION, zusammen mit bestimmten Rollenfülleridentitäten, hervorrufen soll.

Strukturdefinitionen stellen neben den Konzept- und Attributbeschreibungshierarchien die dritte Möglichkeit dar, Abhängigkeiten zwischen den Konzepten und Rollen der Situationsbeschreibungssprache von VIE-DPM angeben zu können.

3.3.2. Das Vokabular an Konzepten und Konzeptdependenzen

Das Vokabular der Konzepte und Konzeptdependenzen der Beschreibungssprache von VIE-DPM wurde in der Arbeit von Trost (1983) aufgestellt und soll hier nur skizzenhaft wiedergegeben werden. In die Entscheidung für ein konkretes Vokabular fließen, wie erwähnt, sowohl empirische Überlegungen als auch der übliche Sprachgebrauch mit ein. Im Prinzip kann natürlich, wie in Abschnitt 3.1. ausgeführt, jedes beliebige Vokabular für Beschreibungen verwendet werden. Es muß aber gelten, daß Inferenzprozesse, die auf diesen Beschreibungen operieren, sich nach Zugriff auf diese Beschreibungen in konsistenter Weise so verhalten können, daß ihnen Wissen über den intendierten Inhalt dieser Beschreibungen zugesprochen werden kann. Dadurch sind die gewählten Konzepte und Konzeptbeziehungen also einer empirischen Bewährungsprobe unterworfen.

Das Vokabular an Konzepten in der Beschreibungssprache von VIE-DPM läßt sich in zwei
Gruppen einteilen, nämlich in solche Konzepte, die in eine Konzepthierarchie einge-
gliedert sind, und sogenannte "<u>primitive Konzepte</u>", die an der "Spitze" von Konzepthierarchien stehen, also kein Superkonzept besitzen. Primitive Konzepte sind also,
wie in Abschnitt 3.3.3. ausgeführt wird, nur mehr durch die Menge ihrer Attributbeschreibungen definiert, nicht mehr jedoch durch übergeordnete Konzepte. Zu ihrer
Verarbeitung sind daher auf sie spezialisierte Inferenzprozesse erforderlich.

Im folgenden sollen zur Illustration des Vokabulars der Beschreibungssprache von VIE-
DPM drei verschiedene Arten von Konzepten herausgegriffen und näher erläutert werden.

3.3.2.1. <u>Die Konzepthierarchie der Beschreibungssprache</u>

Abb. 3.19. zeigt einen Ausschnitt der Konzepthierarchie der Beschreibungssprache.
Nicht dargestellt ist in dieser Abbildung die zugehörige Attributbeschreibungs-
hierarchie.

3.3.2.2. <u>Primitive Objektkonzepte</u>

In Trost (1983) wurde eine Reihe primitiver Konzepte entwickelt, die von großem
Nutzen bei der Beschreibung solcher Individuen sind, die umgangssprachlich als
"Objekte" klassifiziert werden.   Teilweise konnte dabei auf die von Lehnert & Burnstein (1979) entwickelten "object primitives" zurückgegriffen werden. Zu diesen
primitiven Konzepten der Beschreibungssprache gehören etwa:

AUFENTHALTSORT: Trifft auf Orte zu, an denen sich Instanzen des Konzepts MENSCH
          üblicherweise aufhalten.
BEHÄLTER: Trifft auf Individuen zu, die andere Individuen aufnehmen können und diese
          dadurch räumlich von ihrer Umwelt trennen. (Subkonzepte dieser Konzepte wären
          etwa EIMER, GRUBE, ZIMMER.)
BESITZBARES OBJEKT: Trifft auf alle Individuen zu, die einen Besitzer haben können.
          Individualisierungen dieses Konzepts sind mögliche Rollenfüller für die Rolle
          OBJECT des Konzepts OBJTRANS.
QUELLE: Trifft auf Individuen zu, die Herkunftsort bestimmter anderer Individuen
          sind. Subkonzepte davon wären etwa die Konzepte FLASCHE (das auf Individuen
          zutrifft, die Quelle von Individuen sind, auf die FLÜSSIGKEIT zutrifft) oder
          FEUER (das auf Individuen zutrifft, die Quelle von Individuen sind, auf die
          RAUCH oder LICHT zutrifft).

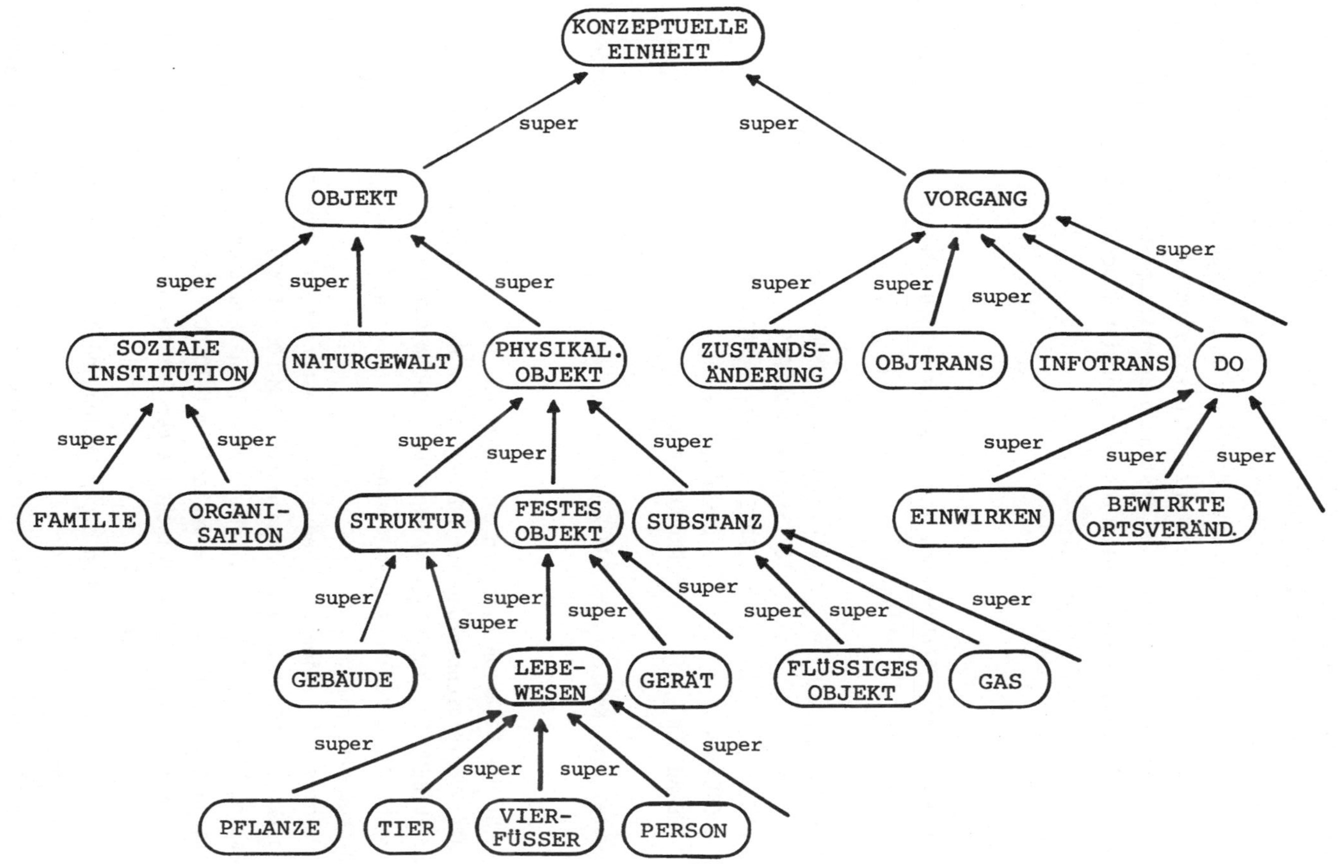

Abb.3.19.: Ausschnitt der Konzepthierarchie der Beschreibungssprache (nach Trost 1983, p. 58)

SUBSTANZ: Trifft auf nicht weiter strukturierbare Individuen zu. Subkonzepte davon
    wären etwa FLÜSSIGES OBJEKT oder GAS, aber auch bestimmte Subkonzepte von
    FESTES OBJEKT, wie etwa REIS oder SAND.
VERBINDUNG: Individuen, auf die dieses Konzept zutrifft, verbinden Orte und ermög-
    lichen einen Ortswechsel. Subkonzepte davon wären etwa TÜRE, STRASSE oder MUND.
VERBRAUCHER: Das Antonym zu QUELLE. Subkonzepte davon sind einige Subkonzepte von
    BEHÄLTER, das Konzept FEUER (dessen Instanzen Brennstoff verbrauchen) oder auch
    das Konzept LEBEWESEN (dessen Instanzen Nahrungsmittel verbrauchen).

3.3.2.3. Aktionen

Im folgenden einige wichtige Subkonzepte des Konzepts AKTION, die in Anlehnung an die
Arbeiten von Schank (1972, 75) aufgestellt wurden:

BERÜHREN	BEWIRKTE ORTSVERÄNDERUNG
BEWEGEN	ORTSVERÄNDERUNG AUS SICH
EINWIRKEN	SINNESEINDRUCK AUFNEHMEN
ERGREIFEN	SINNESEINDRUCK PRODUZIEREN
GEBRAUCHEN	PRODUZIEREN

Solche Subkonzepte des Konzepts AKTION können u.a. die folgenden Attributbeschreibungen aufweisen:

AGENS: Beschreibt die Relation zwischen einer Aktion und dem Ausführenden dieser
    Aktion. Als Werteinschränkung für Füller dieser Rolle können folgende Konzepte
    auftreten: LEBEWESEN, MASCHINE, NATURGEWALT, ORGANISATION.
OBJECT: Beschreibt die Relation zwischen einer Aktion und dem Objekt, an dem die
    Aktion durchgeführt wird.
SOURCE: Beschreibt die Relation zwischen einer Transferaktion und der Quelle des
    Transferobjekts. (Nicht zu verwechseln mit FROM-LOCATION!)
RECIPIENT: Beschreibt die Relation zwischen einer Transferaktion und dem Empfänger
    des Transferobjekts. (Nicht zu verwechseln mit TO LOCATION!)
INSTRUMENT: Beschreibt die Relation zwischen einer Aktion und einer anderen ein-
    facheren Hilfsaktion für diese Aktion.
TIME: Beschreibt die Relation zwischen einer Aktion und dem Zeitpunkt, an dem die
    Aktion stattfindet.
FROM LOCATION: Beschreibt die Relation zwischen einer Aktion und dem Ausgangspunkt
    dieser Aktion.
TO LOCATION: Beschreibt die Relation zwischen einer Aktion und dem Endpunkt einer
    Aktion.

3.3.3. Betrachtungen zu KL-ONE

Mit Hilfe von KL-ONE ist es möglich, komplexe Beschreibungsstrukturen zu generieren, die vom Benutzer frei wählbare Konzepte (das sind bisher noch immer einstellige Prädikate) und Attributbeschreibungen, die Relationen zwischen Individuen beschreiben, enthalten. Einige der in der Beschreibungssprache von VIE-DPM konkret verwendeten Konzepte und Rollenprädikate in Attributbeschreibungen wurden im letzten Abschnitt vorgestellt.

Prädikate, die auf Individuen bzw. Relationen angewandt werden können, sind nun keine ungewöhnlichen Elemente einer Beschreibungssprache, worin liegen eigentlich die Besonderheiten des Generierungsschemas KL-ONE? Diese sind m.E. darin zu suchen, daß die mit Hilfe von KL-ONE generierten komplexen Strukturen reichhaltige Möglichkeiten dafür bieten, Beziehungen zwischen Konzepten, zwischen Attributbeschreibungen, und zwischen Konzepten und Attributbeschreibungen ausdrücken zu können. Diese Beziehungen sind dabei dergestalt, daß, wenn ein Konzept k auf eine Individuum x zutrifft, dann auch ein Konzept k' auf x zutrifft. Oder daß es dann Individuen x1-xn geben muß, die in bestimmten Relationen zu x stehen, und auf die die Konzepte k1-kn zutreffen.

Die Beziehungen zwischen Konzepten und Attributbeschreibungen (bzw. deren Rollen) in Abb. 3.17. lassen sich etwa wie folgt darstellen (die Anregung zu diesem Versuch einer "expliziteren" Darstellung kam von L. K. Schubert):

$$(1) \quad \forall x \; [\text{WÜRFEL}(x) \supset \text{POLYEDER}(x)]$$

$$(2) \quad \forall x \; [\text{WÜRFEL}(x) \equiv \exists x1 \; [\text{QUADRAT}(x1) \wedge \text{SIDE}(x,x1)] \; ...$$
$$... \wedge \exists x6 \; [\text{QUADRAT}(x6) \wedge \text{SIDE}(x,x6)] \wedge \exists x7 \; [P'(x,x7)...]]$$

$$(3) \quad \forall x \; [\text{POLYEDER}(x) \equiv \exists x1 \; [\text{POLYGON}(x1) \wedge \text{SEITE}(x,x1)] \wedge \exists x2 \; [...] \; ...$$
$$... \wedge \exists xn+1 \; [P(x,xn+1)...]]$$

$$(4) \quad \forall x \; [\text{QUADRAT}(x) \supset \text{POLYGON}(x)]$$

$$(5) \quad \forall x,x1 \; [\text{SIDE}(x,x1) \equiv \text{SEITE}(x,x1)]$$

$$(6) \quad \forall x,x1 \; [P'(x,x1) \equiv P(x,x1)]$$

Die Darstellung solcher komplexer Konzept- und Rollenbeziehungen in einem Repräsentationssystem ist aus mehreren Gründen interessant. Zum einen liefern diese Beziehungen ein reiches Repertoire an Bedingungen, die erfüllt sein müssen, damit ein Konzept auf ein Individuum zutreffen kann. Damit also etwa das Konzept WÜRFEL auf ein Individuum x zutreffen kann, müssen zuerst 6 verschiedene Individuen identifiziert werden, auf die QUADRAT zutrifft und die in einer Relation zu x stehen, auf die die Rolle SIDE zutrifft.

Wenn einmal festgelegt wurde, daß ein Konzept auf ein Individuum zutrifft, erlauben diese Konzept- und Rollenbeziehungen weiters interessante Inferenzen, welche anderen Konzepte auf dieses oder andere Individuen zutreffen müssen. Es können damit Prozesse definiert werden, die solche Inferenzen ziehen, und denen daher bestimmtes Weltwissen zugesprochen werden kann.

Zum dritten können diese Konzept- und Rollenbeziehungen zur Approximation sprachnaher Begriffe mit Hilfe von formalen Mitteln verwendet werden. Sprachliche Begriffe brauchen damit nicht bloß auf einzelne Prädikate abgebildet zu werden, wie dies bei formalsprachlichen Übersetzungen üblich ist, sondern werden durch Komplexe von Prädikaten und Prädikatenbeziehungen approximiert. Das erwähnte Bedingungsrepertoire, das durch die Prädikatenbeziehungen aufgestellt wird, kann dann dazu verwendet werden, ambige Worte auf eindeutige Prädikatenkomplexe abzubilden, eine Eigenschaft, die für die Analyse von natürlichsprachigen Eingabesätzen im System VIE-LANG von größter Bedeutung ist (siehe Abschnitt 4.3.3.3.).

Die Beziehungen (2) bzw. (3) in der obigen Aufstellung drücken aus, daß ein Konzept durch die Konjunktion <u>aller</u> seiner Attributbeschreibungen <u>definiert</u> wird. Das obige Beziehungsschema kann auch um Strukturdefinitionen erweitert werden. Brachman (1978) sieht daher zu Recht ein Konzept nicht nur als einstelliges Prädikat an, sondern als Menge der Attributbeschreibungen und Strukturdefinitionen des Konzepts.

Weiters gilt mit (2), (5) und (6), daß

$$(7) \quad \forall x \; [\text{POLYEDER}(x) \wedge \exists x1 \; [\text{QUADRAT}(x1) \wedge \text{SEITE}(x,x1)] \; ...$$
$$... \wedge \exists x6 \; [\text{QUADRAT}(x6) \wedge \text{SEITE}(x,x6)] \wedge \exists x7 \; [P(x,x7)..]] \equiv \text{WÜRFEL}(x)]$$

Ein Konzept wird also auch durch sein Superkonzept, zusammen mit der Angabe <u>aller</u> Attributsänderungen beim spezifischeren Konzept, definiert. Wird eine Attributbeschreibung bei der Vererbung nicht nur restringiert, sondern differenziert, so zählen auch die neu auftretenden Rollen zu den anzugebenden Änderungen, da dann die Äquivalenz zwischen übergeordneten Rollen (wie sie in (5) und (6) ausgedrückt ist) durch eine einfache Implikation ersetzt wird.

(1) - (6) stellt eine alternative Notationsform für durch KL-ONE generierte Beschreibungsstrukturen dar. Bisher wurde zu diesem Zweck immer eine netzwerkartige Darstellung gewählt. (1) - (6) ist "expliziter" als Abb. 3.17., in dem Sinne, daß (1) - (6) die üblichere Notationsform für das ist, was auch Abb. 3.17. ausdrücken soll. Dies soll jedoch kein Plädoyer dafür sein, die allgemein verwendete Netzwerknotation für KL-ONE-Ausdrücke in eine prädikatenlogische Notation zu übersetzen. Zum einen ist eine vollständige Übersetzung gar nicht möglich. Das Anzahlintervall in Rollen-

beschreibungen etwa ist in einer prädikatenlogischen Sprache erster Stufe gar nicht ausdrückbar (man beachte etwa (3)). Auch fakultative Rollen führen zu großen Problemen. Zum anderen ist, wie schon in Abschnittt 3.1. ausgeführt, eine epistemologische Ebene, die Begriffe wie 'Konzept', 'Attribut', 'Rolle', 'Vererbung', 'Werteinschränkung', etc. enthält, zumindest für Zwecke der Akteurmodellierung adäquater als eine epistemologische Ebene, die lediglich Begriffe wie 'Prädikat', 'Konstante', 'Junktor', etc. enthält.

3.3.4. Die Repräsentation einfacher Überzeugungen und Ziele

Einfache Überzeugungen eines Akteurs a werden in VIE-DPM dadurch repräsentiert, daß Situationsbeschreibungen, wie sie in Abschnitt 3.3.1.4. dargestellt wurden, bestimmten Akzeptanzbewertungen unterworfen werden. Gegenwärtig wird nur mit Situationen der "derzeit gültigen Welt" gearbeitet, es können auf diese Weise aber auch Überzeugungen über beliebige vergangene oder zukünftige Situationen repräsentiert werden.

Es existiert ein stetiges Intervall von Akzeptanzbewertungen, von denen hier jedoch nur die beiden Extremwerte und der Mittelwert berücksichtigt werden sollen. Diese werden mit '+', '-' bzw. '0' bezeichnet. '+' steht für 'akzeptiert', '-' für 'nicht akzeptiert', und '0' für 'unsicher'. Diese Akzeptanzbewertungen werden auf elementare Situationsbeschreibungen, also auf individualisierte Konzepte und Rollen, angewandt.

'+', '-' bzw. '0' bedeuten, angewandt auf ein <u>individualisiertes Konzept</u> ik: a akzeptiert, daß / akzeptiert nicht, daß / ist unsicher, ob es in der Situation ein Individuum gibt, auf das die durch ik ausgedrückte elementare Beschreibung zutrifft (d.h., auf das die Prädikate aller jener Konzepte k1-kn zutreffen, die mit Hilfe von ik individualisiert wurden). Angewandt auf eine <u>individualisierte Rolle</u> ir bedeuten die Bewertungen '+', '-' und '0': a akzeptiert, daß / akzeptiert nicht, daß / ist unsicher, ob in der Situation eine solche Relation existiert, wie sie von ir beschrieben wird (siehe Abschnitt 3.3.1.4.). Wenn ein Akteur ein individualisiertes Konzept ik mit '-' bewertet, so muß er natürlich auch alle individualisierten Rollen, bei denen ik Rollenfüller ist, sowie jene, die in den individualisierten Attributbeschreibungen von ik auftreten, mit '-' bewerten.

Für Abb. 3.20. wurde die Beschreibung aus Abb. 3.18. um Akzeptanzbewertungen erweitert. Es werden dadurch die folgenden Überzeugungen ausgedrückt: Es existiert in der Situation ein Individuum, das ein Mensch ist, und von dem unsicher ist, ob es den Namen 'John' hat. Dieser John - wir wollen ihn trotzdem so nennen - gibt jemandem

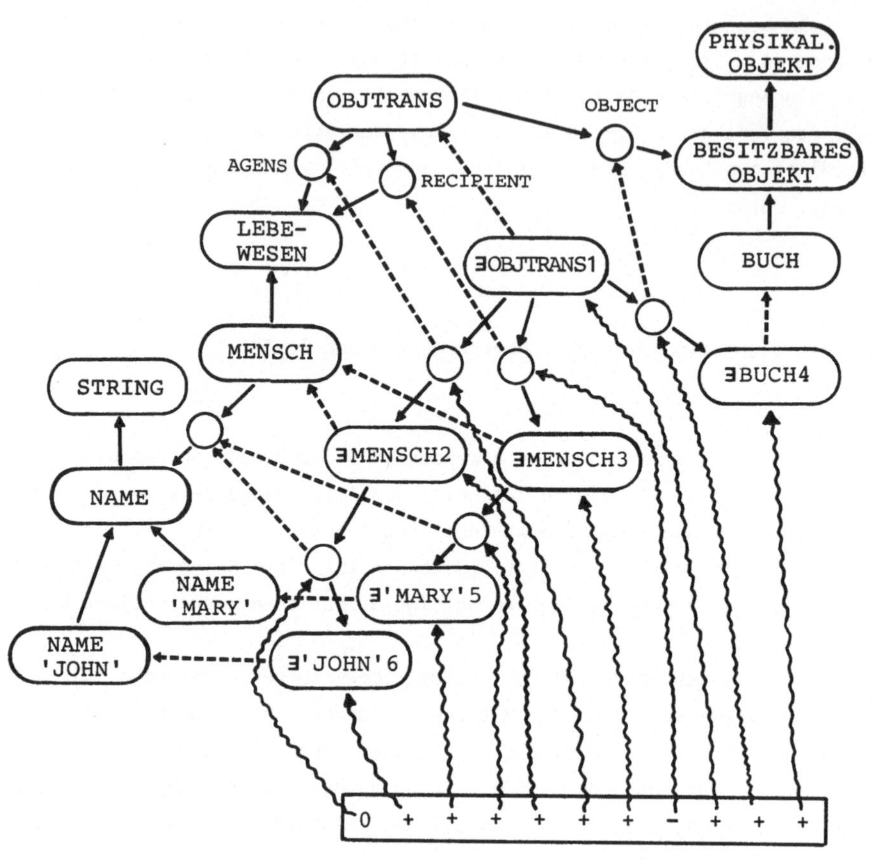

Abb.3.20.: Beispiel einer einfachen Überzeugung

etwas, das ein Buch ist. Weiters gibt es in der Situation ein zweites Individuum,
das ebenfalls ein Mensch ist und das den Namen 'Mary' hat. Es gilt aber nicht, daß
John das Buch Mary gibt.

Im Gegensatz zu Russel (1940, 48), der Überzeugungen als Einstellungen zu Propositionen analysierte, werden bei VIE-DPM Überzeugungen als Einstellungen zu elementaren
Situationsbeschreibungen angesehen, wobei diese Beschreibungen wesentlich einfacher
als das sind, was üblicherweise als 'Proposition' bezeichnet wird. Es ist nun durchaus möglich, diese Akzeptanzbewertungen nicht nur als isolierte Größen, sondern als
Ergebnis von Inferenzprozessen anzusehen. Solche Prozesse würden etwa die Einstellung
eines Akteurs zu anderen Beschreibungen berücksichtigen und aus diesen positiven und
negativen <u>Evidenzen</u> eine Gesamtakzeptanz ermitteln.   Bei jeder Akzeptanzbewertung

könnten dann auch diese Evidenzen, die bei der Ermittlung der Akzeptanzbewertung berücksichtigt wurden, samt den verwendeten Inferenzregeln vermerkt werden (Doyle 1979, Emde & Schmiedel 1983). Diese möglichen Erweiterungen, die bei einer Netzwerkrepräsentation natürlich bei weitem komplexer sind als bei einer prädikatenlogischen Notation, wurden bisher allerdings noch nicht näher untersucht.

Mit den vorgestellten Beschreibungen und Akzeptanzbewertungen lassen sich bereits die Überzeugungen der Klassen a (1.1.1.) - (1.1.3.) aus Abschnitt 2.4.2. darstellen. Um die Klassen a (1.2.1.) - (1.2.3.) darstellen zu können, muß man sich zuerst überlegen, was mit Überzeugungsbeschreibungen, die mit 'a glaubt, daß es jemanden/etwas gibt, der/das...' paraphrasiert werden können, eigentlich gemeint ist. (Beispiele wären etwa, daß a glaubt, daß _jemand_ Mary ein Buch gibt, oder daß a glaubt, daß John Mary _etwas_ gibt.) Unter solchen Überzeugungsbeschreibungen ist m.E. zu verstehen, daß a keine Informationen über diesen Jemand bzw. dieses Etwas besitzt, außer denjenigen, die sich aus dessen Rolle in dem mit '...' abgekürzten Sachverhalt ableiten lassen. (Etwa, daß dieses Individuum ein Lebewesen ist, wenn es der Akteur eines Objekttransfers ist.) Mit anderen Worten, es sind keine Eigenschaften dieses Individuums bekannt. Dies läßt sich aber in KL-ONE sehr einfach durch ein individualisiertes Konzept ausdrücken, das keine individualisierten Attributbeschreibungen besitzt, oder nur solche, deren Rollenfüller lediglich eine Individualisierung des Werteinschränkungskonzepts darstellt. Wären etwa in Abb. 3.20. alle Akzeptanzbewertungen gleich '+', so würde dies nach der obigen Definition ausdrücken, daß John Mary ein Buch gibt. Würde zusätzlich das am weitesten links stehende individualisierte Konzept lediglich eine Individualisierung des Konzepts NAME darstellen, so würde Abb. 3.20. ausdrücken, daß _jemand_ Mary ein Buch gibt.

Die Repräsentation der einfachen Überzeugungen a (1.1.4.), a (1.2.4.) und a (1.2.5.) soll erst im nächsten Abschnitt dargestellt werden. Mit dem bisher entwickelten Instrumentarium ist es aber bereits möglich, auch die _einfachen Ziele_ a (2.1.1.) - (2.1.3.) und a (2.2.1.) - (2.2.3.) zu repräsentieren. (Die Behandlung von a (2.1.4.), a (2.2.4.) und a (2.2.5.) soll ebenfalls auf später verschoben werden.) Diese einfachen Ziele werden durch _Beschreibung einer angestrebten Situation_ dargestellt. Die Akzeptanzbewertungen haben dabei eine leicht geänderte Interpretation: In der obigen Definition wäre statt 'akzeptiert / akzeptiert nicht / unsicher' einfach 'möchte / möchte nicht / ist indifferent' einzusetzen.

3.3.5. Die Repräsentation von Überzeugungen und Zielen in bezug auf Überzeugungen und Ziele anderer Akteure

3.3.5.1. Geschachtelte Kontexte

Zur Darstellung von Überzeugungen und Zielen in bezug auf Überzeugungen und Ziele anderer Akteure wird in VIE-DPM der sogenannte 'Partitionsansatz' verwendet. Einfache Überzeugungen und Ziele des Systems und einfache Überzeugungen und Ziele in Akteurmodellen beliebiger Stufe bilden dabei jeweils einen eigenen Kontext. Innerhalb eines solchen Kontexts werden entweder einfache Überzeugungen oder einfache Ziele mit Hilfe von Beschreibungen und Akzeptanzbewertungen in der in Abschnitt 3.3.4. beschriebenen Form dargestellt. Überzeugungen über Überzeugungen und Ziele werden mit Hilfe von geschachtelten Kontexten repräsentiert. Der eingebettete Kontext wird dabei mit dem übergeordneten Kontext verbunden. Abb. 3.21. zeigt ein einfaches Beispiel mit drei Kontexten. Kontext SB enthält die einfachen Überzeugungen des Systems (der Buchstabe 'B' steht für 'Belief Context'), Kontext SBUB die Überzeugungen des Systems über die Überzeugungen des Benutzers, und Kontext SBUW die Überzeugungen des Systems über die Ziele des Benutzers ('W' steht für 'Want Context').

Technisch ist ein Kontext als eine Zusammenfassung einer Reihe sogenannter "Nexuses" realisiert. Jedes individualisierte Konzept und jede individualisierte Rolle der Beschreibungen eines Kontexts ist mit je einem Nexusknoten verbunden (vgl. den wellenförmigen Pfeil in Abb. 3.21.). Ein Nexus ist auch der Ansatzpunkt für die Akzeptanzbewertung(en) des mit dem Nexusknoten verbundenen individualisierten Konzepts bzw. der damit verbundenen individualisierten Rolle.

Die für die Darstellung einfacher Überzeugungen und Ziele benötigten Beschreibungen sind in Abb. 3.21. nur stark vereinfacht wiedergegeben. Die generelle Ebene wurde vollkommen weggelassen, die Anzahl der Individuenkonzepte wurde auf das Allernotwendigste reduziert, und Nexuses werden nur durch ihre Akzeptanzbewertungen dargestellt. Diese Vereinfachungen, die auch bei den folgenden Abbildungen getroffen werden müssen, sind leider notwendig, um die Darstellungen noch einigermaßen übersichtlich zu halten.

Der erste Nexus jedes Kontexts (er wird durch Einrahmung der Akzeptanzbewertung hervorgehoben) ist mit jenem Konzept verbunden, das innerhalb des Kontexts das jeweilige Individuum bezeichnet, dessen einfache Überzeugungen oder Ziele mit Hilfe dieses Kontexts modelliert werden sollen. Die Beschreibungen in SB und SBUB sollen unter Berücksichtigung der getroffenen Vereinfachungen ausdrücken, daß John Mary das Buch

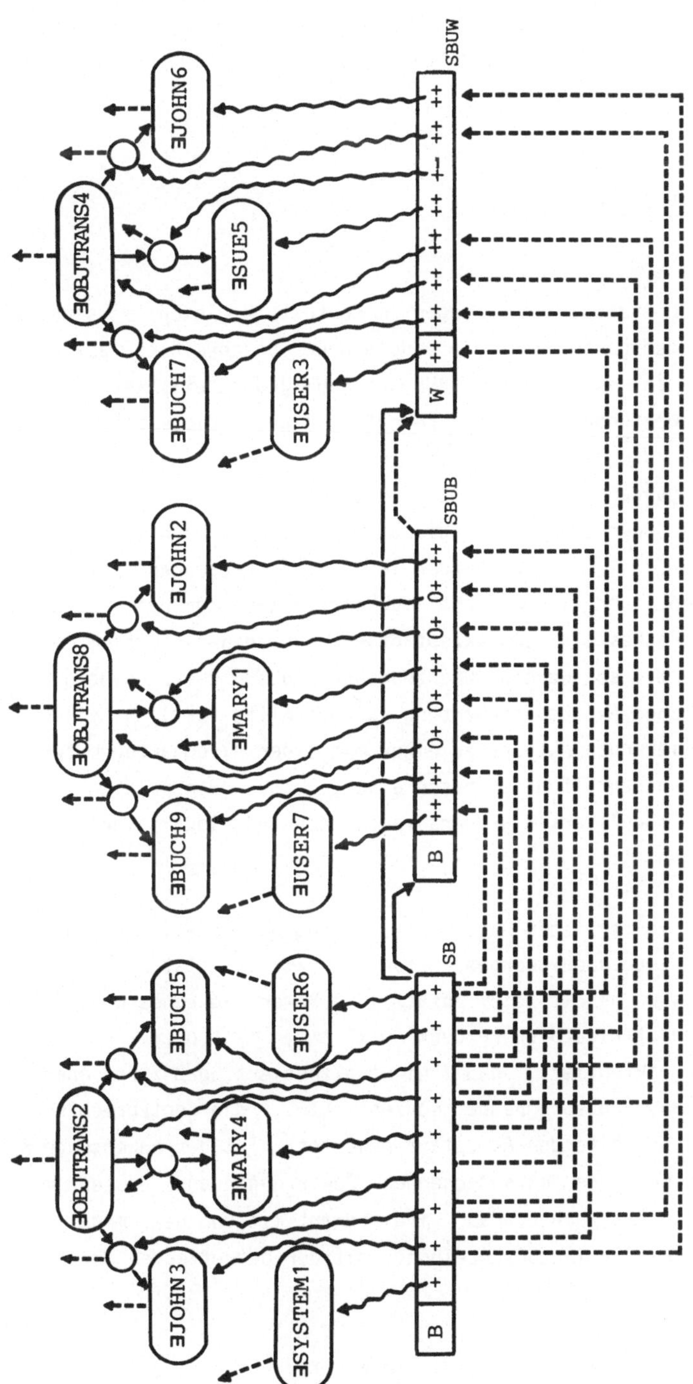

Abb.3.21.: Überzeugungen des Systems über die Situation
sowie über einfache Überzeugungen und Ziele des Benutzers

gibt. (Streng genommen würden sie - unter Zugrundelegung der generellen Ebene von Abb. 3.18. - ja nur ausdrücken, daß jemand, der ein Mensch ist, jemandem, der ebenfalls ein Mensch ist, das Buch gibt.) Die in SBUW enthaltene Beschreibung soll ausdrücken, daß John Sue das Buch gibt.

3.3.5.2. Multiple Akzeptanzbewertungen

Da in Abb. 3.21. alle Akzeptanzbewertungen im Kontext SB gleich '+' sind, wird in SB die Überzeugung ausgedrückt, daß die angegebene Beschreibung auf die derzeitige Situation zutrifft. In den Kontexten SBUB und SBUW jedoch existieren nun nicht nur einzelne Akzeptanzbewertungen, sondern Bewertungspaare. Diese bedürfen einiger Vorbemerkungen: Wie man sich leicht überlegt, existiert ein inhaltlicher Unterschied zwischen den Überzeugungen 'S glaubt, daß U unsicher ist, ob...' und 'S ist unsicher, ob U glaubt, daß...'. Oder zwischen 'S glaubt nicht, daß U möchte,...' und 'S glaubt, daß U nicht möchte,...'. (Bei den beiden letzten Überzeugungen folgt vielleicht die erste aus der zweiten, aber sicher nicht umgekehrt.) Wenn man nun eine einfache Überzeugung oder ein einfaches Ziel als Akzeptanzbewertung einer bestimmten Situationsbeschreibung ausdrückt, so werden Überzeugungen über Überzeugungen und Ziele mit Hilfe einer zusätzlichen Akzeptanzbewertung dargestellt, nämlich einer Akzeptanzbewertung des modellierenden Akteurs zu einer mit einer Akzeptanzbewertung des modellierten Akteurs versehenen Situationsbeschreibung. Oder noch präziser, zu mit Akzeptanzbewertungen des modellierten Akteurs versehenen individualisierten Konzepten und Attributbeschreibungen.

Die Bedeutung dieser zusätzlichen Akzeptanzbewertung des modellierenden Akteurs hängt von der Art des entsprechenden übergeordneten Kontexts ab: Ist dieser Kontext ein Überzeugungskontext, so drückt die zusätzliche Bewertung eines bewerteten Konzepts oder einer bewerteten Attributbeschreibung mit '+', '-' oder '0' aus, daß der modellierende Akteur akzeptiert, daß / nicht akzeptiert, daß / unsicher ist, ob der modellierte Akteur das entsprechende Konzept bzw. die entsprechende Attributbeschreibung mit der betreffenden Akzeptanz bewertet. Ist der bewertende Kontext ein Zielkontext, so drücken die entsprechenden Bewertungen aus, daß der modellierende Akteur möchte, daß / nicht möchte, daß / indifferent ist, ob der modellierte Akteur das Konzept oder die Attributbeschreibung mit der betreffenden Akzeptanz bewerten soll.

Die Kontexte SBUB und SBUW in Abb. 3.21. liefern für ersteres ein Beispiel: Bei den Akzeptanzbewertungspaaren stellt dabei jeweils der rechte Wert die Akzeptanz des modellierten Akteurs, der linke die Akzeptanz des modellierenden Akteurs dar. SBUB drückt die Überzeugung aus, daß das System unsicher darüber ist, ob der Benutzer glaubt, daß John Mary das Buch gibt. (Die Überzeugung des Systems, daß der Benutzer unsicher darüber ist, ob John Mary das Buch gibt, würde - nur zum Vergleich - einfach dadurch ausgedrückt werden, daß die Bewertungspaare '0+' durch '+0' ersetzt werden. Der Kontext SBUW drückt aus, daß das System glaubt, daß der Benutzer zwar möchte, daß John das Buch jemandem geben soll, daß dies aber nicht Sue sein soll.

Die in Abb. 3.21. dargestellte Schachtelung von Überzeugungen läßt sich ohne Probleme auch auf beliebig tiefe Stufen erweitern, etwa um die Überzeugungen des Systems über die Überzeugungen des Benutzers über die Überzeugungen eines Akteurs a darstellen zu können. Die individualisierten Konzepte und Attribute im Kontext SBUBaB werden dabei mit _dreifachen_ Akzeptanzbewertungen versehen. Wenn man diese Bewertungen als Triple $(a1,a2,a3)$ auffaßt, so drückt a1 im konkreten Beispiel die Akzeptanz des Systems zur mit a2 bewerteten Bewertung eines individualisierten Konzepts oder einer individuali- sierten Attributbeschreibung mit a3 aus. Damit ist etwa darstellbar, daß das System nicht glaubt, daß der Benutzer glaubt, Peter sei unsicher, ob p. Da die Methode multipler Akzeptanzbewertungen in derselben Weise auch auf beliebige Schachtelungen von Überzeugungs- und Zielkontexten anwendbar ist, kann beispielsweise ohne Probleme repräsentiert werden, daß das System möchte, daß der Benutzer glaubt, daß Peter nicht möchte, daß p, oder ähnliches.

Mit Hilfe der dargestellten Repräsentationsmittel, nämlich geschachtelten Überzeu- gungs- und Zielkontexten sowie multiplen Akzeptanzbewertungen, ist es also möglich, die Überzeugungen ... a (3.1.1.) - (3.1.3.) und ... a (3.2.1.) - (3.2.3.) sowie die Ziele ... a (4.1.1.) - (4.1.3.) und ... a (4.2.1.) - (4.2.3.) adäquat zu repräsen- tieren.

Hervorzuheben wäre auch noch, daß die zuletzt entwickelte Terminologie uns auch in die Lage versetzt, auf die Begriffe 'glauben', 'Überzeugung', 'Ziel', etc., welche bisher permanent verwendet wurden, völlig zu verzichten. Aussagen, in denen diese Begriffe vorkommen, können _vollständig_ in Aussagen übersetzt werden, die die Begriffe 'Situationsbeschreibung', 'Akzeptanzbewertung', 'angestrebte Situation', etc. enthal- ten. Aus naheliegenden Verständlichkeitsüberlegungen heraus soll aber von dieser Möglichkeit hier nicht Gebrauch gemacht werden.

3.3.5.3. Inter-Nexus-Verbindungen

Inter-Nexus-Verbindungen (im unteren Teil von Abb.3.21. durch strichlierte Linien dargestellt) haben die Aufgabe, eine Verbindung herzustellen zwischen syntaktisch ähnlichen Beschreibungsstrukturen in verschiedenen Kontexten. Dies soll ausdrücken, daß die Beschreibungen "miteinander etwas zu tun haben", was für auf diesen Strukturen operierende Inferenzprozesse von großem Informationswert ist.

Es gibt leider keine allgemeine Methode zu entscheiden, was syntaktisch ähnliche Beschreibungsstrukturen inhaltlich miteinander zu tun haben. Ob etwa trotz der Abweichungen in den Beschreibungen dasselbe Ereignis beschrieben wird, wie beispielsweise in den meisten Fällen bei 'Das System glaubt, daß Peter morgen nach Heathrow fliegt und glaubt, daß der Benutzer glaubt, daß Peter morgen nach London fliegt'. Syntaktische Abweichungen zwischen Beschreibungen können aber auch zu inhaltlichen Kontradiktionen führen, wie etwa im Falle, daß das System glaubt, daß der Benutzer glaubt, daß Peter morgen nach Moskau fliegt. Abweichungen können aber auch bedeuten, daß Beschreibungen inhaltlich fast nichts miteinander zu tun haben, wie etwa bei 'Das System glaubt, daß Peter morgen zu Hause ist und glaubt, daß der Benutzer glaubt, daß John morgen zu Hause ist'.

Aus diesen Gründen drücken die Inter-Nexus-Verbindungen von VIE-DPM nur eine syntaktische Beziehung zwischen Beschreibungsstrukturen aus und keine direkten inhaltlichen Beziehungen, wie dies etwa die Beziehung 'beschreibt dieselben Individuen und Relationen' oder 'widersprüchliche Beschreibungen' wären. Solche inhaltlichen Beziehungen sind nicht statisch, sondern sind das Produkt von spezialisierten Inferenzprozessen, die umfangreiches Weltwissen mitberücksichtigen müssen. Eine explizite Markierung von inhaltlichen Beziehungen hätte, wenn sie späteren Verarbeitungsaufwand verringern will, auch dieses Weltwissen und insbesondere diese aktivierten Prozeduren mit zu umfassen. Weiters ist bei der inhaltlichen Beurteilung syntaktischer Abweichungen auch der Verwendungszweck der verglichenen Überzeugungen von Bedeutung: Der Unterschied zwischen Gatwick und London ist für viele Verwendungszwecke belanglos; er ist aber sicher dann wichtig, wenn der Benutzer jemanden vom Flughafen abholen möchte.

Inter-Nexus-Verbindungen werden von einem Kontext zu jedem direkt untergeordneten Kontext sowie zusätzlich von B-Kontexten zu W- und P-Kontexten (für letzteres siehe Abschnitt 3.3.6.5.) derselben Schachtelungsstufe gezogen. Abb. 3.21. liefert ein Beispiel: Hier existieren Inter-Nexus-Verbindungen zwischen den Kontexten SB und SBUB, SB und SBUW, sowie zwischen SBUB und SBUW.

3.3.5.4. Reflexive Akteurmodelle und gemeinsame Überzeugungen

Wie in Abschnitt 2.3. ausgeführt wurde, müssen Akteurmodelle auch "reflexiv" sein können in dem Sinne, daß das Akteurmodell eines modellierten Systems (eventuell auf

einer tieferen Schachtelungsstufe) ein Akteurmodell des modellierenden Systems enthält. Im Benutzermodell eines Zugauskunftssystems muß etwa darstellbar sein, daß der
Benutzer wahrscheinlich glaubt, daß das System weiß, wann der nächste Zug nach X
fährt.

Abb. 3.22. zeigt, daß im Repräsentationsschema von VIE-DPM solche reflexive Überzeugungen ebenfalls sehr einfach dargestellt werden können. Ohne die mit (a) bezeichnete
Rückverkettung würde Abb. 3.22. folgendes ausdrücken (wieder unter Berücksichtigung
der getroffenen Vereinfachungen): Das System glaubt, daß John Mary das Buch gibt;
das System glaubt, daß der Benutzer glaubt, daß John Mary das Buch gibt; und das
System glaubt, daß der Benutzer glaubt, daß das System glaubt, daß John Mary das Buch
gibt. Für die Überzeugungen des Systems über die Überzeugungen des Benutzers über die
Überzeugungen des Systems wird also ebenfalls ein eigener Kontext geschaffen (in Abb.
3.22. bezeichnet mit 'SBUBSB'). Daß dieser Kontext Annahmen über die Überzeugungen
des Systems enthält, geht aus den Inter-Nexus-Verbindungen zwischen den Nexuses der
individualisierten Konzepte ∃SYSTEM1 und ∃SYSTEM4 hervor.

Die Methode der Repräsentation reflexiver Überzeugungen kann erweitert werden zu
einer Darstellung von gemeinsamen Überzeugungen. Diese sollten, wie bereits erwähnt,
nicht so sehr als eine tatsächliche Menge abzählbar vieler Überzeugungen verstanden
werden, sondern vielmehr als die Möglichkeit, jedes Element dieser Menge bei Bedarf
konstruieren zu können. Es besteht daher keine Notwendigkeit, abzählbar viele Überzeugungen explizit repräsentieren zu müssen; jede implizite Repräsentation, die
diese Konstruktion gestattet, ist ausreichend.

In VIE-DPM wird zu diesem Zweck eine selbstreferentielle Notation verwendet, wie sie
bereits von Cohen (1978) vorgeschlagen wurde. Ein Beispiel bietet Abb. 3.22.: Die
mit (a) bezeichnete Rückverkettung von SBUBSB nach SBUB zeigt an, daß der Kontext
SBUBSBUB, der nicht mehr explizit repräsentiert ist, identisch ist mit SBUB, und daß
weiter SBUBSBUBSB identisch ist mit SBUBSB, etc. Einzig zu den Akzeptanzbewertungen
müßte, wie man sich leicht überlegt, bei jeder Iteration links das Paar '++' hinzugefügt werden.

Abb. 3.22. drückt also aus, daß S (1.1.1.), S (3.1.5.) [U (1.1.1.)] und S (3.1.1.)
U (3.1.5.) [S (1.1.1.)] mit p gleich 'John gibt Mary das Buch'. Das System glaubt
also etwa, daß der Benutzer glaubt, daß John Mary das Buch gibt, und daß er weiters
glaubt, daß das System dies weiß, etc. Das System nimmt in der in Abb. 3.22. dargestellten selbstreferentiellen Konstruktion demnach an, daß alle Überzeugungen, die
es über den Benutzer hat, dem Benutzer auch bekannt sind. Ist dies nicht der Fall,
hat das System also "private Überzeugungen" über die Überzeugungen des Benutzers, so
ist dies, einem Vorschlag von Cohen (1978) und Taylor & Whitehill (1981) folgend, im

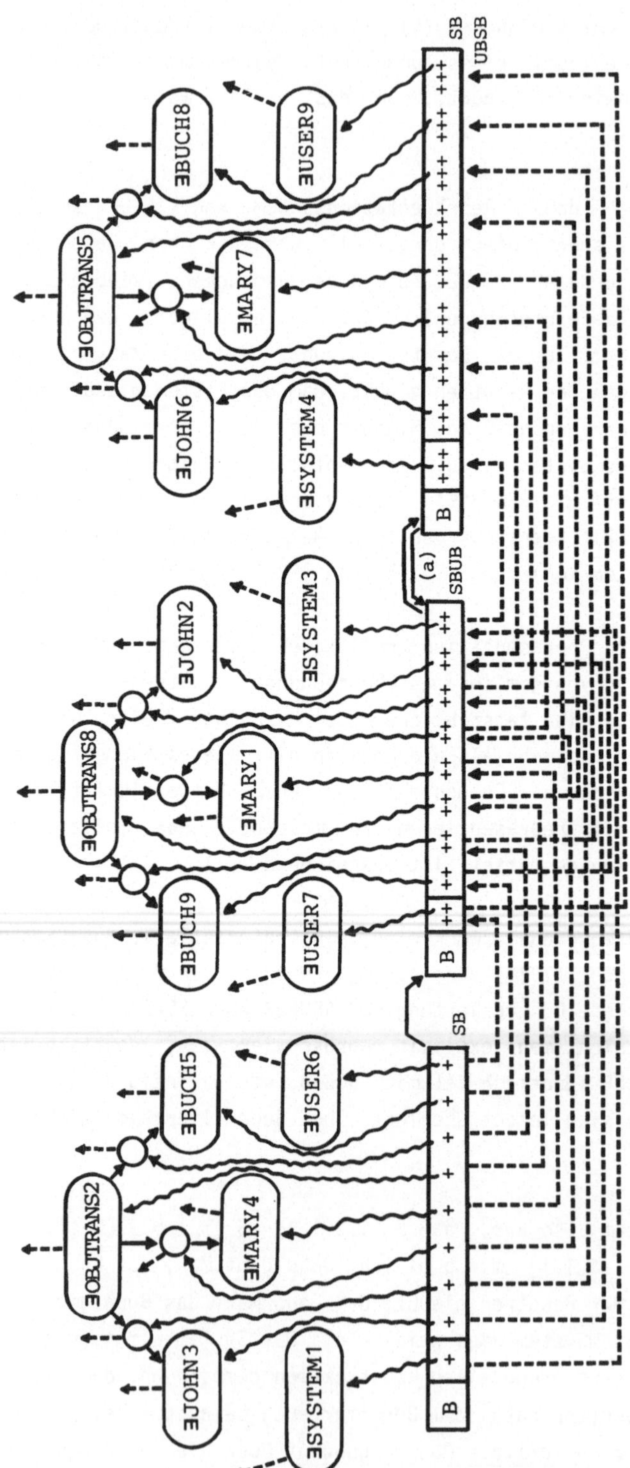

Abb.3.22.: Gemeinsame Überzeugungen des Systems
und des Benutzers

Repräsentationssystem von VIE-DPM ebenfalls problemlos darstellbar: Es muß lediglich die Tiefe der expliziten Darstellung um eins erhöht werden. In SBUB werden dann alle Überzeugungen des Systems über die Überzeugungen des Benutzers dargestellt, in SBUBSBUB nur die gemeinsam bekannten. Die selbstreferentielle Verkettung erfolgt dann von SBUBSBUB nach SBUBSB.

Wie in Abschnitt 2.4.3. ausgeführt wurde setzen sich gemeinsame Überzeugungen aus infinit-reflexiven Überzeugungen und privaten Überzeugungen des Systems zusammen. (In dem in Abb. 3.22. dargestellten Beispiel etwa aus den oben erwähnten Überzeugungen.) In Abschnitt 4.1. wird auf diese Bestandteile von gemeinsamen Überzeugungen noch näher eingegangen.

3.3.6. Einige weitere Repräsentationsprobleme

3.3.6.1. Wissen, ob

Die Überzeugung 'a1 glaubt, daß a2 weiß, ob p' wird im System VIE-DPM wie folgt analysiert: a1 glaubt, daß a2 nicht unsicher ist, ob p, sondern eine konkrete Einstellung in bezug auf p besitzt, nämlich p akzeptiert oder nicht akzeptiert. Über diese Bewertung besitzt a1 aber keine näheren Annahmen. Als weitere Akzeptanzbewertung soll daher das Symbol '!' eingeführt werden, dem genau diese Interpretation zukommt. Das Zeichen wird im Kontext a1Ba2B an Stelle der unbekannten Akzeptanzbewertungen von a2 für die entsprechenden elementaren Situationsbeschreibungen eingetragen. Damit ist also die Überzeugung ... a2 (1.1.4.) repräsentierbar, sowie mit der oben angeführten Repräsentation für ungesättigte Überzeugungen auch die Überzeugung ... a2 (1.2.4.).

Innerhalb eines Zielkontexts drückt '!' als Akzeptanzbewertung des modellierten Akteurs aus, daß dieser Akteur eine eindeutige Akzeptanzbewertung in bezug auf die betreffende elementare Situationsbeschreibung haben möchte. Es sind damit also die Ziele a (2.1.4.) und a (2.2.4.) darstellbar. Das Symbol '!' kann natürlich auch an Stelle einer Akzeptanzbewertung eines untergeordneten modellierenden Akteurs verwendet werden, wobei sich dann die Interpretation nach der Art des jeweiligen übergeordneten Kontexts richtet. Es können damit also auch die Überzeugungen ... a2 (3.1.4.) und ... a2 (3.2.4.) sowie, wenn dieser übergeordnete Kontext ein Zielkontext ist, die Ziele a (4.1.4.) und a (4.2.4.) repräsentiert werden.

3.3.6.2. <u>X kennen (kennen lernen wollen)</u>

Der "Jemand" in der Überzeugung 'a glaubt, daß es jemanden gibt, der ... ' wird in VIE-DPM dadurch repräsentiert, daß ein individualisiertes Konzept ohne oder mit nur sehr allgemeinen individualisierten Attributbeschreibungen verwendet wird. Die Bedeutung der Überzeugungsbeschreibung 'a1 glaubt, daß a2 dasjenige x kennt, ...' wird nun in VIE-DPM wie folgt analysiert:

(i)   a1 glaubt, daß a2 für das individualisierte Konzept ik1, das für a2 x bezeichnet,

    (a) ein spezialisierteres generelles Konzept, dessen Individualisierung ik1 ist, und/oder

    (b) mehr individualisierte Attributbeschreibungen von ik1, und/oder

    (c) Attributbeschreibungen von ik1 mit spezialisierteren Rollenfüllern, und/oder

    (d) mehr individualisierte Konzepte ik2, bei denen ik1 Rollenfüller einer Attributbeschreibung ist,

    kennt, als a1 aufgrund seiner eigenen Wissensinsuffizienz zu modellieren in der Lage ist, und

(ii) a1 glaubt, daß diese Informationen zusammen mit den bereits vorhandenen gemeinsamen Überzeugungen

    (a) im Kontext a1Ba2B ik1 eindeutig identifizieren würden, und

    (b) im Kontext a1B das mit ik1 durch Inter-Nexus-Verbindungen verkettete individualisierte Konzept eindeutig identifizieren würden.

Individualisierte Konzepte in Überzeugungskontexten eines modellierten Akteurs, über die nach Auffassung des modellierenden Akteurs der modellierte Akteur solche zusätzlichen Informationen besitzt, die der modellierende Akteur aber nicht kennt, werden durch ein spezielles Symbol, nämlich wieder das Zeichen '!', markiert. Auf diese Weise lassen sich die Überzeugungen ... a2 (1.2.5.) und ... a2 (3.2.5.) darstellen. Indem man solcherart markierte individualisierte Konzepte auch in Zielkontexten verwendet, lassen sich damit aber auch die Ziele der Klassen a (2.2.5.) und a (4.2.5.) repräsentieren.

Zu beachten ist, daß, wenn ein modellierender Akteur a1 ein mit '!' bewertetes individualisiertes Konzept ik1 in a1Ba2B mit der Akzeptanzbewertung '-+' versieht, dies nur bedeutet, daß a1 <u>nicht</u> glaubt, daß a2 <u>zusätzliche</u> Informationen über dasjenige x besitzt, das ik1 nach Meinung von a2 bezeichnet. Sehr wohl gilt aber, daß ik1 für a2 x bezeichnet, also a2 glaubt, daß es ein x gibt, sodaß ... Dieser Aspekt ist insbesondere im Abschnitt 5.1. von Bedeutung.

3.3.6.3. Das "Oder-Problem"

Moore (1980) sieht zwei große Schwierigkeiten für eine Akteurmodellierung unter Verwendung des Partitionsansatzes: Zum einen das Problem der Darstellung von 'Unsicherheit, ob' (insbesondere in bezug auf die Überzeugungen anderer Akteure), und zum anderen das Problem der Darstellung solcher Überzeugungen, die umgangssprachlich üblicherweise unter Zuhilfenahme des Wortes 'oder' beschrieben werden und die bei einer formallogischen Repräsentation daher üblicherweise mit Hilfe des Junktors '∧' dargestellt werden.

Das erste Problem wurde kurz in Abschnitt 3.2.5.4. skizziert, da es auf Cohens Auffassung des Datenbasisansatzes zutrifft. Die multiplen Akzeptanzbewertungen in VIE-DPM hingegen bieten die Möglichkeit, auch "Unsicherheit, ob" adäquat repräsentieren zu können.

Das Problem der Repräsentation von umgangssprachlich unter Zuhilfenahme des Wortes 'oder' beschriebenen Überzeugungen (wir wollen sie kurz 'Oder-Überzeugungen' nennen) wird von Moore als weniger bedeutsam angesehen. Die Schwierigkeit liegt <u>seiner</u> Ansicht nach darin, daß beim Partitionsansatz zur Repräsentation von 'a1 glaubt: a2 glaubt, daß p, oder a2 glaubt, daß q' (was nicht zu verwechseln ist mit 'a1 glaubt, daß a2 glaubt, daß p oder q'!) <u>zwei alternative</u> Subkontexte a1Ba2B und a1Ba2B' verwendet werden müssen, wobei in den einen p und in den anderen q eingetragen wird. Enthalten diese Subkontexte nun weitere Oder-Überzeugungen über dritte Akteure, so müssen Moores Ansicht nach beim Partitionsansatz weitere Kontexte angelegt werden, u.s.w., was die Gefahr einer kombinatorischen Explosion heraufbeschwört.

Es kann hier nun leider nicht "die" Repräsentation für Oder-Überzeugungen vorgestellt werden. Es soll aber gezeigt werden, daß zwar in der Tat die Repräsentation von Oder-Überzeugungen Probleme aufwirft, daß diese aber nicht dort zu suchen sind, wo Moore (1980) sie zu identifizieren glaubt. Das "Oder-Problem", wie Moore es darstellt, scheint lediglich das Ergebnis einer unzureichenden, nämlich bloß wahrheitsfunktionalen, Analyse von Oder-Überzeugungen zu sein.

Betrachten wir zuerst einmal solche Oder-Überzeugungen, die mit 'a glaubt p oder q' beschrieben werden können (diese wollen wir als <u>einfache</u> Oder-Überzeugungen bezeichnen). Bei solchen Überzeugungen gilt offensichtlich, daß a unsicher darüber ist, welcher der mit 'p' und 'q' abgekürzten Sachverhalte nun tatsächlich gilt (vgl. Russell 1940). Zum anderen müssen aber auch die Sachverhalte p und q inhaltlich miteinander etwas zu tun haben, damit die Überzeugungsbeschreibung 'a glaubt p oder q' sinnvoll sein kann. Die Beschreibung 'a glaubt, daß John Mary das Buch gibt oder

Peter nach London fliegt' ist sicher keine sinnvolle Beschreibung; solche Überzeugungen können im Repräsentationsschema von VIE-DPM auch nicht adäquat dargestellt werden.

Einfache Oder-Überzeugungen eines Akteurs a, die diesen Kriterien genügen, sind einerseits solche, bei denen a unsicher darüber ist, ob für ein gegebenes Individuum x3 eine Relation r1(x1,x3) oder eine Relation r2(x2,x3) besteht, wie etwa in

(1) a glaubt: Peter geht am Abend zu Mary oder schaut sich zu Hause einen Film an.

Oder es besteht bei solchen Überzeugungen eine Unsicherheit darüber, ob für ein gegebenes Individuum x1 eine Relation r1(x1,x2) oder eine Relation r1(x1,x3) besteht, wie etwa in

(2) a glaubt: Entweder es war der Gärtner, der John erschossen hat, oder es war der Butler.

Oder-Überzeugungen der Form (1) bzw. (2) lassen sich wie folgt paraphrasieren:

(3a) a ist unsicher, ob p(x1).
 (b) a ist unsicher, ob q(x1).
 (c) eventuell: a akzeptiert, daß $\forall x \; [p(x) \supset \text{nicht } q(x)]$

(4a) a ist unsicher, ob p(x1).
 (b) a ist unsicher, ob p(x2).
 (c) eventuell: a akzeptiert, daß $p(x1) \supset \forall x2 \neq x1 \text{ nicht } p(x2)$

(3a) und (3b) sind im Repräsentationssystem von VIE-DPM problemlos darstellbar. Zur Darstellung der Überzeugungen (4a) - (4b) wären kleine Erweiterungen nötig. Entweder man läßt zu, daß eine individualisierte Attributbeschreibung mit derselben Rolle mehrfach auftreten kann, jeweils mit einem anderen individualisierten Konzept als Rollenfüller. Oder man läßt Mengen von individualisierten Konzepten als Rollenfüller zu, eventuell mit der Interpretation, daß nur eines dieser individualisierten Konzepte der tatsächliche Rollenfüller sein kann. In der Implementierung von KL-ONE in Trost (1983) sind Mengen von individualisierten Konzepten bereits vorgesehen, allerdings mit etwas anderer Interpretation.

Überzeugungen der Art (3c) und (4c) sind im Repräsentationssystem von VIE-DPM derzeit nicht darstellbar. Der Grund liegt darin, daß die Darstellung vieler Sachverhalte, die umgangssprachlich üblicherweise unter Zuhilfenahme des Bindeworts 'wenn, dann' beschrieben werden, durch KL-ONE nicht unterstützt wird. Erst in letzter Zeit wurde diesem Problem größere Aufmerksamkeit geschenkt (vgl. etwa Vilain & McAllster 1982, Brachman et al. 1983).

Oder-Überzeugungen, die mit 'a1 glaubt: a2 glaubt p oder a2 glaubt q' beschrieben werden können, besitzen m.E. eine etwas andere zugrundeliegende Struktur, nämlich

(5a) a1 glaubt, daß a2 eine konkrete Einstellung in bezug auf p(x1) hat.
 (b) a1 glaubt, daß a2 eine konkrete Einstellung in bezug auf q(x1) hat.
 (c) a1 glaubt, daß a2 akzeptiert, daß $\forall$x [p(x) $\supset$ nicht q(x)].

(6a) a1 glaubt, daß a2 eine konkrete Einstellung in bezug auf p(x1) hat.
 (b) a1 glaubt, daß a2 eine konkrete Einstellung in bezug auf p(x2) (=:q) hat.
 (c) a1 glaubt, daß a2 akzeptiert, daß p(x1) $\supset$ $\forall$x2$\neq$x1 [nicht p(x2)].

(5a), (5b), (6a) und (6b) sind mit der Repräsentation von 'wissen, ob' und den oben beschriebenen Erweiterungen ebenfalls in einfacher Weise darstellbar, bei (5c) und (6c) treten wieder die erwähnten Probleme auf.

Das "Oder-Problem" ist also weiterhin ein Problem für die Überzeugungsdarstellung in VIE-DPM. Aber nicht in der von Moore (1980) vorgeschlagenen Form, also nicht als Problem der Repräsentation eines Netzwerk-Äquivalents des formallogischen '$\vee$', sondern als Problem der Analyse, welche Arten von Überzeugungen üblicherweise unter Zuhilfenahme des Wortes 'oder' beschrieben werden, und wie diese Überzeugungen mit Hilfe der Beschreibungssprache dargestellt werden. (Ähnliches gilt auch für die Repräsentation von "Oder-Zielen".) Für die erste Aufgabe ist offensichtlich eine weitergehende Analyse des umgangssprachlichen Gebrauchs von 'oder' notwendig, als im Bereich der formalen Logik üblich ist, und für die zweite Aufgabe eine Erweiterung der Beschreibungssprache.

Nicht unerwähnt soll auch bleiben, daß Oder-Überzeugungen, sei es in einfacher oder in der zuletzt beschriebenen Form, im Bereich der Benutzermodellierung praktisch überhaupt nicht auftreten. In anderen Forschungsbereichen, in denen Repräsentationsschemata für Überzeugungen benötigt werden, mag dies jedoch anders sein.

3.3.6.4. <u>De-dicto- und de-re-Interpretation von Überzeugungsdarstellungen</u>

In Abschnitt 3.2.2. wurde bereits das Problem diskutiert, daß natürlichsprachige Überzeugungsbeschreibungen wie etwa

(1) Ralph glaubt, daß Ehrlichmann ein Spion ist,

bzw. deren unmittelbare prädikatenlogische Übersetzungen, wie etwa

(2) Glaubt (Ralph, Ist-Spion (Ehrlichmann))

in zweierlei Weise interpretiert werden können. Die de-dicto-Interpretation ist daran zu erkennen, daß Ralph seine Überzeugungen mit 'Ich glaube, daß Ehrlichmann ein Spion ist' ausdrücken könnte. Die de-re-Interpretation läßt sich beschreiben mit 'Ralph hält jemanden für einen Spion; dieser Jemand heißt Ehrlichmann'. Das Problem liegt einfach darin, daß zur Darstellung dieser verschiedenen Überzeugungskonstellationen dieselben Beschreibungen verwendet werden. Da dies beim Partitionsansatz von VIE-DPM, ebenso wie in der Repräsentation von Cohen (1978), nicht der Fall ist, treten auch keine Interpretationsambiguitäten auf.

In der Literatur der epistemischen Logik wird zur Verdeutlichung der de-dicto-/de-re-Dichtonomie gerne auf Überzeugungen über Verwechslungen eingegangen. Es sei hier deshalb darauf hingewiesen, daß die Inter-Nexus-Verbindungen der Beschreibungssprache von VIE-DPM verschiedene Möglichkeiten bieten, solche Verwechslungen in Akteur-modellen explizit darstellen und mithin effizient verarbeiten zu können. Wir wollen hier drei Fälle unterscheiden:

a) Der modellierende Akteur hat mit dem individualisierten Konzept iks1 im Systemkon-text eine Reihe von individualisierten Rollen irs1-irsn verknüpft (d.h., iks1 be-sitzt Attributbeschreibungen oder kommt als Rollenfüller in Attributbeschreibungen anderer Konzepte vor). Im Überzeugungsmodell des modellierten Akteurs sind die korrespondierenden Rollen iru1-irun jedoch mit dem individualisierten Konzept iku2 verknüpft, obwohl eigentlich iku1 das syntaktische Äquivalent zu iks1 ist (d.h., daß iks1 und seine übrigen Rollen mit iku1 und seinen Rollen durch Inter-Nexus-Verbindungen verknüpft ist). Es glaubt also etwa der Benutzer, daß der Butler der Mörder von John ist und nicht - wie das System glaubt - der Gärtner (siehe Abb. 3.23a). Da irs1-irsn mit iru1-irun durch Inter-Nexus-Verbindungen verknüpft ist, ist die Verwechslung leicht zu erkennen. (Abb. 3.23a sowie die beiden folgenden Abbildungen mögen nur als Repräsentationsskizzen und nicht als Darstellung der tatsächlichen Repräsentation von VIE-DPM verstanden werden.)

b) Der modellierte Akteur hat die Rollen irs1-irs(m-1) und irsm-irsn mit dem indi-vidualisierten Konzept iks1 verbunden. Im Überzeugungsmodell des modellierten Akteurs existieren jedoch zwei individualisierte Konzepte iku1 und iku2, denen die individualisierten Rollen iru1-iru(m-1) bzw. irum-irun zugeordnet sind. Mit Inter-Nexus-Verbindungen zwischen irs1-irs(m-1) und iru1-iru(m-1), irsm-irsn und

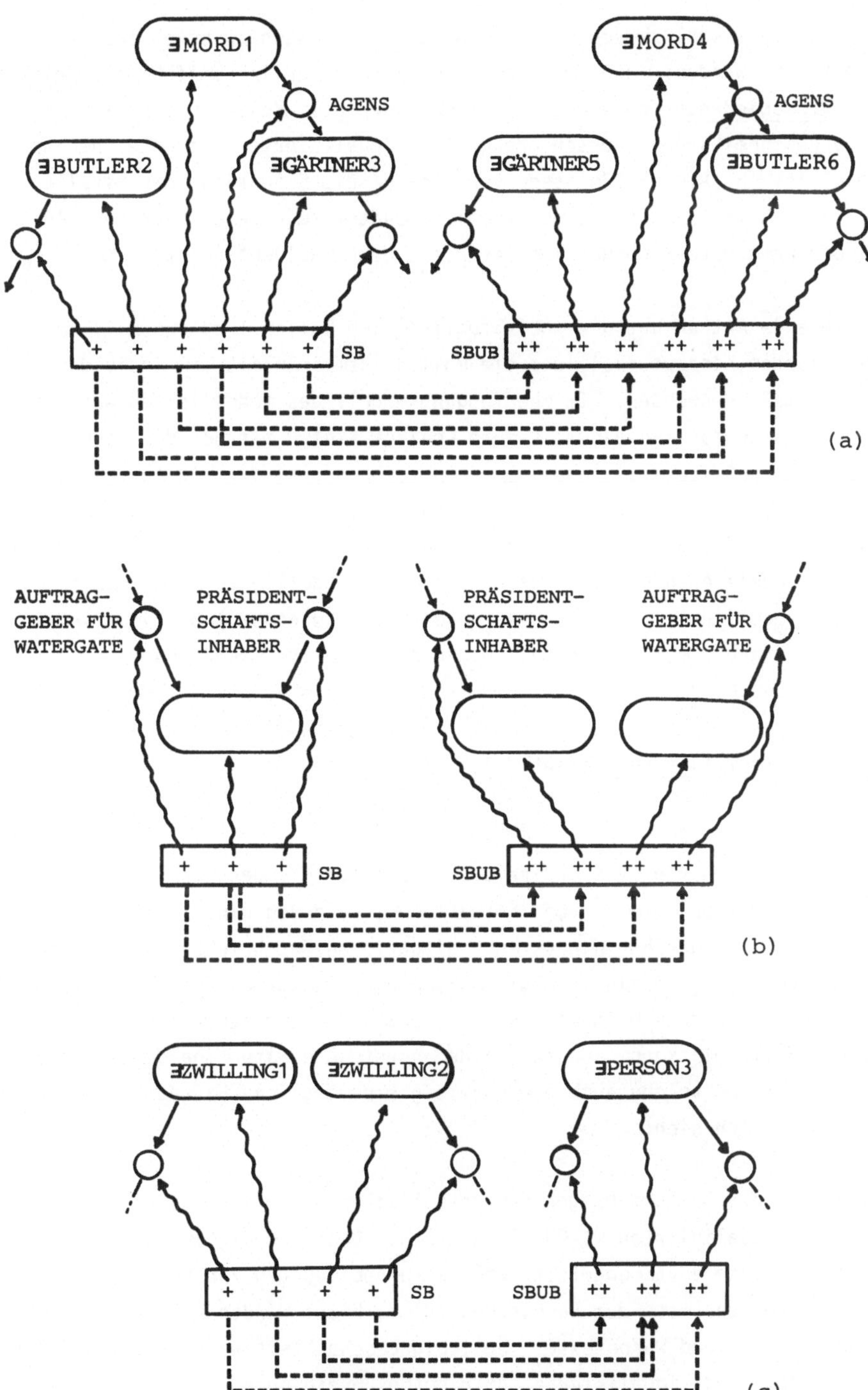

Abb.3.23.: Darstellung von Verwechslungen

irum-irun, sowie sowohl zwischen iks1 und iku1, als auch zwischen iks1 und iku2,
kann dargestellt werden, daß der modellierende Akteur irrtümlich eine Reihe von
Attributen <u>verschiedenen</u> Individuen zuspricht oder als Rollenfüller einer Reihe
von Attributbeschreibungen <u>verschiedene</u> individualisierte Konzepte heranzieht.
Als Beispiel ist in Abb. 3.23b sehr vereinfacht die Situation dargestellt, daß
der modellierte Akteur nicht wie der modellierende Akteur weiß, daß der Auftraggeber für den Watergate-Einbruch identisch mit dem Präsidenten ist.

c) Der modellierende Akteur hat die individualisierten Rollen irs1-irs(m-1) mit dem
   individualisierten Konzept iks1, und die Rollen irsm-irsn mit dem individualisierten Konzept iks2 verbunden. Im Überzeugungsmodell des modellierten Akteurs hingegen existiert nur das individualisierte Konzept iku1, mit dem die individualisierten Rollen iru1-iru(m-1) und irum-irun verbunden sind. Mit Inter-Nexus-Verbindungen zwischen irs1-irs(m-1) und iru1-iru(m-1), irsm-irsn und irum-irun, sowie
   sowohl zwischen iks1 und iku1 als auch zwischen iks2 und iku1 läßt sich darstellen, daß der modellierende Akteur glaubt, daß der modellierte Akteur zwei Individuen, die der modellierende Akteur auseinanderhält, zu einem Individuum vermischt.
   Als Beispiel betrachte man die in Abb. 3.23c dargestellte Situation.

3.3.6.5. <u>Die Repräsentation von potentiellen Situationen</u>

Das Repräsentationsschema von VIE-DPM erlaubt nicht nur die Beschreibung der gegenwärtig gültigen Situation bzw. von Situationen, die von einem Akteur angestrebt
werden. Es können damit darüber hinaus auch Situationen beschrieben werden, die nach
Meinung eines Akteurs <u>möglich</u> sind. Möglich kann eine Situation für einen Akteur nur
dann sein, wenn sie sich nach Meinung des Akteurs aus der für den Akteur derzeit gültigen Situation entwickeln kann. Da auch jede angestrebte Situation diese Bedingung
erfüllen muß, ist eine solche auch gleichzeitig eine mögliche Situation. Umgekehrt
gilt dies aber natürlich nicht.

Die Darstellung solcher Beschreibungen von potentiellen Situationen erfolgt ebenfalls
mit Hilfe von individualisierten KL-ONE-Strukturen. Diese werden in gleicher Weise
durch spezielle Kontexte zusammengefaßt, welche in Abbildungen zur Unterscheidung von
den B- und W-Kontexten mit dem Buchstaben 'P' markiert werden sollen. P-Kontexte
können, genauso wie B- und W-Kontexte, beliebig geschachtelt werden. Individualisierte Konzepte und individualisierte Attributbeschreibungen in solchen Kontexten
können ebenfalls mit multiplen Akzeptanzbewertungen versehen werden. Die Bedeutung
der am weitesten rechts stehenden Bewertung (welche ebenfalls ein stetiges Intervall
von '-' über '0' bis '+' durchläuft) erhält man, indem man in der Definition von

Abschnitt 3.3.4. 'akzeptiert / akzeptiert nicht / ist unsicher, ob' durch 'hält für möglich / hält nicht für möglich / ist unsicher, ob es möglich ist, daß' ersetzt. Die Bedeutung der weiter links stehenden Akzeptanzbewertungen der modellierenden Akteure richtet sich wieder nach der Art der zu diesen Akzeptanzbewertungen gehörigen modellierenden Kontexte.

Beschreibungen von potentiellen Situationen werden in dieser Arbeit insbesondere bei der Definition bestimmter sog. "Dialogaktpläne" verwendet, und zwar speziell zur Festlegung derjenigen Überzeugungen und Ziele, die Anweisungen und einer bestimmten Gruppe von "indirekten Sprechakten" zugrundeliegen (siehe die Abschnitte 4.3.2.5. und 4.3.2.6.). P-Kontexte sind aber auch, wie der nächste Abschnitt zeigt, für die Repräsentation von Plänen interessant.

3.3.6.6. Die Repräsentation von Plänen

Eine einfache Repräsentation für Pläne kann mit den bisherigen Mitteln dadurch gebildet werden, daß eine angestrebte und eine oder mehrere potentielle Situationen des Benutzers (letztere entsprechen den einzelnen Zwischenstufen bei der Zielerreichung) in eine einfache sequentielle Ordnung gebracht werden. Diese können dann mit einem W-Kontext bzw. mit P-Kontexten repräsentiert und sequentiell miteinander verkettet werden. Es sind auch beliebige Gabelungen in dieser Sequenz möglich, sodaß auch Alternativpläne repräsentierbar sind.

Mit Ausnahme der in Abschnitt 4.3.2. definierten Dialogakte wurden aber bisher für VIE-DPM noch keinerlei Operatoren definiert, die eine Situation in eine andere überführen können. Die Verwendung solcher Zielsequenzen muß sich daher auf eine statische Repräsentation beschränken. Auch die Möglichkeit der Verwendung von mehrstufigen Plänen unterschiedlichen Detaillierungsgrads ist bislang noch nicht gegeben.

3.3.6.7. Die Repräsentation von Überzeugungen über generelle Sachverhalte

Die generelle Ebene des Repräsentationsschemas von VIE-DPM, die Wissen über allgemeine Sachverhalte in einer Situation darstellt, ist allen Kontexten gemeinsam. Dies bedeutet, daß das System und alle auf einer beliebigen Stufe modellierten Akteure dasselbe generelle Wissen besitzen. Dies ist aus Vereinfachungsgründen solange gerechtfertigt, als auf dieser Ebene nur Sachverhalte repräsentiert werden, die unserem Allgemeinwissen über unsere Welt entsprechen und die daher jedem menschlichen

Akteur zugebilligt werden können. Sobald auf dieser Ebene auch Spezialwissen repräsentiert wird, ist auch die generelle Ebene den einzelnen Kontexten zuzuteilen. Es
kann ja sicher nicht erwartet werden, daß etwa jeder Benutzer eines Expertensystems
auch dessen allgemeines Spezialwissen teilt. Eine solche Erweiterung in VIE-DPM ist
aber problemlos dadurch möglich, daß mit Hilfe von Nexuses nicht nur individuelle,
sondern auch generelle Konzepte und Attributbeschreibungen in die einzelnen Kontexte
eingetragen werden.

Interessant wird diese Darstellung insbesondere dann, wenn das System annehmen muß,
daß beim Benutzer Mißverständnisse oder Verwechslungen in bezug auf generelle Sachverhalte vorliegen. Dazu gehört etwa - in KL-ONE-Terminologie - daß der Benutzer ein
generelles Konzept einem falschen Superkonzept unterordnet oder damit falsche
generelle Attributbeschreibungen verbindet. Genau diese Fragestellung soll in einer
Dissertation von McCoy auf Basis von KL-ONE näher untersucht werden (siehe McCoy
1983). Die Übernahme der in Abschnitt 3.3.6.4. beschriebenen Darstellung von Verwechslungen auf die generelle Ebene bietet m.E. auch für dieses Problem eine interessante Repräsentationsmöglichkeit.

Leider kann im generellen Teil des Repräsentationsschemas nicht alles, was man als
generelles Wissen bezeichnen könnte, dargestellt werden, da die Repräsentation vieler
genereller Sachverhalte, die umgangssprachlich üblicherweise unter Zuhilfenahme des
Bindeworts 'wenn, dann' beschrieben werden, von KL-ONE derzeit noch nicht unterstützt
wird. Dies hat natürlich Auswirkungen auf die Inferenzbildung, d.h. die Fähigkeit
des Systems, aus Annahmen über Überzeugungen und Ziele auf weitere Überzeugungen und
Ziele schließen zu können. Erst in letzter Zeit wurde, wie erwähnt, der Repräsentation solcher Sachverhalte in KL-ONE größere Aufmerksamkeit geschenkt.

3.3.7. Inferenzregeln für multiple Akzeptanzbewertungen

Wenn ein Akteur a1 glaubt, daß ein Akteur a2 glaubt, daß p, so glaubt a1 nicht, daß
a2 nicht glaubt, daß p. Auch glaubt a1 dann nicht, daß a2 unsicher ist, ob p. Wenn
a1 unsicher ist, ob a2 glaubt, daß p, so ist a1 auch unsicher, ob a2 unsicher ist, ob
p, und ob a2 nicht glaubt, daß p. Wenn a1 möchte, daß a2 nicht glaubt, daß p, so
möchte a1 nicht, daß a2 glaubt, daß p. Wenn a1 glaubt, daß a2 unsicher ist, ob p möglich ist, so glaubt a1 nicht, daß a2 sicher ist, daß p möglich ist.

Diese Beispiele zeigen, daß für Paare von Akzeptanzbewertungen einfache Inferenzregeln aufgestellt werden können, die <u>unabhängig</u> von den Kontexten sind, in denen

diese Bewertungen auftreten. In VIE-DPM werden die folgenden Regeln verwendet:

$$
\begin{array}{llll}
(1) & {+}{+} \supset {-}0 & \qquad (5) & {+}{-} \supset {-}{+} \\
(2) & {+}{+} \supset {-}{-} & \qquad (6) & {+}{-} \supset {-}0 \\
(3) & {+}0 \supset {-}{+} & \qquad (7) & {+}! \supset {-}0 \\
(4) & {+}0 \supset {-}0 & \qquad (8) & 0x \supset 0y \ \text{ für } x,y = {+} \lor 0 \lor {-}
\end{array}
$$

Diese Inferenzregeln können auch bei tiefer geschachtelten Kontexten verwendet werden, und zwar in der Reihenfolge von "innen" nach "außen". Bei n-Tupeln von Akzeptanzbewertungen können diese Inferenzregeln also von rechts nach links auf beliebige benachbarte Akzeptanzbewertungspaare angewandt werden. Aus dem Tripel '+++' beispielsweise ergeben sich dann folgende Herleitungen:

$$
\begin{array}{lll}
\multicolumn{3}{c}{(a) \quad {+}{+}{+}} \\
\text{b) } {+}{-}0 \ \text{ mit } (a),(1) & \text{e) } {+}{-}{-} \ \text{ mit } (a),(2) & \text{h) } {-}0{+} \ \text{ mit } (a),(1) \\
\text{c) } {-}{+}0 \ \text{ mit } (b),(5) & \text{f) } {-}{+}{-} \ \text{ mit } (e),(5) & \\
\text{d) } {-}00 \ \text{ mit } (b),(6) & \text{g) } {-}0{-} \ \text{ mit } (e),(6) & \text{i) } {-}{-}{+} \ \text{ mit } (a),(2)
\end{array}
$$

3.3.8. Die Implementierung der Beschreibungssprache in KSDS

Zur formalen Darstellung von mit Hilfe von KL-ONE generierten Ausdrücken sowie zur Verbindung von konkreten Situationsbeschreibungen mit Überzeugungs- und Zielkontexten wurde eine Netzwerknotation gewählt. Eine solche ist auch von Brachman (1978) vorgesehen und wurde bisher kommentarlos in allen Abbildungen verwendet. Wichtig ist zu bemerken, daß KL-ONE natürlich unabhängig von einer Netzwerknotation für durch KL-ONE generierte Ausdrücke ist. Eine mögliche alternative Notationsform wurde in Abschnitt 3.3.3. skizziert.

Die Zuordnung von Sprachelementen der Beschreibungssprache zu <u>Knoten</u> und <u>Kanten</u> der Netzwerknotation wurde hauptsächlich von Brachman (1978) definiert. Sie ist dadurch gekennzeichnet, daß Nicht-KL-ONE-Sprachelemente nur den Knoten zugewiesen werden, während Kanten ausschließlich der Darstellung von KL-ONE-Sprachelementen dienen. Ersteres ist Voraussetzung dafür, daß überhaupt Dependenzen zwischen Nicht-KL-ONE-Sprachelementen mit Hilfe einer Netzwerkdarstellung ausgedrückt werden können.

Zur Implementierung eines solchen Netzwerks stand die Datenbankdefinitionssprache KSDS (= "Knowledge Structure Definition System", Horn et al. 1981) zur Verfügung. KSDS ermöglicht es, beliebige aus Knoten und markierten gerichteten Kanten bestehende zusammenhängende Graphen zu definieren, die mit Hilfe von indexsequentiellen Dateien realisiert werden. Die Implementierung der in Abschnitt 3.3.2. beschriebenen Konzepte erfolgte in der Arbeit von Trost (1983).

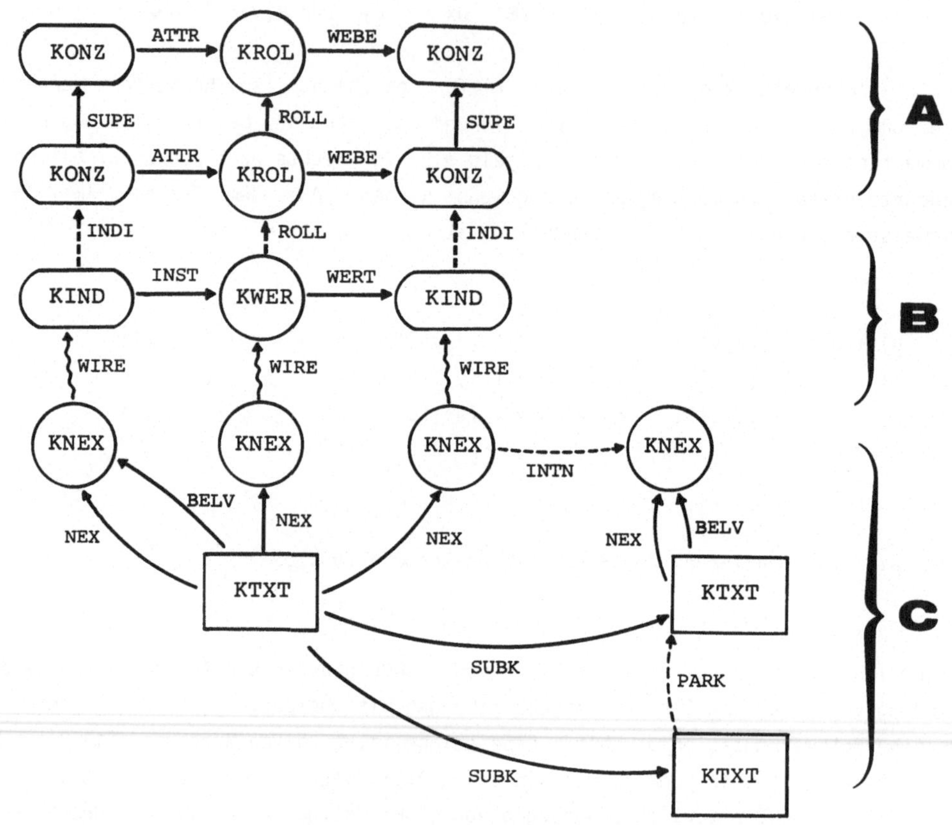

Abb.3.24.: Die Zuordnung von KL-ONE-Sprachelementen
zu Knoten- und Kantentypen

Teil A und B in Abb. 3.24. zeigt die Zuordnung der in dieser Arbeit beschriebenen KL-ONE-Sprachelemente zu Knoten- und Kantentypen der Netzwerknotation. Teil A entspricht der generellen Ebene, Teil B der individualisierten Ebene. Teil C in Abb. 3.24. zeigt die Realisierung von Überzeugungs- bzw. Zielkontexten in der Netzwerknotation. Insgesamt gibt Abb. 3.24. aber nur einen kleinen Teil der im implementierten Netzwerk existierenden Knoten- und Kantentypen wieder.

Für die mit Hilfe von KSDS erzeugbaren Datenstrukturen wurde weiters ein INTERLISP-Interface erstellt (Horn et al. 1982). Von LISP aus gesehen sind Netzwerkknoten LISP-Atome mit speziellen Property-Listen. Es existieren zwei Arten von Properties: Deskriptoren, deren Werte nur Atome sein dürfen und die den Knoten näher beschreiben. Und Relationen, deren Werte Listen von Paaren von Atomen darstellen. Jedes Paar besteht aus einem Pointer zu einem anderen Netzwerkknoten und einer Beschreibung dieser speziellen Relation zu diesen Netzwerkknoten. Relationen sind das LISP-Äquivalent zu den Kanten des Netzwerks. Von der Beschreibungsmöglichkeit für die einzelnen Relationen wird im hier dargestellten Repräsentationssystem nicht Gebrauch gemacht.

Um Datenbankzugriffe für den LISP-Benutzer so weit wie möglich unsichtbar zu halten, wurden die INTERLISP-Standardfunktionen zur Behandlung von Property-Listen so erweitert, daß zur Spezifikation der Atome, auf deren Property-Listen zugegriffen werden soll, auch Datenbank-Pointer erlaubt sind (Horn et al. 1982). Darauf aufbauend wurde, um die Manipulation von Netzwerkstrukturen zu erleichtern, für jeden Kantenübergang im Netz eine eigene LISP-Funktion definiert.

4. DER AUFBAU VON BENUTZERMODELLEN DURCH DAS DIALOGSYSTEM

In diesem Abschnitt soll näher darauf eingegangen werden, aus welchen Quellen ein
Dialogsystem im Laufe des Dialogs Annahmen über die Überzeugungen und Ziele des
Benutzers bilden kann. Es werden dabei zuerst solche Annahmen untersucht, die
standardmäßig über den Benutzer getroffen werden können. In Abschnitt 4.3. wird auf
Annahmen eingegangen, die aus den Dialogbeiträgen des Benutzers (d.h. aus dessen
Mitteilungen, Fragen und Anweisungen) resultieren. Danach werden Eintragungen in das
Benutzermodell behandelt, die durchgeführt werden können, wenn das Dialogsystem
selbst bestimmte Dialogbeiträge liefert. In Abschnitt 4.5. wird auf Inferenzbildung
und Stereotypenabruf, und in Abschnitt 4.6. kurz auf einige weitere Quellen zur Über-
zeugungsbildung über den Benutzer eingegangen. Die theoretischen Ausführungen werden
durch Verweise auf die entsprechenden Prozesse im System VIE-DPM illustriert.

Zuvor muß allerdings in Form eines Einschubs noch einmal detaillierter auf die in
Abschnitt 2.4.3. eingeführten "gemeinsamen Überzeugungen" zurückgekommen werden. Da
dieser Begriff in der dort angeführten traditionellen Definition sich für die
Beschreibung des Aufbaus von Benutzermodellen als zu eng erweist, muß hier das allgemeinere Konzept einer "infinit-reflexiven" Überzeugung eingeführt werden. Diese Art
von Überzeugung spielt, wie die nächsten Abschnitte zeigen werden, beim Aufbau von
Benutzermodellen, insbesondere aus Dialogbeiträgen des Benutzers oder des Systems,
eine wesentliche Rolle.

4.1. Einschub: Weitere Präzisierung von infinit-reflexiven und gemeinsamen Überzeugungen

In Abschnitt 2.4.3. wurde der Begriff 'gemeinsame Überzeugung' in Anlehnung an Lewis
(1969), Schiffer (1972) und Clark & Marshall (1981) wie folgt definiert:

(MB") a1 glaubt, daß es gemeinsame Überzeugung von a1 und a2 ist, daß p :≡

   (i) a1 glaubt, daß p.
   (ii) a1 glaubt, daß a2 glaubt, daß p, (i) und (ii).

Die folgenden Abschnitte werden zeigen, daß diese Standarddefinition eher ungünstig
ist. Vorteilhafter ist es, eine gemeinsame Überzeugung als aus drei separierten
Bestandteilen zusammengesetzt zu betrachten, die wie folgt beschrieben werden können:

(MB') (i)   a1 glaubt, daß p.
       (ii)   a1 glaubt, daß a2 glaubt, daß p, und daß a2 glaubt, daß (ii).
       (iii) a1 glaubt, daß (+)
            (+) a2 glaubt, daß a1 glaubt, daß p, und daß a1 glaubt, daß (+).

Man überlegt sich leicht, daß (MB") und (MB') extensional äquivalent sind. Leider werden die folgenden Abschnitte zeigen, daß auch (MB') zur Beschreibung einiger aus Dialogakten inferierbarer Überzeugungs- und Zielkonstellationen nicht geeignet ist. Es soll hier daher ein allgemeineres Konzept, nämlich das einer infinit-reflexiven Überzeugung vorgeschlagen werden, das im Zusammenhang mit Dialogakten viel brauchbarer ist. 'Gemeinsame Überzeugung' in der traditionellen Definition ist dann, wie gezeigt werden wird, ein Spezialfall dieses allgemeineren Konzepts.

Infinit-reflexive Überzeugungen betreffen nicht die einfachen Überzeugungen beider Dialogpartner, wie dies bei gemeinsamer Überzeugung der Fall ist, sondern einfache und geschachtelte Überzeugungen und Ziele eines der beiden Dialogpartner. Das Konzept soll mit MB abgekürzt werden und läßt sich wie folgt definieren:

   (MB)   a1 glaubt, daß MB (desc1) :≡

        (i)   a1 glaubt, daß desc1
        (ii) a1 glaubt, daß a2 glaubt, daß (i) und (ii).

Die Abkürzung 'desc1' steht dabei für die bisher verwendete Sachverhaltsbeschreibung 'p' oder für eine Überzeugungs- oder Zielbeschreibung der Form a2 (1.1.1.) - (4.2.5.), also eine Beschreibung bestehend aus den in Abschnitt 2.4.2. eingeführten Beschreibungselementen, mit a2≠a1 an erster Stelle. Die Beschreibung 'S glaubt, daß MB (U glaubt, daß S möchte, daß p)' etwa ist also äquivalent zu 'S (3.1.5.) [U (3.1.1.) S (2.1.1.)]'. In analoger Weise ergibt sich die Bedeutung von 'a2 glaubt, daß MB (desc1)' durch Vertauschen von 'a1' und 'a2' in der rechten Seite der obigen Definition.

Mit (MB) kann nun der Begriff der gemeinsamen Überzeugung (abgekürzt 'MB') wie folgt definiert werden:

   (MB)   a1 glaubt, daß MB (desc2) :≡

        (i)   a1 glaubt, daß desc2.
        (ii)   a1 glaubt, daß MB (a2 glaubt, daß desc2).
        (iii) a1 glaubt, daß a2 glaubt, daß MB (a1 glaubt, daß desc2).

Die Abkürzung 'desc2' steht dabei entweder für eine Sachverhaltsbeschreibung 'p', für die Überzeugungsbeschreibungen 'ob p' oder 'dasjenige x, sodaß p(x)', oder für eine Überzeugungs- oder Zielbeschreibung der Form a3 (1.1.1.) - (4.2.5.), wobei der Akteur a3 nicht mit einem der Dialogpartner identisch sein darf. Im ersten Fall ist (MB) extensional äquivalent mit der klassischen Definition von gemeinsamen Überzeugungen. Der zweite Fall wird sich bei der Planung von Entscheidungs- bzw. Ergänzungsfragen von Nutzen erweisen, welche in den Abschnitten 4.3.2.3.-4. behandelt werden. (An dieser Stelle können auch die auf den ersten Blick etwas eigentümlich anmutenden Überzeugungsbeschreibungen näher präzisiert werden.) Und auch der dritte Fall stellt eine sinnvolle Erweiterung der üblichen Definition dar, da ja zwei Dialogpartner durchaus eine gemeinsame Überzeugung über die Überzeugungen oder Ziele eines dritten Akteurs haben können.

Die Repräsentation von infinit-reflexiven und gemeinsamen Überzeugungen erfolgt, wie in Abschnitt 3.3.5.4. schon größtenteils erläutert wurde, mit Hilfe von selbstreferentiell verbundenen B-Kontext-Paaren. Nachzutragen wäre lediglich, daß W- und P-Kontexte, welche dieselbe Schachtelungsstufe wie ein B-Kontext eines solchen Paares aufweisen, <u>Teil dieser infinit-reflexiven Überzeugungen sind</u>. Wäre in Abb. 3.22. etwa auch ein Kontext SBUW vorhanden, so würde über dessen Inhalt nach Meinung von S eine infinit-reflexive Überzeugung bestehen. Ist dies nicht erwünscht, so müßte, wie in Abschnitt 3.3.5.4. beschrieben wurde, lediglich die Schachtelungsstufe der B-Kontexte um eins erhöht werden.

4.2. Standardannahmen über den Benutzer

Viele Annahmen über den Benutzer können standardmäßig, d.h. gleichermaßen für alle Systembenutzer, erfolgen. Solche Standardannahmen betreffen dabei insbesondere die folgenden Überzeugungen und Ziele des Benutzers:

a) <u>Generelles Wissen des Benutzers</u>

Dem Benutzer können bereits nur deswegen, weil er ein Mensch ist, umfangreiche Kenntnisse über alltägliche Zusammenhänge in unserer Welt zugesprochen werden. In Dialogsystemen mit spezialisierterem Anwendungsbereich kann jedem Benutzer darüber hinaus standardmäßig oft auch bestimmtes generelles Spezialwissen zugesprochen werden, beispielsweise betriebswirtschaftliches Basiswissen in einem betrieblichen Informationssystem.

b) <u>Einfache Überzeugungen des Benutzers</u>

In einem spezialisierteren Anwendungsbereich können dem Benutzer standardmäßig oft auch Kenntnisse über Einzelsachverhalte, also einfache Überzeugungen, zugesprochen werden. Bei einem betrieblichen Informationssystem könnte dies etwa Wissen über wichtige das Unternehmen betreffende Sachverhalte sein.

c) <u>Einfache Ziele des Benutzers</u>

Bei einzelnen Applikationen können beim Benutzer auch bestimmte Ziele vermutet werden. Allen Benutzern eines Hotelreservierungssystems (Jameson et al. 1980) kann etwa standardmäßig das Ziel zugesprochen werden, eine Unterkunft finden zu wollen.

d) <u>Überzeugungen des Benutzers über einfache Überzeugungen des Systems</u>

Nicht nur das System kann Standardannahmen über den Benutzer haben, sondern auch der Benutzer über das System. In einem betrieblichen Informationssystem kann das Dialogsystem zu Dialogbeginn standardmäßig etwa auch eintragen, daß der Benutzer glaubt, daß das System die in (b) angeführten Sachverhalte kennt.

e) <u>Überzeugungen des Benutzers über einfache Ziele des Systems</u>

In verschiedenen Anwendungsdomänen kommt es auch vor, daß das Dialogsystem beim Benutzer standardmäßig bestimmte Überzeugungen über einfache Ziele des Systems vermuten kann. Das erwähnte Hotelreservierungssystem könnte zu Dialogbeginn etwa eintragen, daß der Benutzer glaubt, daß das System ein Zimmer vermieten möchte.

Damit das System jemals auf seine Standardannahmen über die obigen Überzeugungen und Ziele des Benutzers Bezug nehmen kann, müssen, wie Kapitel 5 zeigen wird, diese Annahmen <u>infinit-reflexive Überzeugungen</u> darstellen. Die Standardannahmen nach (a)-(e) müssen demnach die Form $\underline{MB}(UB(p))$, $\underline{MB}(UW(p))$, $\underline{MB}(SBUB(p))$ bzw. $\underline{MB}(SBUW(p))$ haben. Prinzipiell könnte das System auch komplexere Standardannahmen über den Benutzer treffen. Es ist jedoch zu erwarten, daß mit den erwähnten Arten das Auslangen gefunden werden kann.

Der Vorteil von Standardannahmen ist, daß bereits zu Dialogbeginn ein Basis-Benutzermodell vorliegt. Dieses muß im weiteren Dialogverlauf durch Annahmen ergänzt werden, die mit Hilfe der in den nächsten Abschnitten beschriebenen Prozessen gewonnen werden können. Die Standardannahmen müssen aber auch korrigierbar sein, wenn sie sich im weiteren Dialogverlauf als unbrauchbar erweisen. Das System muß also die Fähigkeit besitzen, im Repräsentationssystem bei Bedarf auch Änderungen vornehmen zu können (siehe Doyle & London 1980). Wenig Sinn hätte es, Benutzermodellierung ausschließlich auf Basis von Standardannahmen betreiben zu wollen. In diesem Fall wäre es effizienter, auf eine explizite Darstellung der Benutzerziele zu verzichten und diese nur implizit beim Systementwurf zu berücksichtigen, wie dies bei herkömmlichen Dialogsystemen ja häufig der Fall ist.

VIE-DPM unterstützt die Definition aller erwähnten Arten von Standardannahmen. Da sich das im System repräsentierte generelle Wissen derzeit auf das besprochene Allgemeinwissen über unsere Welt beschränkt, wird die generelle Ebene des Repräsentationssystems von allen Kontexten geteilt. Dies ist jedoch, wie erwähnt, bei Bedarf leicht änderbar.

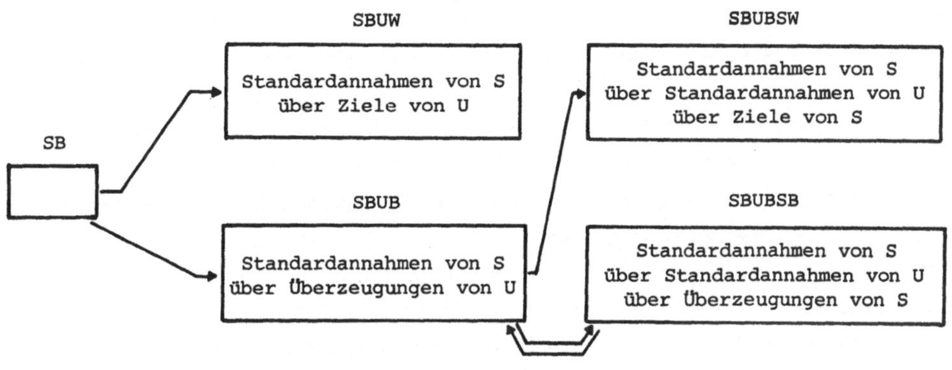

Abb.4.1.: Die Repräsentation von Standardannahmen
über Überzeugungen und Ziele des Benutzers

Die übrigen Standardannahmen über den Benutzer werden in ein sog. "Standard-Benutzermodell" eingetragen, dessen Inhalte zu Dialogbeginn in das aktuelle Benutzermodell übernommen werden. Die Struktur dieses Standardmodells ist aus Abb. 4.1. ersichtlich. Die Repräsentation der einfachen Überzeugungen und Ziele erfolgt mit Hilfe des in Abschnitt 3.3. beschriebenen Repräsentationsschemas. Infinit-reflexive Überzeugungen werden mit den in Abschnitt 3.3.5.4. behandelten selbstreferentiellen Kontextverbindungen ausgedrückt. Der Aufbau des Standardmodells kann entweder händisch erfolgen, oder unter Zuhilfenahme der Analysekomponente für natürliche Sprache im System VIE-LANG (siehe die Abschnitte 4.3.3.2.-3.).

4.3. Annahmen aus Dialogbeiträgen des Benutzers

4.3.1. Überblick

Annahmen aus Dialogbeiträgen des Benutzers, d.h. aus seinen in das System eingegebenen Mitteilungen, Fragen und Anweisungen, stellen die direktesten, und somit in kooperativen Dialogsituationen zumeist auch die sichersten Annahmen über die Überzeugungen und Ziele eines konkreten Benutzers dar. Es stehen mehrere Methoden zur Verfügung, um von Benutzereingaben zu solchen Annahmen über den Benutzer kommen zu können. Diese unterscheiden sich in der Art und Komplexität der notwendigen Inferenzprozesse und in der (zur Komplexität umgekehrt proportionalen) Sicherheit der Annahmen.

Am einfachsten können Annahmen über den Benutzer dann getroffen werden, wenn der Benutzer <u>direkte Aussagen</u> über seine Überzeugungen oder Ziele macht, wie etwa in

> (1a)   Benutzer: "Ich glaube/weiß, daß im Lager drei Motoren des Typs F34 vorhanden
>   sind".
> (1b)   Annahme des Systems: Der Benutzer glaubt, daß im Lager drei Motoren des Typs
>   F34 vorhanden sind.

> (2a)   Benutzer: "Ich möchte drei Motoren des Typs F34 kaufen."
> (2b)   Annahme des Systems: Der Benutzer möchte drei Motoren des Typs F34 kaufen.

Diese Annahmen über den Benutzer sind so einfach, daß sie fast trivial erscheinen. Leider treten in Dialogsituationen solche expliziten Äußerungen eines Dialogteilnehmers über sich selbst nur in Ausnahmefällen auf.

Viel häufiger lassen sich Annahmen über den Benutzer aus der <u>syntaktischen Form</u> seines Dialogbeitrags bilden. In

> (3a)   Benutzer: "Wem gibt Peter ein Buch?"
> (3b)   Annahmen des Systems:
>   (a) Der Benutzer glaubt, daß Peter jemandem ein Buch gibt, weiß aber nicht,
>   wem.
>   (b) Der Benutzer glaubt, daß das System weiß, wem Peter ein Buch gibt.
>   (c) Der Benutzer möchte wissen, wem Peter ein Buch gibt.

können die Annahmen (3ba)-(3bc) über den Benutzer rein deswegen gezogen werden, weil der Benutzer eine _Frage_ geäußert hat. Der _Inhalt_ dieser Frage braucht dabei nicht berücksichtigt zu werden. Ähnliche vom Inhalt unabhängige Annahmen lassen sich auch aus Mitteilungen (Behauptungen) und aus Anweisungen des Benutzers bilden. Hierauf soll weiter unten noch näher eingegangen werden.

Aus (3a) oder eher (3ba) läßt sich aber auch (3bd) vermuten:

  (3bd) Annahme des Systems: Der Benutzer glaubt, daß sich das Buch nicht mehr bei Peter befindet.

Die Herleitung dieser weiteren Überzeugung ist _inhaltsabhängig_, sie hängt ab von _Weltwissen_ über Vorgänge, die mit dem Begriff 'geben' bezeichnet werden. (In unserem Beispiel vom Wissen, daß, wenn jemand jemandem etwas gibt, sich das Objekt nunmehr beim Empfänger befindet.)

Durch inhaltliche Inferenzen können auch vermutliche Ziele und Pläne des Benutzers erschlossen werden, wie etwa in

  (4a) Benutzer: "Wann geht der nächste Zug nach M.?"
  (4b) Annahme des Systems: Der Benutzer möchte mit dem nächsten Zug nach M. fahren.

Zusätzliche Annahmen über Überzeugungen und Ziele des Benutzers können sich aus dem Auftreten bestimmter _Sprachpartikel_ im Dialogbeitrag des Benutzers ergeben, wie das folgende Beispiel zeigt:

  (5a) Benutzer: "Ist mein Programm _endlich_ fertig?"
  (5b) Annahme des Systems: Der Benutzer möchte, daß sein Programm schon fertig ist.

Solche Sprachpartikel bieten eine relativ einfache Möglichkeit, zu Annahmen über den Benutzer kommen zu können. Leider treten solche Partikel in einem problemorientierten Dialog eher selten auf. Die Methode ist - im Gegensatz zu den bisher erwähnten - selbstverständlich auch nur in Systemen mit natürlichsprachiger Eingabe anwendbar.

Bei der Entwicklung von VIE-DPM mußte zwangsläufig auf die Leistungsfähigkeit der übrigen Komponenten von VIE-LANG Rücksicht genommen werden. Da in VIE-LANG noch kaum allgemeine inhaltsbezogene Inferenzprozesse vorhanden sind, konnten beim Aufbau von Benutzermodellen aus Benutzereingaben auch nur solche Inferenzen berücksichtigt werden, die unabhängig vom Inhalt dieser Eingaben operieren. Dies sind vor allem Inferenzen aus der syntaktischen Form eines Dialogbeitrags, wie sie in (3) beispielhaft dargestellt wurden (auch (1) und (2) lassen sich darunter subsumieren). Diese Inferenzen sollen im nächsten Abschnitt näher untersucht werden. Daran anschließend werden die entsprechenden Prozesse in VIE-DPM vorgestellt. Inhaltliche Inferenzen werden - mehr auf theoretischer Ebene - erst in Abschnitt 4.5. untersucht.

4.3.2. Dialogaktpläne

> Wenn also zwey Personen miteinander reden, und einer den andern verstehen soll; so wird erfordert, 1. daß der, so da redet, bey einem jeden Worte sich etwas gedencken könne: 2. daß der, so ihn reden höret, eben dasjenige sich bey einem jeden Worte gedencken kan, was der andere dencket.
>
> Christian Freyherr von Wolff, 1712

4.3.2.1. Vorbemerkungen

Bevor untersucht werden kann, welche Überzeugungen, Ziele und Pläne dem Benutzer bei bestimmten Arten von Dialogbeiträgen zugesprochen werden können, bzw., wie dies im nächsten Kapitel geschieht, auf welche Art und Weise das System auf Basis von solchen Annahmen Dialogbeiträge planen kann, muß zuerst geklärt werden, welche Beziehungen überhaupt zwischen diesen Dialogbeiträgen und bestimmten Überzeugungskonstellationen bestehen. Die Idee, daß solche Beziehungen vorhanden sind, ist ja - wie oben ersichtlich - nicht neu. Näher untersucht wurden diese Beziehungen in der modernen Linguistik vor allem von Grice (1957), Austin (1962) und Searle (1969). Von Bruce (1975) und vorallem von Cohen & Perrault (1979) und Allen & Perrault (1980) wurde dieses Problem in die Künstliche-Intelligenz-Forschung eingeführt und weiter präzisiert.

Die hier vorgeschlagene Analyse der Beziehungen zwischen bestimmten Dialogbeiträgen und zugrundeliegenden Überzeugungen und Zielen stimmt in groben Zügen mit denjenigen der erwähnten Autoren überein. Ein wesentlicher Unterschied liegt darin, daß in der hier vorgeschlagenen Analyse extensiv von der oben eingeführten Idee der infinit-reflexiven Überzeugungen über Überzeugungen oder Ziele eines der beiden Dialogpartner Gebrauch gemacht wird. Auf einige weitere Divergenzen wird im folgenden noch näher eingegangen.

Die Beziehungen zwischen Dialogbeiträgen und zugrundeliegenden Überzeugungen bzw. Zielen sollen hier in sogenannten "Dialogaktplänen" ausgedrückt werden. Unter einem Dialogakt ist dabei eine Handlung zu verstehen, die zum Setzen eines Dialogbeitrags führt. Mit jedem Dialogakt ist eine bestimmte Art von Dialogbeitrag, etwa eine Ergänzungsfrage, eine Aussage, etc. verbunden. Umgekehrt gilt dies jedoch nicht: Eine bestimmte Dialogbeitragsart kann grundsätzlich auch mit mehreren Dialogakten verbunden sein.

Ein Dialogaktplan enthält dann Informationen über die Überzeugungen und Ziele eines
Akteurs vor und nach der Anwendung eines Dialogakts. Im speziellen enthält er Informationen über

- die Anwendungsvorbedingungen des Dialogakts
- die üblichen intendierten Effekte bei der Anwendung des Dialogakts
- die unmittelbaren Zwischeneffekte bei der Anwendung des Dialogakts

Unter den Anwendungsvorbedingungen eines Dialogakts sind diejenigen Überzeugungen zu
verstehen, die ein Akteur a1 haben muß, um den Dialogakt kooperativ anwenden zu
können. Beim Vergleich der aktuellen Überzeugungen von a1 mit den Anwendungsvorbedingungen sind auf die ersteren auch die Inferenzregeln für multiple Akzeptanzbewertungen (vgl. Abschnitt 3.3.7.) anzuwenden.

Unter den intendierten Effekten des Dialogakts sind die Ziele zu verstehen, die mit
der Anwendung eines Dialogakts verbunden sind. Fragen etwa sind mit dem Ziel verbunden, bestimmte Informationen zu besitzen, Anweisungen mit dem Ziel, daß bestimmte
Handlungen gesetzt werden, Aussagen mit dem Ziel, daß der Dialogpartner gewisse Sachverhaltsbeschreibungen akzeptiert. Um einen Dialogakt in kooperativer Weise anwenden
zu können, muß ein Akteur auch diese Ziele haben.

Die Ziele können von einem Akteur durch Anwendung eines Dialogakts nicht direkt
erreicht werden. Es ist bei allen hier behandelten Dialogakten auch das Mitwirken
des Dialogpartners erforderlich. Direkt können nur Zwischeneffekte erreicht werden.
Diese bestehen hauptsächlich darin, daß nun eine infinit-reflexive Überzeugung darüber besteht, daß der Akteur, der den Dialogakt gesetzt hat, die Anwendungsvorbedingungen des Dialogakts glaubt und die Endeffekte des Dialogakts intendiert.

Implizit gehört zu den Anwendungsvorbedingungen jedes Dialogakts, daß nicht gelten
darf, daß

(i)   a1 glaubt, daß der intendierte Effekt des Dialogakts bereits Teil der gemein-
        samen Überzeugungen ist oder ohne Zutun von a1 sein wird, oder
(ii)   a1 glaubt, daß der unmittelbare Zwischeneffekt des Dialogakts, insbesondere die
        Annahmen von a2 über die Ziele von a1, bereits Teil der gemeinsamen Überzeugun-
        gen ist oder ohne Zutun von a1 sein wird.

(i) und (ii) sind implizite Nebeneffekte jeder rationalen Aktionsplanung. Ein Akteur
wird keine Handlung setzen, um Effekte zu erreichen, die seiner Meinung nach bereits

verwirklicht sind. Die Bedingung, daß nicht (ii), ergibt sich auch aus dem Kooperativitätsprinzip: Ein Akteur a1, der (ii) annimmt, kann darauf vertrauen, daß a2 den
intendierten Effekt als eigenes Ziel übernimmt und zu erreichen versuchen wird (siehe
Abschnitt 5.1.). Da diese impliziten Vorbedingungen allen Dialogakten zukommen,
werden sie im folgenden nicht mehr eigens erwähnt.

In den nächsten Abschnitten sollen nun die Dialogaktpläne für Aussagen, Entscheidungsfragen, Ergänzungsfragen und Anweisungen entwickelt werden. Dies sind genau diejenigen Dialogakte, aus denen in VIE-DPM Annahmen über den Benutzer bezogen werden.
In Abschnitt 4.3.2.6. wird dann auf die sogenannten "indirekten Sprechakte" eingegangen.

4.3.2.2. <u>Aussagen</u>

Mit Hilfe des Dialogakts 'Aussage' kann ein Akteur a1 einem Akteur a2 mitteilen, daß
p. Damit a1 diesen Sprechakt in kooperativer Weise anwenden kann, müssen folgende
Vorbedingungen erfüllt sein:

    (1a)   a1 glaubt, daß p.
    (1b)   a1 glaubt nicht, daß a2 glaubt, daß p.
    (1c)   a1 glaubt nicht, daß a2 glaubt, daß a1 glaubt, daß p.

(1a) ergibt sich aus der <u>Aufrichtigkeitsbedingung</u> für kooperatives Dialogverhalten:
Ein aufrichtiger Sprecher darf nur dann p äußern, wenn er p auch akzeptiert. Grice
(1975), der kooperatives Dialogverhalten untersuchte, ordnete diese Bedingung unter
die <u>Kategorie der Qualität</u>. Die Bedingung (1b) gehört zu den "Vorbereitungsbedingun-
gen" (im speziellen zu den "non-obviousness conditions") von Searle (1969). Auch (1c)
scheint bei Searle implizit unter diese Gruppe zu fallen, wird aber etwa von Appelt
(1982) oder Allen (1983) nicht berücksichtigt.

Mit der Anwendung eines Dialogakts durch einen Akteur sind durch Sprachkonvention
üblicherweise bestimmte Ziele verbunden. Wenn ein Akteur einen Dialogakt in kooperativer Weise anwenden will, muß er auch diese Ziele haben. Im Falle einer Aussage von
a1, daß p, muß a1 ein Ziel in bezug auf die Überzeugungen seines Dialogpartners a2
haben, nämlich

    (2')   a1 möchte, daß a2 glaubt, daß p.

Das Ziel eines Dialogakts kann nun allerdings nicht nur darin liegen, daß a2 (nach

Meinung von a1) eine bestimmte neue Überzeugung hat. Damit a1 im weiteren Dialogverlauf auf p Bezug nehmen kann, muß p (nach Meinung von a1) gemeinsame Überzeugung von
a1 und a2 sein. Der Akteur a1 strebt also mit Hilfe seines Dialogakts ein Dialogstadium an, in dem gilt:

 (2) a1 glaubt, daß MB(p).

Durch seinen Dialogakt kann a1 dieses Ziel aber nicht direkt erreichen. Es bleibt
allein der Entscheidung von a2 überlassen, ob er p akzeptiert. Aus dem Dialogakt
ergibt sich als Zwischeneffekt lediglich, daß eine gemeinsame Überzeugung darüber
entsteht, daß a1 die üblichen Endeffekte des Dialogakts (d.h. (2)) intendiert und
bestimmte Anwendungsvorbedingungen des Dialogakts (nämlich (1a) und (1b)) noch
glaubt. Die Überzeugung (1c) kann hingegen überschrieben werden.

Aus der Sicht von a1 schaut dieses Dialogstadium also wie folgt aus:

 (3a)   a1 glaubt, daß p.
 (3b)   a1 glaubt nicht, daß a2 glaubt, daß p.
 (3c)   a1 glaubt, daß a2 glaubt, daß a1 möchte, daß MB(p).
 (3d)   a1 glaubt, daß a2 glaubt, daß MB ((3a), (3b), (3c)).

Abb. 4.2. zeigt eine graphische Darstellung des Dialogaktplans für die Aussage eines
Akteurs a1, daß p. Die verwendeten graphischen Mittel sollen gewisse Assoziationen
zu einigen der in Abschnitt 3.3. beschriebenen Repräsentationselemente von VIE-DPM
erwecken, nämlich zu Kontexten, multiplen Akzeptanzbewertungen und (selbstreferentiellen) Kontextschachtelungen. In s0 sind die Anwendungsvorbedingungen des Dialogakts
dargestellt (die Zeichen '+', '0' und '-' stehen für die entsprechenden Akzeptanzbewertungen im Repräsentationssystem von VIE-DPM). S0 stellt das Ausgangsstadium für
die Anwendung des Dialogakts 'Aussage' durch a1 dar. In s1, dem Zwischenstadium, und
in s2, dem Endstadium, treten durch die Effekte des Dialogakts neue Überzeugungen von
a1 hinzu bzw. werden bis dahin aufgebaute Überzeugungen teilweise wieder überschrieben.

Der obige Dialogaktplan kann angewandt werden, wenn s2 erreicht werden soll und s0
erfüllt ist. Es brauchen natürlich nicht alle Überzeugungen von s2 angestrebt zu
werden, der Dialogakt kann etwa auch angewandt werden, wenn a1 nur das Ziel hat, daß
a2 p glaubt. Die aus der Anwendung des Dialogakts resultierende gemeinsame Überzeugung ist aber, wie erwähnt, kein überflüssiger Luxus. Kapitel 5, insbesondere
Abschnitt 5.3., wird zeigen, daß Überzeugungen nach Möglichkeit nur dann zur Dialogplanung verwendet werden sollen, wenn sie gemeinsame Überzeugungen darstellen.

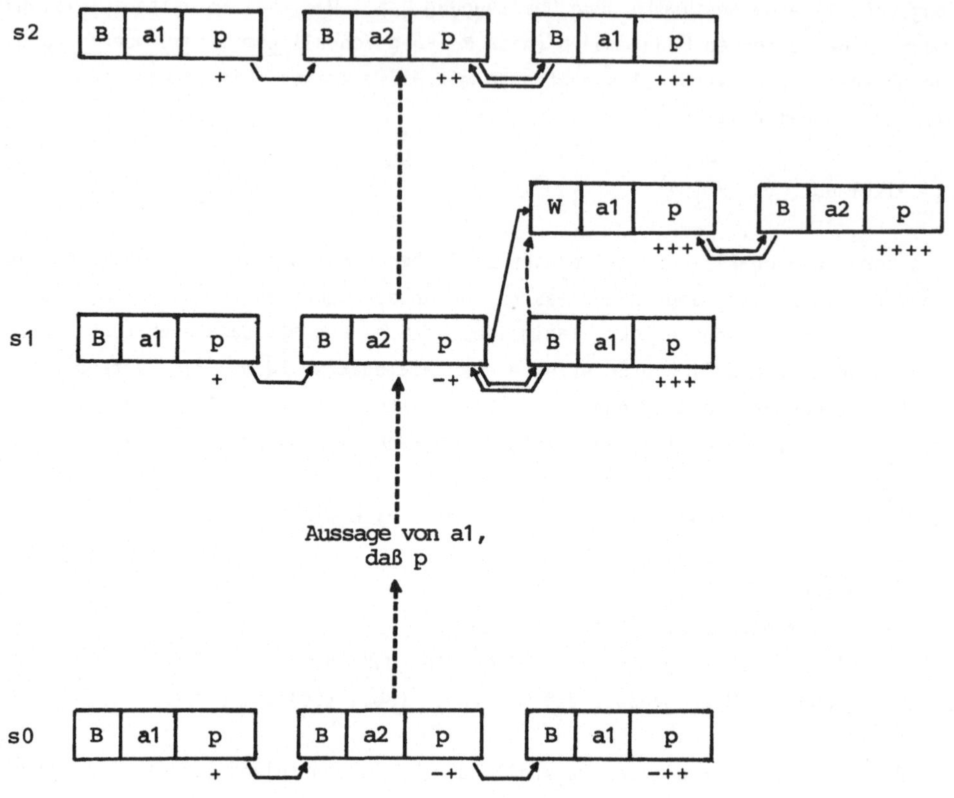

Abb.4.2.: Dialogaktplan für Aussagen

Günther & Lutz-Hensel (1976) zählen auch

(1d) a1 glaubt, daß a2 wissen möchte, ob p.

zu den Anwendungsvorbedingungen für Aussagen.   Dieser Auffassung soll hier jedoch
nicht gefolgt werden. Der Akteur a1 kann sicher in kooperativer Weise eine Aussage
machen, ohne daß (1d) erfüllt zu sein braucht.   Weiters kann sich a1 mit (1a), (1d)
und dem allgemeinen Kooperativitätsprinzip

(K) Mache die Ziele deines Dialogpartners zu eigenen Zielen, und versuche,
     letztere zu erreichen.

das Ziel setzen, daß a2 wissen soll, daß p (und daß dies gemeinsam bekannt sein
soll).   (1d) ist also eine indirekte Veranlassung, den Dialogakt 'Aussage' anzuwen-

den, und keine Randbedingung für dessen Anwendbarkeit. Auf das erwähnte Kooperativitätsprinzip soll in Abschnitt 5.1. noch näher eingegangen werden.

Zu beachten ist auch noch, daß die Anwendungsvorbedingungen, die in Abb. 4.2. und einigen der folgenden Abbildungen angeführt sind, etwas zu streng gefaßt wurden. (Es handelt sich dabei um alle diejenigen Abbildungen, in denen in einem Kontext von s0 die am weitesten links stehende Akzeptanzbewertung den Wert '-' hat.) Kontext a1Ba2B in den Anwendungsvorbedingungen von Abb. 4.2. etwa drückt aus, daß in den zu prüfenden aktuellen Überzeugungen von a1 über die einfachen Überzeugungen von a2 die Bewertung '-+' für p gefunden oder inferiert werden muß. Korrekt müßte die Bedingung jedoch lauten, daß für p <u>nicht</u> die Bewertung '++' gefunden werden darf oder inferierbar sein darf. Dies ist natürlich dann erfüllt, wenn '-+' gefunden wird, aber auch, wenn als Bewertung "nur" '0+' auftritt. In s1 müßte dann, wenn man präzise sein will, die Schachtelungstiefe des Akteurmodells um eins erhöht, in a1Ba2B die aktuelle Bewertung, und erst in a1Ba2Ba1Ba2B die dann infinit-reflexive Bewertung '++-+' eingetragen werden. Um die Zeichnungen noch halbwegs übersichtlich zu halten, soll hier jedoch weiterhin eine vereinfachte Darstellung gewählt werden. Die Matchprozesse von VIE-DPM berücksichtigen natürlich diese erweiterten Anwendungsvorbedingungen.

4.3.2.3. <u>Entscheidungsfragen</u>

Unter einer Entscheidungsfrage eines Akteurs a1 ist eine Frage nach der Zutreffendheit einer Sachverhaltsbeschreibung zu verstehen, also eine Frage, die mit 'ja' oder 'nein' beantwortet werden kann. Abb. 4.3. zeigt den Dialogaktplan für diesen Fragetyp. Vorbedingung für die Anwendbarkeit dieses Dialogakts ist, daß a1 unsicher ist, ob p, und glaubt, daß a2 eine konkrete Meinung darüber hat, ob p. (Das Zeichen '!' in Abb. 4.3. steht wieder für die entsprechende Akzeptanzbewertung im Repräsentationsschema von VIE-DPM.) Ziel der Anwendung des Dialogakts ist es, daß eine gemeinsame Überzeugung über die Zutreffendheit von p besteht. Durch die Anwendung des Dialogakts kann direkt aber nur ein Zwischeneffekt erreicht werden, nämlich, daß a2 (nach Meinung von a1) glaubt, daß <u>MB</u> (a1 glaubt die Anwendungsvorbedingungen des Dialogakts und intendiert die mit dem Dialogakt verbundenen Ziele). Der Akteur a1 muß sich darauf verlassen, daß a2 diese Ziele nach dem Kooperativitätsprinzip zu eigenen Zielen macht und zu dessen Erreichung etwa den Dialogakt 'Aussage' verwendet (siehe Abschnitt 5.1.).

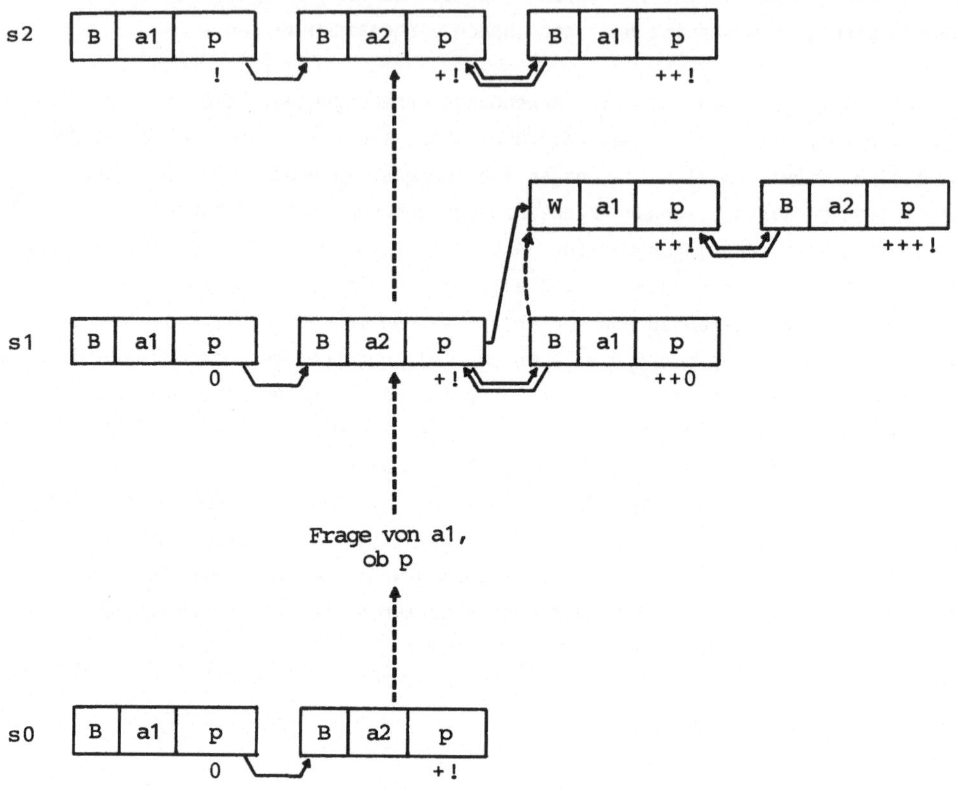

Abb.4.3.: Dialogaktplan für Entscheidungsfragen

4.3.2.4. Ergänzungsfragen

Unter 'Ergänzungsfragen' sollen im weiteren Fragen nach dem Akteur oder dem Objekt
einer Handlung, nach Ort oder Zeit eines Ereignisses oder eines Zustands, nach dem
Empfänger eines Objekttransfers, etc. verstanden werden. Auf der repräsentationalen
Ebene betrachtet also im wesentlichen Fragen nach dem Füller einer Attributbeschreibung eines individualisierten Konzepts.

Abb. 4.4. zeigt den Dialogaktplan für diesen Fragetyp. Zu den Vorbedingungen für
die Anwendbarkeit des Dialogakts gehört, daß a1 eine bestimmte Situationsbeschreibung
zwar akzeptiert, über den Füller einer darin enthaltenen individualisierten Attributbeschreibung aber keine Informationen besitzt. Dies ist in Abb. 4.4. durch '$\exists x(p(x))$'

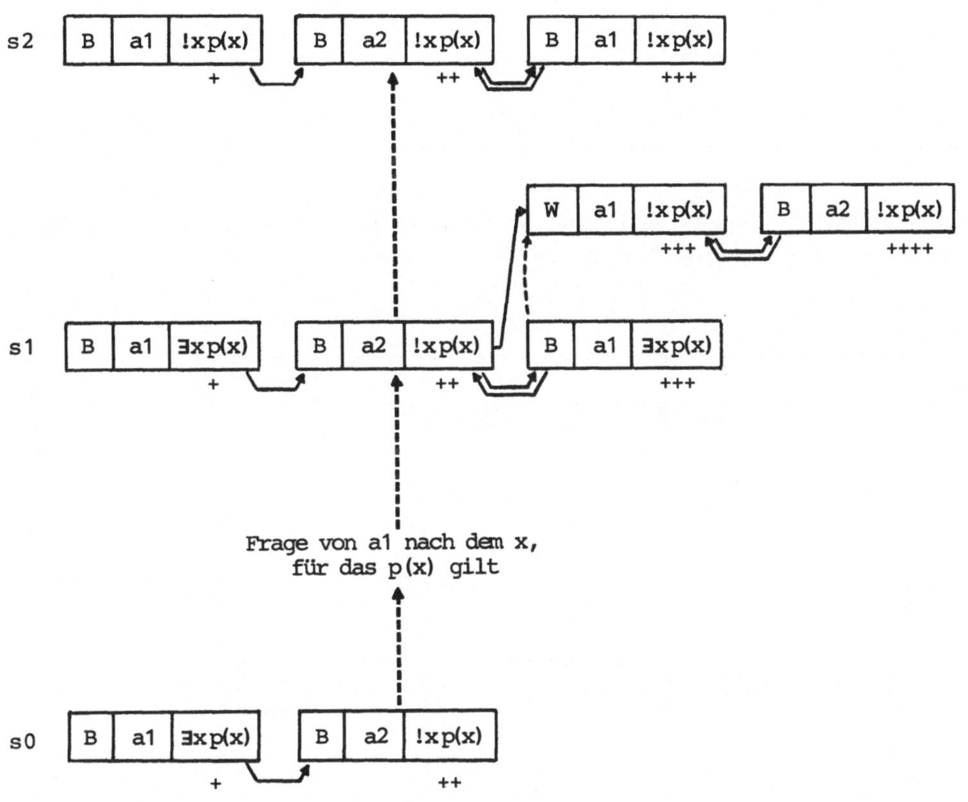

Abb.4.4.: Dialogaktplan für Ergänzungsfragen

abgekürzt. Die zweite Vorbedingung ist, daß a1 glaubt, daß a2 diesen Attributbeschreibungsfüller kennt, was in Abb. 4.4. mit '!x(p(x))' abgekürzt wird. (Das Ruf-
zeichen soll an die entsprechende Konzeptmarkierung im Repräsentationsschema von VIE-
DPM erinnern.)

Das mit dem Dialogakt verbundene Ziel ist, daß eine gemeinsame Überzeugung über die
gesamte Situationsbeschreibung, somit auch über den Attributbeschreibungsfüller,
existiert. Dieses Ziel kann auch hier nicht direkt erreicht werden. Unmittelbarer
Zwischeneffekt ist lediglich, daß (nach Meinung von a1) a2 glaubt, daß MB (a1 glaubt
die Anwendungsvorbedingungen des Dialogakts und intendiert das damit verbundene
Ziel). Der Akteur a1 muß sich darauf "verlassen", daß a2 dieses Endziel zu seinem
eigenen Ziel macht und die entsprechenden Dialogakte setzt (siehe Abschnitt 5.1.).

4.3.2.5. Anweisungen

Abb. 4.5. zeigt den Dialogaktplan für den Dialogakt 'Anweisung'. Ein Akteur a1, der diesen Dialogakt anwendet, möchte damit erreichen, daß sein Dialogpartner a2 eine bestimmte Handlung setzt. Die Beschreibung dieser Handlung ist in Abb. 4.5. mit 'p(a2)' abgekürzt. Als Situationsbeschreibung ausgedrückt hat a1 das Ziel, daß (nach Meinung von a1) gemeinsame Überzeugung darüber besteht, daß p(a2).

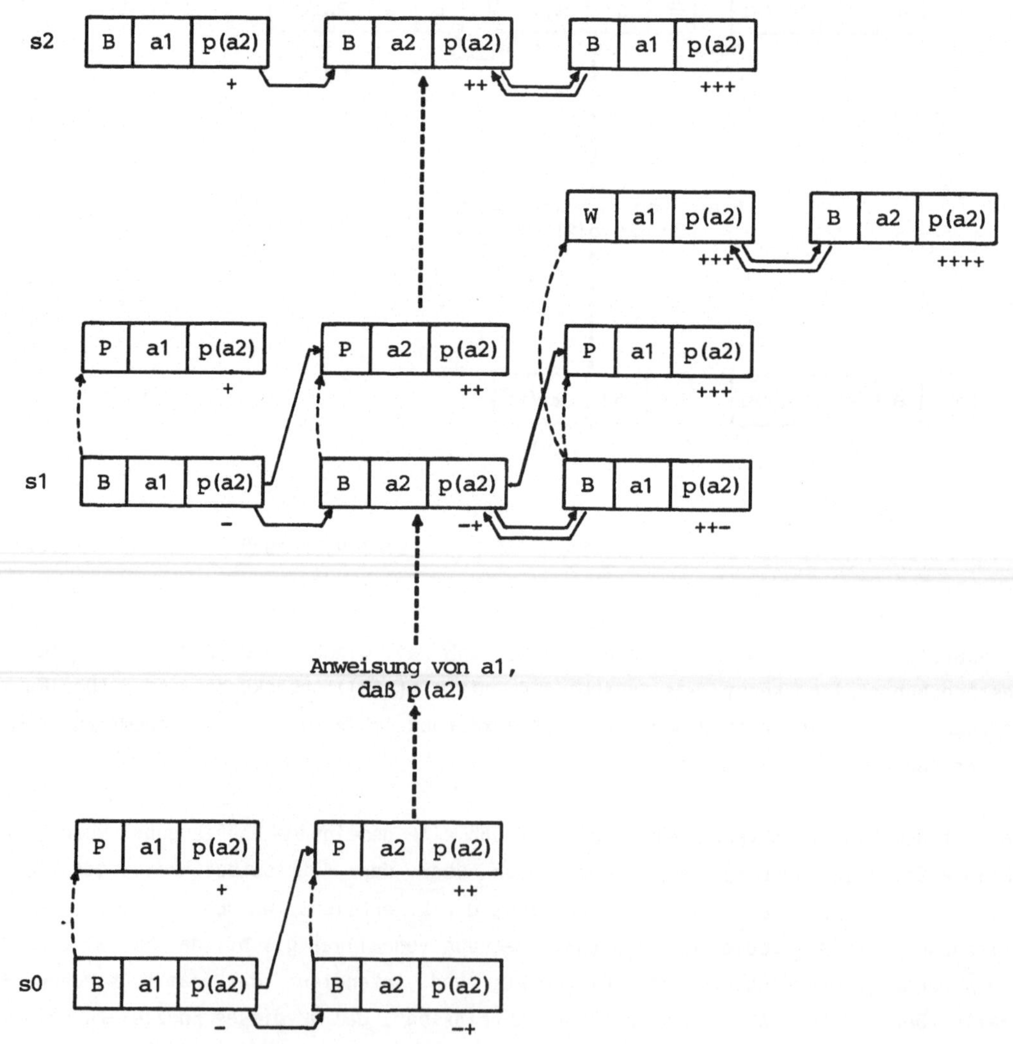

Abb.4.5.: Dialogaktplan für Anweisungen

Voraussetzung für die Anwendbarkeit des Dialogakts durch a1 ist, daß a1 weder glaubt, daß p(a2) bereits in der derzeitigen Situation gilt, noch daß a2 dies glaubt. Wohl aber muß gelten, daß a1 glaubt, daß a2 p ausführen kann (also glaubt, daß p(a2) möglich ist) und a1 auch glaubt, daß a2 glaubt, daß p(a2) möglich ist. Die beiden letzten Bedingungen werden in Abb. 4.5. mit Hilfe der im Abschnitt 3.3.6.5. eingeführten potentiellen Situationen dargestellt.

Das mit dem Dialogakt verbundene Ziel kann durch Anwendung des Dialogakts wiederum nicht direkt erreicht werden. Unmittelbar wird lediglich bewirkt, daß a2 (nach Meinung von a1) glaubt, daß MB (a1 intendiert die mit dem Dialogakt 'Anweisung' verbundenen Ziele und glaubt die Anwendungsvorbedingungen des Dialogakts). Die Entscheidung, ob er die Ziele von a1 übernehmen und die entsprechende Handlung durchführen soll, bleibt allein dem Akteur a2 überlassen.

4.3.2.6. "Indirekte Sprechakte"

Die einzelnen Arten von möglichen Dialogbeiträgen des Systems oder des Benutzers (d.s. Aussagen, Ergänzungs- und Entscheidungsfragen sowie Anweisungen) werden in dieser Arbeit, wie ersichtlich, rein nach syntaktischen Gesichtspunkten eingeteilt. Diesen vier Arten von hier unterschiedenen Dialogbeiträgen stehen bisher genau vier (gleichnamige) Dialogakte gegenüber, deren Anwendung einen Dialogbeitrag der entsprechenden Art liefert. Die in den Dialogaktplänen spezifizierten Überzeugungen und Ziele sollen hier als den Dialogbeiträgen bei direkter Interpretation zugrundeliegende Überzeugungen und Ziele (oder kürzer als direkt zugrundeliegende Überzeugungen und Ziele) bezeichnet werden.

Für Dialogsysteme mit formalsprachlicher Eingabe ist die bisher verwendete Einteilung von Dialogbeiträgen auch völlig ausreichend. Bei natürlichsprachigem Dialog treten aber auch Dialogbeiträge auf, die syntaktisch gesehen einer der vier hier unterschiedenen Arten zuzurechnen wären, denen aber oft (auch) andere zugrundeliegende Überzeugungen und Ziele zugesprochen werden können, als dies bei einer direkten Interpretation der Fall ist. Diese Überzeugungen und Ziele sollen hier als einem solchen Dialogbeitrag bei indirekter Interpretation zugrundeliegende (oder kürzer als indirekt zugrundeliegende) Überzeugungen und Ziele bezeichnet werden. Dialogbeiträge, bei denen eine indirekte Interpretation aufgrund des üblichen Sprachgebrauchs als sinnvoll erscheint, sollen unter der Bezeichnung 'I-Dialogbeiträge' zusammengefaßt werden.

Beispiele für solche I-Dialogbeiträge wären etwa:

(1) Können Sie mir sagen, ...?
(2) Wissen Sie, ...?
(3) Ich möchte wissen, ...
(4) Ist Karl zu Hause?
(5) Sie sitzen auf meinem Platz.
(6) Ist es Ihnen sehr ungelegen, wenn ich morgen komme?

(1) und (2) wären bei indirekter Interpretation keine Entscheidungsfragen über eine Kompetenz des Hörers, sondern Entscheidungs- bzw. Ergänzungsfragen in bezug auf die jeweilige Situation (je nachdem, ob der durch '...' abgekürzte Satzteil mit 'ob' oder einem Fragepronomen beginnt); (3) wäre bei indirekter Interpretation keine Aussage, sondern ebenfalls eine Entscheidungs- bzw. eine Ergänzungsfrage; (4) keine Entscheidungsfrage, sondern eine Aufforderung, Karl zu holen (man denke an einen Telefonanruf); (5) würde bei indirekter Interpretation keine Aussage darstellen, sondern eine Anweisung, den Platz zu verlassen; und (6) würde bei dieser Interpretation keine Entscheidungsfrage darstellen, sondern eine Aussage über ein Ziel des Sprechers.

Das Problem der direkten und indirekten Interpretierbarkeit von I-Dialogbeiträgen wird in der Linguistik unter dem Titel 'indirekte Sprechakte' untersucht. Die oben angeführten Beispiele zeigen bereits die Vielfalt der dabei auftretenden Sprachphänomene. Es ist dementsprechend bisher auch nicht gelungen, eine allgemeine linguistische Theorie aufzustellen, die alle diese Phänomene erfaßt, sondern es wurde nur eine Reihe von Charakteristika und Regularitäten herausgearbeitet, die auf bestimmte Untergruppen von I-Dialogbeiträgen zutreffen. Auf einige dieser Charakteristika soll im folgenden kurz eingegangen werden. Darauf aufbauend wird gezeigt, wie das bisher aufgestellte Inventar von Dialogaktplänen so erweitert werden kann, daß auch solche I-Dialogbeiträge erfaßt werden, die für die natürlichsprachige Mensch-Maschine-Interaktion von Bedeutung sind. Da die im Bereich der Analyse indirekter Sprechakte verwendete Terminologie oft wenig einheitlich ist, sollen weiterhin bevorzugt die bisher eingeführten Begriffe verwendet werden.

a) <u>Direkte versus indirekte Interpretierbarkeit</u>

Clark (1979) gelangte aufgrund empirischer Untersuchungen zur Auffassung, daß menschliche Hörer <u>nicht</u> zuerst eine direkte Interpretation eines I-Dialogbeitrags erstellen, und dann, falls das Ergebnis als unzureichend bewertet wird, eine indirekte Interpretation; direkte und indirekte Interpretation seien vielmehr "Teil eines einzigen Pakets". Jede Interpretation wird unabhängig voneinander auf Plausibilität geprüft, und auf jede Interpretation kann unabhängig voneinander reagiert werden.

Die Untersuchungen von Clark zeigen weiters, daß menschliche Hörer auch sehr oft auf <u>beide</u> Interpretationen eines I-Dialogbeitrags reagieren. (Versuchspersonen antworteten also etwa auf die Frage 'Do you have a price for a fifth of Jim Beam?' mit '<u>Yes</u>, it is $5.59'.) Die Häufigkeit, mit der auf die indirekte Interpretation reagiert wurde (und auch die Häufigkeit, mit der auf die direkte Interpretation <u>nicht</u> reagiert wurde) hängt nach Clark unter anderem von der inhaltlichen und syntaktischen Konventionalität eines I-Dialogbeitrags ab (siehe (b)-(d)). Es kann natürlich, allgemein gesagt, nie falsch sein, <u>immer</u> auf die direkte Interpretation eines I-Dialogbeitrags zu reagieren. Falls der aus dieser Reaktion entstehende Dialogbeitrag knapp gestaltet wird, kann er auch die Maxime der Quantität für kooperatives Dialogverhalten (Grice 1975) nicht verletzen.

b) <u>Inhaltliche Konventionen</u>

Verschiedene Autoren (etwa Gordon & Lakoff 1971, Searle 1975, Brown 1980) versuchen, I-Dialogbeiträge aufgrund von inhaltlichen Regularitäten zu klassifizieren. Die Dialogbeiträge 'Can you reach the salt?', 'Can you pass the salt?', 'Could you be a little more quiet?', 'You could be a little more quiet', 'Have you got change for a dollar?' und 'Are you able to reach the top shelf?' hätten nach Searle etwa als gemeinsames Charakteristikum, daß hier die Fähigkeit eines Hörers angesprochen wird, eine bestimmte Handlung auszuführen. Der Dialogbeitrag 'Salz besteht aus Natriumchlorid' hätte nicht diese Eigenschaft, und könnte deshalb auch kein I-Dialogbeitrag sein.

Dieser Ansatz ist, allein gesehen, natürlich unvollständig. Er erfaßt einerseits nicht alle im Bereich der "indirekten Sprechakte" untersuchte I-Dialogbeiträge ((4) - (6) würden beispielsweise nicht mehr unter die von diesen Autoren aufgestellten Regularitäten fallen). Der Ansatz subsumiert aber auch teilweise mehr Dialogbeiträge unter diese inhaltlichen Charakteristika, als eigentlich erwünscht wäre. Die Frage 'Are you able to fetch ...?', eine Frage nach einer Fähigkeit, eine Handlung auszuführen, mag im Englischen vielleicht noch ein I-Dialogbeitrag sein. Für die wortwörtliche deutsche Übersetzung, 'Sind Sie fähig, ...?', wäre eine indirekte Interpretation sehr ungewöhnlich. Auch die wortwörtliche tschechische "Übersetzung" von 'Can you give me this book?', nämlich 'Můžete mi podat tu Knížku?', würde nach Searle (1975) sehr komisch klingen, wenn man sie im Tschechischen als Bitte äußerte.

c) <u>Syntaktische Konventionen</u>

Es gibt eine Reihe von syntaktischen Charakteristika, die die Plausibilität einer
indirekten Interpretation von I-Dialogbeiträgen (zum Teil beträchtlich) erhöhen.
Dazu gehören etwa idiomatisch gebrauchte Wortfolgen: Dialogbeiträge, die mit 'Können
Sie ...?' (und noch mehr solche, die mit 'Könnten Sie ...?') beginnen, verlangen viel
stärker nach einer indirekten Interpretation, als solche, die etwa mit 'Sind Sie in
der Lage ...?' beginnen, obwohl alle diese Dialogbeiträge die oben angeführten
inhaltlichen Konventionen erfüllen. Ein anderes syntaktisches Mittel ist etwa das
Partikel 'bitte', das, wenn es in einem I-Dialogbeitrag vorkommt, die Plausibilität
einer indirekten Interpretation ebenfalls stark erhöht. Auch andere Sprachpartikel
können nahelegen, daß einem Dialogbeitrag indirekte Überzeugungen und Ziele zugrundeliegen (darauf soll in Abschnitt 4.6.1. näher eingegangen werden). Entsprechende
syntaktische Regeln erfassen aber ebenfalls nur einen Teil der I-Dialogbeiträge und
müssen demnach durch andere Verfahren ergänzt werden.

d) <u>Gemeinsame Überzeugungen</u>

Die Frage 'Können Sie ...?' eines Akteurs a1 wird von a2 umso eher auch indirekt zu
interpretieren sein, je sicherer dieser ist, daß bereits eine gemeinsame Überzeugung
darüber vorhanden ist oder durch inhaltliche Inferenz erschlossen werden kann (siehe
Abschnitt 4.5.), daß a2 die angesprochene Fähigkeit besitzt. Allgemeiner gesagt ist
eine indirekte Interpretation für einen I-Dialogbeitrag umso plausibler, je mehr das
mit einem Dialogbeitrag bei direkter Interpretation verbundene intendierte Ziel nach
Meinung von a2 bereits Teil der gemeinsamen Überzeugungen ist.

Eine indirekte Interpretation liegt für a2 auch umso eher auf der Hand, je besser er
die daraus resultierenden Annahmen über die Überzeugungen und Ziele von a1 in seine
bisherigen Annahmen über a1 (insbesondere über dessen Ziele und Pläne) einfügen kann.
Dies Hypothese wird durch die Untersuchungen von Clark (1979) empirisch bestätigt.
Perrault & Allen (1980) und Allen (1983) stellen ein auf dieser Basis operierendes
Computermodell vor, Sidner (1983) liefert einige weiterführende Bemerkungen.

Es ist sicher ebenfalls unzureichend, die Entscheidung, ob eine indirekte Interpretation für einen I-Dialogbeitrag notwendig ist, ausschließlich davon abhängig zu
machen, ob die indirekt zugrundeliegenden Überzeugungen und Ziele in die bisherigen
Annahmen über den Dialogpartner integriert werden können. Wie die Untersuchungen von
Clark (1979) zeigen, reagieren Versuchspersonen natürlich auch in solchen Fällen auf
eine indirekte Interpretation eines I-Dialogbeitrags, in denen es sehr unwahrscheinlich ist, daß sie Vorannahmen über die Ziele und Pläne des Dialogpartners

haben. In diesen Fällen werden wohl andere Charakteristika des Dialogbeitrags (etwa (a) - (c)) als Entscheidungsgrundlage herangezogen. Als zusätzliches Entscheidungskriterium ist die Integrierbarkeit in die bisherigen Annahmen aber sicher sehr wertvoll.

e) <u>Höflichkeit und subjektive Präferenz für I-Dialogbeiträge</u>

Der Grund, warum I-Dialogbeiträge überhaupt verwendet werden, ist nach Meinung vieler Autoren hauptsächlich in Sprachkonvention und Höflichkeit zu suchen. Anweisungen können in unserem Sprachkreis nur von sozial höhergestellten Personen gegeben werden. Ist dies nicht der Fall, so müssen I-Dialogbeiträge verwendet werden, um nicht beleidigend zu wirken. I-Dialogbeiträge lassen dem Dialogpartner auch mehr Optionen offen: Wenn ein Akteur a2 auf die indirekte Interpretation eines I-Dialogbeitrags nicht in der von a1 bei dieser Interpretation erwarteten Weise reagieren kann oder möchte, so kann er trotzdem dadurch sein "Gesicht wahren", daß er sich auf die direkte Interpretation des Dialogbeitrags zurückzieht.

Es kann nun vermutet werden, daß der Benutzer eines Computer-Dialogsystems weit weniger zu I-Dialogbeiträgen greifen wird, da er auf die erwähnten sozialen Konventionen keine Rücksicht zu nehmen braucht. Dies wird durch die empirischen Untersuchungen von Tennant (1980) und größtenteils auch durch diejenigen von Sidner (1982) bestätigt, welche zeigen, daß die allermeisten Benutzer von simulierten natürlichsprachigen Dialogsystemen I-Dialogbeiträge nur sehr selten verwendeten. (Die Versuchspersonen waren dabei über den "zwischengeschalteten" menschlichen Experten informiert und daher in keiner Weise genötigt, sich vorsichtshalber sprachliche Restriktionen aufzuerlegen.) Interessant ist aber auch, daß von sehr wenigen Benutzern I-Dialogbeiträge extrem häufig verwendet wurden. Es könnte für die Verwendung von I-Dialogbeiträgen also auch subjektive Präferenzen geben, über deren Ursachen hier jedoch keine Spekulationen angestellt werden sollen. Ob es diesen Benutzern Schwierigkeiten bereitet, wenn Ihnen nur ein Dialogsystem zur Verfügung gestellt wird, das I-Dialogbeiträge nicht unterstützt, müßte ebenfalls erst untersucht werden.

Die obige kurze Abhandlung über I-Dialogbeiträge sollte zeigen, daß die bei solchen Dialogbeiträgen auftretenden Sprachphänomene sehr komplexer Natur sind, und daß eine Theorie, die diese Phänomene unter allgemeinere Regularitäten subsumiert, in absehbarer Zeit wohl nicht erwartet werden darf. (Eventuell sind die bei I-Dialogbeiträgen auftretenden Sprachphänomene überhaupt so unterschiedlicher Natur, daß sie gar nicht unter einheitliche Regularitäten faßbar sind.) Dies wiederum legt nahe, beim Entwurf von natürlichsprachigen Dialogsystemen auf einen generellen Ansatz zur Behandlung von

I-Dialogbeiträgen zu verzichten und eher lokale Lösungen für einzelne Arten von
I-Dialogbeiträgen anzustreben. Dies wird dadurch erleichtert, daß, wie die Untersuchungen von Tennant (1980) und Sidner (1982) zeigen, I-Dialogbeiträge im natürlichsprachigen Dialog mit Computern üblicherweise eher selten verwendet werden, nur
wenige Formen umfassen, und sich die Verwendung hauptsächlich auf einzelne Benutzer
beschränkt.

Ein solcher lokaler Ansatz wurde beim Entwurf von VIE-DPM auch verfolgt. Es werden
zu diesem Zweck drei weitere Gruppen von Dialogbeiträgen, DB5 - DB7, gebildet, die
Dialogbeiträge der folgenden Form enthalten:

DB5:   (1) Können Sie ...?
        (2) Könnten Sie ...?

DB6:   (1) Können Sie mir sagen, ...?
        (2) Könnten Sie mir sagen, ...?
        (3) Wissen Sie, ...?

DB7:   (1) Können Sie mir sagen, ob ...?
        (2) Könnten Sie mir sagen, ob ...?
        (3) Wissen Sie, ob ...?

Diese Gruppen enthalten alle Arten von I-Dialogbeiträgen, die von den Versuchspersonen in den Untersuchungen von Tennant (1980) im Dialog mit einem simulierten
natürlichsprachigen Auskunftssystem verwendet wurden. Parallel zu diesen drei
Gruppen von Dialogbeiträgen werden drei neue Dialogaktpläne definiert, deren Anwendung einen Dialogbeitrag dieser Gruppen liefert. Diese Dialogaktpläne sollen hier mit
'DAP5' - 'DAP7' bezeichnet werden. Ihre Verwendung bei der Dialogbeitragsanalyse und
der Dialogplanung des Systems muß so erfolgen, daß DAP7 vor DAP6 in Betracht gezogen
wird, dann DAP5, und dann erst alle anderen bisher definierten Dialogaktpläne. DB6
(1) beispielsweise wird daher nur durch Anwendung von DAP6 analysiert bzw. generiert,
und nicht durch Anwendung von DAP5.

Abb. 4.6. zeigt den Dialogaktplan DAP6. Als Anwendungsvoraussetzung enthält er,
genauso wie der Dialogaktplan für Ergänzungsfragen (siehe Abb.4.4.), die Überzeugung
von a1, daß $\exists x(p(x))$. Abweichend vom Dialogaktplan für Ergänzungsfragen enthält DAP6
aber als Anwendungsvoraussetzung nicht, daß a1 glauben muß, daß a2 dieses x kennt.
Diese Überzeugung muß von a1 nur mit einer Akzeptanz im Bereich von '0' aufrecht-
erhalten werden. Das mit der Anwendung von DAP6 verbundene Ziel von a1 ist, daß eine
gemeinsame Überzeugung über den betreffenden Attributbeschreibungsfüller bestehen
soll (mit dem Dialogakt 'Ergänzungsfrage' ist dasselbe Ziel verbunden). Unmittelbarer

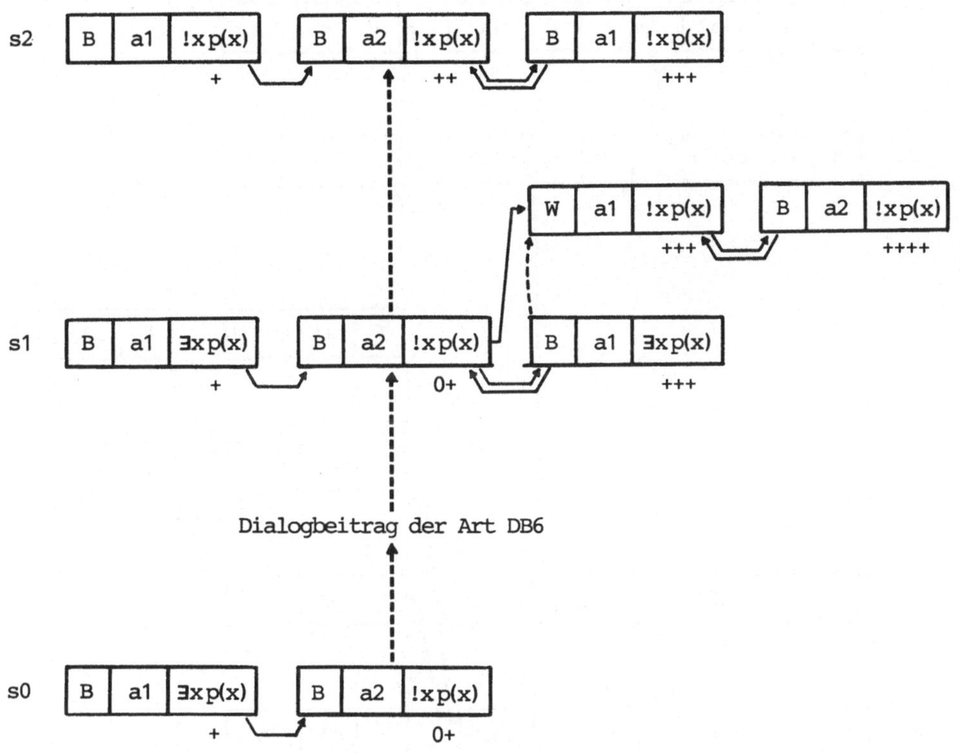

Abb.4.6.: Der Dialogaktplan DAP6

Zwischeneffekt der Anwendung des Dialogakts ist natürlich wieder lediglich, daß a2 (nach Meinung von a1) glaubt, daß <u>MB</u> (a1 glaubt die Anwendungsvorbedingungen des Dialogakts und intendiert die mit dem Dialogakt verbundenen Ziele). Der Akteur a1 muß sich darauf verlassen, daß a2 dieses Ziel zu seinem eigenen Ziel macht und darauf entsprechend reagiert (siehe Abschnitt 5.1.).

Es ist <u>nicht</u> Teil der mit DAP6 verbundenen Ziele, daß eine infinit-reflexive Überzeugung darüber bestehen soll, ob a1 dasjenige x nennen kann, für das $\exists x(p(x))$ gilt. Die Dialogbeiträge der Gruppe DB6 sind m.E. schon so stark idiomatisch gefärbt, daß ihrer Verwendung ein direktes Ziel kaum mehr zukommt. Anders jedoch beim Dialogaktplan DAP5 (siehe Abb.4.7.): Zu den mit der Anwendung dieses Dialogakts verbundenen Zielen gehört zum einen, daß nach Meinung von a1 eine gemeinsame Überzeugung darüber bestehen soll, daß p(a2) in der derzeitigen Situation zutrifft (dies gilt in analoger Weise auch für den Dialogakt 'Anweisung'). Als zusätzliches Ziel kommt aber bei

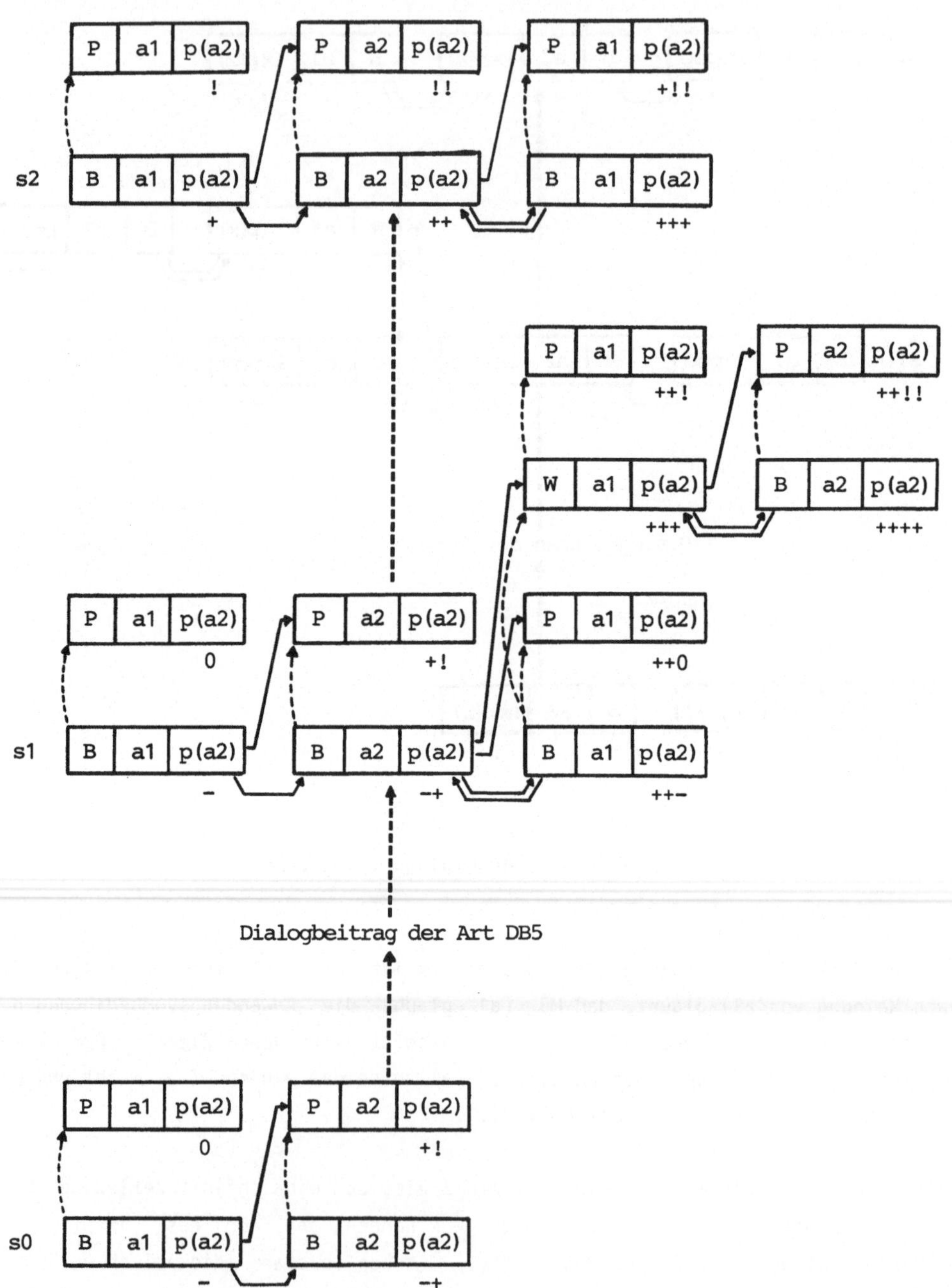

Abb.4.7.: Der Dialogaktplan DAP5

direkter Interpretation der Dialogbeiträge der Gruppe DB5 noch hinzu, daß nach Meinung von a1 eine gemeinsame Überzeugung darüber existieren soll, ob p(a2) möglich ist. Eine Erfüllung des ersten Ziels durch a2 wird natürlich auch das zweite Ziel erfüllen, nicht aber umgekehrt.

Um DAP5 anwenden zu dürfen, kann a1 im Unterschied zum Dialogakt 'Anweisung' auch ohne weiteres unsicher darüber sein, ob p(a2) möglich ist. Weiters muß a1 auch nur glauben, daß a2 einen definiten Akzeptanzwert in bezug auf die Möglichkeit von p(a2) besitzt. Diese Abschwächung ist Ergebnis der direkten Interpretierbarkeit der Dialogbeiträge der Gruppe DB5. Gleich bleibt, daß a1 weder glauben darf, daß p(a2) in der derzeitigen Situation bereits gilt, noch daß a2 nach Meinung von a1 dies glauben darf.

Der Akteur a2 hat bei DAP5 die Wahl, beide oder auch nur einen der intendierten Effekte zu seinem eigenen Ziel zu machen und zu erreichen zu versuchen. Diese Entscheidung kann mit berücksichtigen, wie gut sich die intendierten Effekte in die bisherigen infinit-reflexiven Annahmen von a2 über die Ziele und Pläne von a1 einbetten lassen (siehe (d)). Dieses Problem wird etwa von Perrault & Allen (1980) und Allen (1983) näher untersucht.

Der Vorteil der hier beschriebenen Erweiterungsmöglichkeiten für den Dialogaktplan-Ansatz von VIE-DPM liegt auf der Hand: Im Gegensatz etwa zu den Vorschlägen von Perrault & Allen (1980), Allen (1983) oder Sidner (1983) können auf diese Art und Weise individuelle Verarbeitungsregeln für einzelne kleine Gruppen von Dialogbeiträgen definiert werden, die alle der oben angeführten Aspekte berücksichtigen. Der Ansatz erlaubt es insbesondere auch, syntaktische und idiomatische Gesichtspunkte entsprechend einzubeziehen. Da, wie die Ergebnisse von Tennant (1980) zeigen, die Anzahl der im Dialog mit natürlichsprachigen Systemen verwendeten Arten von I-Dialogbeiträgen eher gering ist, wird sich auch die Anzahl der zu definierenden Dialogaktpläne ziemlich in Grenzen halten. DAP5 - DAP7 dürften für den Normalfall wahrscheinlich bereits ausreichend sein.

4.3.3. Annahmen aus Dialogbeiträgen des Benutzers in VIE-DPM

4.3.3.1. Überblick

In den folgenden Abschnitten werden diejenigen Prozesse von VIE-DPM näher beschrieben, die aus Aussagen, Fragen und Anweisungen des Benutzers Annahmen über dessen Überzeugungen und Ziele bilden. VIE-DPM ist eingebettet in das natürlichsprachige System VIE-LANG; die Eingabe hat daher die Form von eingetippten deutschen Sätzen.

Der Analyseprozeß für diese natürlichsprachige Eingabe schaut überblicksmäßig wie folgt aus: Die Benutzereingaben werden zuerst einer morphologischen Analyse unterzogen, bei der Flexionsformen (d.h. konjungierte Verben bzw. deklinierte Substantive, Adjektive, Pronomen und Numeralia) auf ihre Stammformen zurückgeführt werden. Daran schließt ein Prozeß an, der üblicherweise als 'Parsing' bezeichnet wird. Dieser transformiert die Eingabe in Strukturen der individualisierten Ebene des in Abschnitt 3.3. beschriebenen Repräsentationsschemas. Darauf aufbauend werden von VIE-DPM Annahmen über die Überzeugungen und Ziele des Benutzers gebildet und in die entsprechenden Kontexte des Repräsentationssystems eingetragen. Bei diesem Prozeß werden die in Abschnitt 4.3.2. beschriebenen Dialogaktpläne zu Hilfe genommen: Es werden genau diejenigen Annahmen über den Benutzer gebildet, die sich beim Akteur a2 als Zwischeneffekt der Anwendung des entsprechenden Dialogakts durch a1 ergeben.

Die skizzierten Prozesse sollen im folgenden ausführlicher beschrieben werden. Bei der Darstellung des Aufbaus eines Benutzermodells mit Hilfe von Dialogaktplänen können aus Platzgründen nur einige der in den Abschnitten 4.3.2.2.-5. erwähnten Dialogakte behandelt werden. Die Wahl fiel auf die Dialogakte 'Ergänzungsfrage' und 'Aussage', da diese die variationsreichsten Eintragungen ermöglichen.

4.3.3.2. Morphologische Analyse

Die Behandlung von Eingabesätzen beginnt mit einer morphologischen Analyse der einzelnen Worte. Das dafür verwendete Lexikon (Trost & Buchberger 1981) ist ein Grundformenlexikon, das allerdings auch zu einem Drittel Sekundäreinträge für solche Formen enthält, die nicht oder nicht mit angemessenem Aufwand deflektiert werden können (etwa Stammwechsel oder irreguläre Flexion). Die Eintragungen im Lexikon enthalten Informationen über den Worttyp und die zulässigen Endungsklassen, sowie über Umlautbildung und Präfix. Diese Informationen sind in acht Hauptgruppen gegliedert,

die den üblichen Wortarteneinteilungen entsprechen. Fragepronomen stellen dabei eine
Untergruppe der Hauptgruppe 'Pronomen' dar. Ergebnis der morphologischen Analyse ist
eine Liste der potentiellen Lexikonentsprechungen jedes Wortes und der vom Deflexi-
onsalgorithmus erstellten Information.

4.3.3.3. Parsing

Aufgabe des Parsers von VIE-LANG (Steinacker 1984) ist es, natürlichsprachige Ein-
gabesätze in Strukturen der individualisierten Ebene des in Abschnitt 3.3. beschriebenen Repräsentationssystems zu übersetzen. Es werden dabei diejenigen generellen
Konzepte und Attributbeschreibungen individualisiert, die die Wortbedeutung der einzelnen Satzkonstituenten darstellen.

Das Parsing erfolgt in zwei Stufen: Der erste Schritt ist syntaktisch orientiert und
liefert eine Liste der Konstituenten des Eingabesatzes. Nominal- und Präpositional-
phrasen werden dabei mit Hilfe einer ATN analysiert (zur Begriffserklärung siehe etwa
Wahlster 1982, Winograd 1983 oder ÖGAI 1984). Der Analyseprozeß erzeugt auch deren
semantische Repräsentation, d.h. er individualisiert dasjenige generelle Konzept,
das durch das Nomen dieser Nominal- bzw. Präpositionalphrase angesprochen wird. Im
Fall von 'John gibt Mary ein Buch' werden etwa die generellen Konzepte 'MENSCH' (2x),
'NAME "JOHN"', 'NAME "MARY"' und 'BUCH' individualisiert (siehe Abb. 3.18.). Die
einzelnen Satzkonstituenten werden zusammen mit der im ersten Schritt ermittelten
syntaktischen und semantischen Information in einer sogenannten 'Teilstrukturenliste'
(TSL) gespeichert.

In einem zweiten Schritt wird eine "semantische Repräsentation" des gesamten Eingabesatzes in der individualisierten Ebene des Repräsentationsschemas aufgebaut.   Dies
erfolgt dadurch, daß versucht wird, die (noch unbekannte) Repräsentation des Satz-
prädikats mit den in der TSL gespeicherten Repräsentationen der übrigen Satzkomponen-
ten zu verknüpfen. Zu diesem Zweck wird der Eintrag des Verbs im sogenannten 'Bedeutungslexikon' oder 'syntaktisch-semantischen Lexikon' (SSL - Steinacker & Buchberger
1983) herangezogen. Der SSL-Eintrag eines Worts enthält die charakteristische syntaktische und semantische Umgebung jeder Lesart dieses Wortes sowie deren semantische
Repräsentation.

Das Bedeutungslexikon ist in der Form eines Produktionensystems organisiert, für jede
Lesart existieren üblicherweise mehrere Produktionsregeln. Die linke Seite einer solchen Produktionsregel (d.h., für den Parser, der Bedingungsteil) enthält Prozeduren,
die prüfen, ob in der TSL Satzkonstituenten vorhanden sind, auf die die angegebenen

syntaktischen und semantischen Restriktionen zutreffen. Syntaktische Restriktionen beziehen sich dabei auf das Vorhandensein von Konstituenten mit bestimmtem Oberflächen-Kasus oder lexikalischen Kategorien, auf das Vorhandensein von Infinitivkonstruktionen, bestimmten Wortgruppen, etc. Die rechte Seite einer Produktionsregel (d.h., für den Parser, der Aktionsteil) spezifiziert, welche generellen Konzepte und Attributbeschreibungen im Repräsentationssystem zu individualisieren sind, wenn der Bedingungsteil erfüllt ist.

```
(GEB
  (1 ((AND (CASE ACC) (RESTR OWNABLE-OBJ))
      --> ((IND OBJTRANS) (VAL + OBJECT *)))
     ((AND (CASE DAT) (RESTR (OR ANIMATE ORGANISATION)))
      --> ((VAL + RECIPIENT *))))
     ((AND (CASE NOM) (RESTR (OR ANIMATE ORGANISATION)))
      --> ((VAL + SOURCE *))))
  (2 ...) ...)
```

Abb.4.8.: SSL-Eintrag für 'geben',
Lesart 1: Objekttransfer

Abb. 4.8. zeigt einen Ausschnitt des SSL-Eintrags für das Verb 'geben' im Sinne eines Objekttransfers. Dieser Eintrag enthält drei Produktionsregeln, die jeweils eine Valenz von 'geben' genauer spezifizieren. Die erste Regel etwa verlangt, daß ein Konstituent nur dann als Objekt von 'geben' akzeptiert werden darf, wenn er im Akkusativ steht und wenn das generelle Konzept, das zur Repräsentation des Nomens des Konstituenten individualisiert wurde, ein Subkonzept des Konzepts 'BESITZBARES OBJEKT' ist. Sind diese Bedingungen erfüllt, so bestimmt die rechte Seite, daß das Konzept 'OBJTRANS' zu individualisieren ist, wobei die gefundene Konstituente als Füller der Rolle 'OBJECT' des individualisierten Konzepts heranzuziehen ist. Ähnliche Test-Aktions-Paare existieren für alle Valenzen des Worts 'geben'. Ein vollständiges Abarbeiten dieser Spezifikationen liefert bei unserer Aussage 'John gibt Mary ein Buch' die in Abb. 3.18. dargestellte Struktur.

Die Verarbeitung von Ergänzungsfragen erfolgt in ziemlich ähnlicher Weise wie die Verarbeitung von Aussagen. Derzeit können in VIE-LANG nur solche Ergänzungsfragen behandelt werden, die den Füller einer individualisierten Attributbeschreibung betreffen. Es sind also etwa Fragen möglich über den Akteur oder das Objekt einer Handlung, über die Füller der Rollen 'INSTRUMENT', 'RECIPIENT', etc. Auch für Fragepronomen existieren Einträge im Bedeutungslexikon. Für solche Pronomen, aus denen sich semantische Restriktionen für das zu individualisierende Konzept ableiten lassen, enthält das Bedeutungslexikon das "höchstmögliche" Superkonzept. Für Fragepronomen, bei denen dies nicht der Fall ist, enthält das Bedeutungslexikon ein Dummy-Konzept, das per definitionem alle semantischen Restriktionen des Kasusrahmens eines Verbs erfüllt.

Auf das Pronomen 'wem' in 'Wem gibt John ein Buch?' trifft daher sowohl (CASE DAT) als auch (RESTR (OR ANIMATE ORGANIZATION)) zu. Das beim Parsen von 'wem' erzeugte individualisierte Konzept kann daher als Füller der Empfängerrolle des individuali-sierten OBJTRANS-Konzepts herangezogen werden (es wird dabei noch temporär als 'be-fragt' vermerkt). Die Verarbeitung der Beispielsfrage liefert daher die in Abb. 4.9. dargestellte Repräsentationsstruktur.   Diese weist große Ähnlichkeit zu der in Abb. 3.18. dargestellten Repräsentation der entsprechend ergänzten Assertion auf.

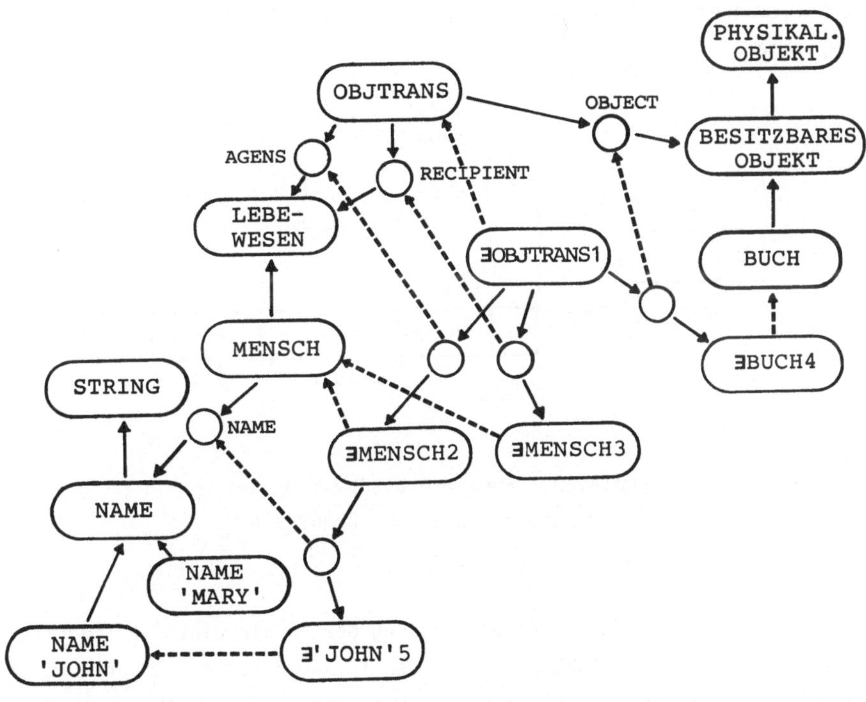

Abb.4.9.: Ergebnis der Analyse von
'Wem gibt John das Buch?'

4.3.3.4. Der Aufbau von Annahmen über den Benutzer aus dessen Ergänzungsfragen

Wenn der Benutzer eine Ergänzungsfrage äußert, so kann das System annehmen, daß der Benutzer die mit dem Dialogakt 'Ergänzungsfrage' verbundenen Ziele intendiert und die Anwendungsvoraussetzungen des Dialogakts glaubt. Im Falle der Benutzerfrage 'Wem gibt John ein Buch?' werden daher die folgenden Eintragungen in das Benutzermodell vorgenommen:

(1a) Das System glaubt, daß $\underline{MB}$((i)-(ii))

   (i) Der Benutzer glaubt, daß John jemandem ein Buch gibt, besitzt aber keine näheren Informationen über den Empfänger.

   (ii) Der Benutzer möchte mehr Informationen über den Empfänger besitzen und möchte, daß eine gemeinsame Überzeugung darüber besteht.

(1b) Das System glaubt, daß der Benutzer glaubt, daß $\underline{MB}$ (Das System glaubt, daß John jemandem ein Buch gibt, und besitzt auch nähere Informationen über den Empfänger).

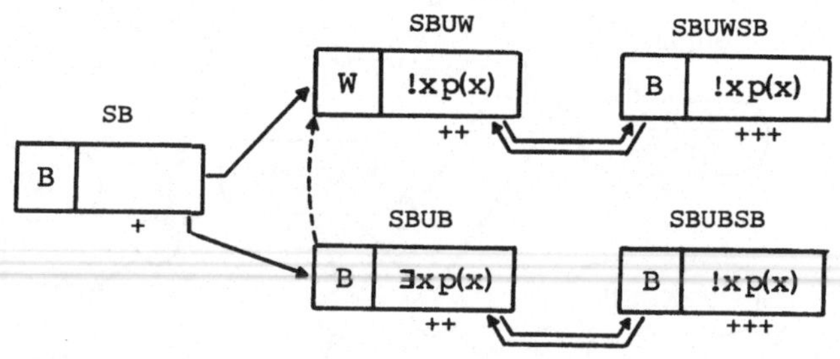

Abb.4.10.: Annahmen des Systems aus
Ergänzungsfragen des Benutzers

Abb. 4.10. zeigt eine schematische Darstellung der in die einzelnen Kontexte vorzunehmenden Eintragungen (die Abkürzungen wurden in Abschnitt 4.3.2. erläutert) sowie der notwendigen (selbstreflexiven) Kontextverbindungen. Wie in Abschnitt 3.3.4. ausgeführt wurde, drückt die in Abb. 4.9. dargestellte individualisierte Repräsentationsstruktur die Situationsbeschreibung aus, daß John jemandem ein Buch gibt. Diese Struktur, die der Parser aus der eingegebenen Ergänzungsfrage erzeugt (oder präziser, eine Kopie davon) kann daher unmittelbar in den Kontext SBUB eingetragen und mit den Akzeptanzbewertungen '++' versehen werden. Hiebei wäre zu prüfen, ob die neu eingetragene Annahme im Widerspruch zu den bisherigen Annahmen über die Überzeugungen des Benutzers steht. Ist dies der Fall, so müßte dieser Widerspruch - eventuell durch Rückfrage beim Benutzer - aufgelöst werden. Beides ist derzeit in VIE-DPM noch nicht realisiert.

Wenn man die in Abb. 4.9. dargestellte Repräsentationsstruktur in einen Modellkontext einträgt und das bei der Analyse des Fragepronomens erzeugte individualisierte Konzept mit der Bewertung '!' versieht, wird dadurch - je nachdem, ob es sich um einen Überzeugungs- oder Zielkontext handelt - ausgedrückt, daß der modellierende Akteur nähere Informationen über den Empfänger hat bzw. haben möchte (siehe Abschnitt 3.3.6.2.). Eine Kopie der bei der Eingabeanalyse erzeugten individualisierten Struktur kann also auch fast unverändert in die Kontexte SBUBSB, SBUW und SBUWSB eingetragen werden.

Wenn es zutrifft, daß das System den Empfänger wirklich kennt, ist im Kontext SB eine Struktur wie in Abb. 3.18. enthalten oder kann dort durch Inferenzprozesse aufgebaut werden. Die Ähnlichkeit dieser Struktur mit der in Abb. 4.9. dargestellten (die in die übrigen Kontexte eingetragen wird) erweist sich für folgende Probleme von großem Nutzen:

a) Erkennen von falschen Annahmen des Benutzers über die Situation

Die in SBUB eingetragenen Annahmen des Benutzers über die Situation ('John hat das Buch jemandem gegeben') müssen mit dem Systemwissen verglichen werden. Stehen Annahmen im Widerspruch zum Systemwissen, so muß der Benutzer darauf aufmerksam gemacht werden. Wenn das System keine direkten Informationen über die Zutreffendheit einer vom Benutzer aufgrund seiner Frage offensichtlich akzeptierten Situationsbeschreibung besitzt, so kann es prüfen, ob die Voraussetzungen für die Zutreffendheit gegeben sind, wie etwa im Beispiel von Kaplan (1979, 82, 83)

   (2) Benutzer: Wer hat die Vorlesung CS105 im Sommersemester 1980 mit der Note 'F'
               abgeschlossen?
      System: Diese Vorlesung wurde im Sommersemester 1980 nicht gehalten.

b) Erkennen von falschen Annahmen des Benutzers über das Wissen des Systems

Die in SBUBSB eingetragene Annahme des Benutzers, daß das System mehr Informationen über den Empfänger besitzt als der Benutzer selbst, kann aufgrund der Ähnlichkeit der Repräsentationsstrukturen leichter mit dem tatsächlichen Systemwissen verglichen werden. Falls die Annahme des Benutzers nicht zutreffend ist, müßte er darauf aufmerksam gemacht werden.

c) <u>Beantwortung der Benutzerfrage</u>

Die Ähnlichkeit der in SB und in SBUW gespeicherten Repräsentationsstrukturen erleichtert es natürlich auch, die Ziele des Benutzers (nämlich mehr über den Empfänger
zu wissen) durch Suchen geeigneter Informationen zu erfüllen. Dieser Prozeß, der die
Übernahme des Benutzerziels als Systemziel beinhaltet, wird in Abschnitt 5.1. näher
behandelt. Ein Vergleich zwischen SB und SBUB ermöglicht es weiters, dem Benutzer zusätzliche, ihm wahrscheinlich ebenfalls nicht bekannte Informationen in bezug auf den
befragten Sachverhalt zu geben.

4.3.3.5. <u>Der Aufbau von Annahmen über den Benutzer aus dessen Aussagen</u>

Aus dem in Abschnitt 4.3.2.2. entwickelten Dialogaktplan für Aussagen sind diejenigen
Annahmen ersichtlich, die das System beim Auftreten einer Aussage des Benutzers treffen kann. Wenn der Benutzer etwa die Aussage 'John gibt Mary ein Buch' macht, könnte
das System die folgenden Eintragungen im Benutzermodell vornehmen:

   (3a) Das System glaubt, daß <u>MB</u>((i)-(ii))
         (i) Der Benutzer glaubt, daß p.
         (ii) Der Benutzer möchte, daß das System glaubt, daß MB(p).
   (3b) Das System glaubt, daß der Benutzer glaubt, daß <u>MB</u> (Das System glaubt nicht,
         daß p).

Die Eingabe 'John gibt Mary ein Buch' wird vom Parser des Systems VIE-LANG in die in
Abb. 3.18. dargestellte individualisierte Repräsentationsstruktur übersetzt. Diese
könnte nun, analog zu dem im letzten Abschnitt geschilderten Vorgehen, in die einzelnen Kontexte eingetragen werden. Das System kann aber auch einen Schritt weiter gehen
und gleich direkt versuchen, die vom Benutzer angestrebte Situation zu realisieren.
Es kann also versuchen, die folgenden Eintragungen in seiner Wissensbasis vorzunehmen
(dieser Weg wurde, mit Ausnahme der im folgenden beschriebenen Konsistenzüberprüfungen, für VIE-DPM auch gewählt):

   (4) Das System glaubt, daß MB (John gibt Mary ein Buch).

Die Repräsentation dieser Annahme des Systems ist in Abb. 4.11. schematisch wiedergegeben. Die Annahme kann weiter in die bekannten drei Teilüberzeugungen zerlegt

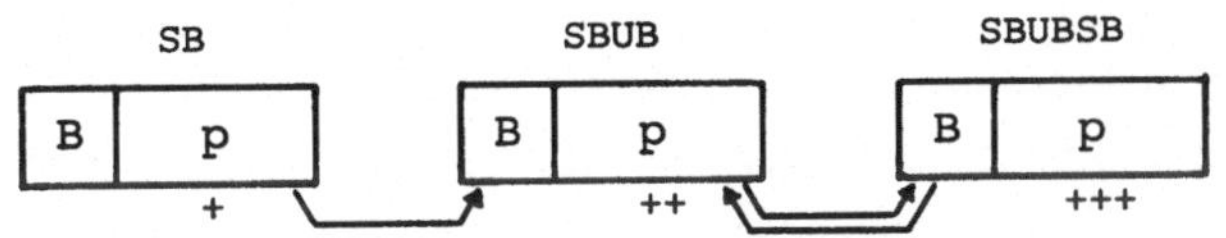

Abb.4.11.: Potentielle Annahmen des Systems
aus Aussagen des Benutzers

werden:

(4a) S glaubt, daß <u>MB</u> (U glaubt, daß John Mary ein Buch gibt).

(4b) S glaubt, daß U glaubt, daß <u>MB</u> (S glaubt, daß John Mary ein Buch gibt).

(4c) S glaubt, daß John Mary ein Buch gibt.

Bevor das System (4a) eintragen kann, muß es zuerst prüfen, ob sich daraus ein Widerspruch zu den bisherigen Annahmen über den Benutzer ergibt. Ist dies nicht der Fall,
so kann eine Kopie der vom Parser generierten individualisierten Struktur in den
Kontext SBUB eingetragen werden. Ähnliches gilt für (4c), das zuerst mit den Annahmen
des Systems über die Situation verglichen werden muß. Werden hier Inkonsistenzen
festgestellt, so ist die Abkürzung nicht gangbar, und das System muß, ähnlich wie in
Abschnitt 4.3.3.4., die Überzeugungen (3aii) und (3b) in seine Wissensbasis eintragen
und einen Klärungsdialog einleiten. Treten keine Widersprüche auf, so kann das System
eine Kopie der vom Parser generierten individualisierten Struktur auch in den Kontext
SB eintragen.

(4b) drückt aus, daß nun eine infinit-reflexive Überzeugung darüber besteht, daß der
Benutzer das System von der Zutreffendheit der Situationsbeschreibung überzeugt hat.
Das System könnte sich darauf verlassen, daß der Benutzer eine solche Überzeugung von
selbst aufbauen wird, wenn er vom System keine Rückfrage wegen Konsistenzproblemen
erhält. Sicherer und der menschlichen Kommunikation wohl angepaßter ist es, wenn das
System eine positive Rückmeldung setzt, sobald es eine Aussage des Benutzers akzeptiert hat. (Im simpelsten Fall etwa durch ein 'I UNDERSTAND' wie in Winograd 1972.)

4.4. Annahmen aus Dialogakten des Systems

Wenn das System selbst einen Dialogakt setzt, so kann es aufgrund der Kooperativität des Dialogs annehmen, daß der Benutzer nun glaubt, daß das System die mit diesem Dialogakt verbundenen Ziele intendiert und die Anwendungsvorbedingungen des Dialogakts glaubt. Aus den im Abschnitt 4.3.2. entwickelten Dialogaktplänen für Aussagen, Ergänzungsfragen, Entscheidungsfragen und Anweisungen läßt sich leicht entnehmen, welche Eintragungen das System in den einzelnen Kontexten seiner Wissensbasis durchführen muß, wenn es selbst einen dieser Dialogakte anwendet. Diese Eintragungen entsprechen genau den Zwischeneffekten der Dialogakte und wurden in den Abbildungen 4.2.-4.5. mit 's1' bezeichnet.

Wenn das System etwa eine Aussage macht, so muß es die in Abb. 4.12. dargestellten Eintragungen in seiner Wissensbasis durchführen. Im Gegensatz zum Aufbau von Überzeugungen aus Dialogakten des Benutzers, wo, wie im letzten Abschnitt geschildert wurde, versuchsweise gleich die mit dem Dialogakt verbundenen Ziele eingetragen werden können, kann hier natürlich diese Abkürzung nicht gewählt werden, da nicht sicher ist, ob der Benutzer die Aussage des Systems auch akzeptiert. (In VIE-DPM muß jedoch aus anderen Gründen - siehe Abschnitt 5.2.3. - trotzdem vereinfachend der intendierte Effekt des Dialogakts direkt in das Benutzermodell eingetragen werden.)

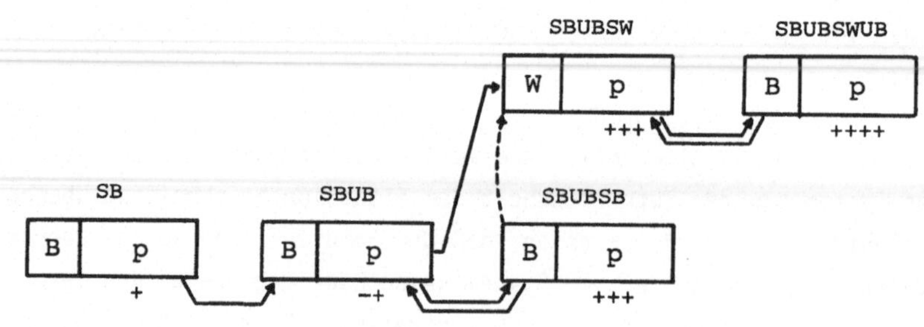

Abb.4.12.: Annahmen über den Benutzer
aus Aussagen des Systems

Im letzten Abschnitt wurde gezeigt, wie die vom Parser gelieferten individualisierten Repräsentationsstrukturen als Situtationsbeschreibungen in die einzelnen Kontexte eingetragen werden können. Solche Strukturen sind in VIE-LANG aber nicht nur Ausgabe des Parsers, sondern auch Eingabe für die natürlichsprachige Generierungskomponente des Systems. Um also etwa gegenüber dem Benutzer die Aussage 'Peter gibt Mary ein Buch' machen zu können, muß das System die in Abb. 3.18. dargestellte individualisierte Repräsentationsstruktur dem Generator übergeben. Auf die Funktionsweise dieser Komponente von VIE-LANG soll hier nicht näher eingegangen werden. Ein ausführlicher Überblick findet sich in Buchberger & Horacek (in press).

Diese dem Generator zu übergebende Struktur kann natürlich ebenfalls für Situationsbeschreibungen verwendet werden. Sie kann direkt in die Kontexte SBUBSB, SBUBSW und SBUBSWUB eingetragen und mit entsprechenden multiplen Akzeptanzbewertungen versehen werden. Zur Eintragung in SBUB muß die Individualisierung von OBJTRANS jedoch mit '-+' bewertet werden.

Ähnliche Eintragungen ergeben sich auch bei Anwendung der übrigen im Abschnitt 4.3.2. behandelten Dialogakte. Sie sollen hier deshalb nicht eigens behandelt werden. Die laufende Eintragung von Annahmen über den Benutzer aus Dialogakten des Systems ist deshalb so wichtig, da es dem System die Möglichkeit gibt, zu vermerken, was es dem Benutzer <u>bereits mitgeteilt</u> hat und worauf es deshalb in zukünftigen Dialogschritten Bezug nehmen kann. Es ergibt sich dadurch also die Möglichkeit, den Wissensfortschritt des Benutzers laufend zu beobachten. Auf einen wichtigen Aspekt dieser möglichen Bezugnahme wird in Abschnitt 5.3. näher eingegangen.

4.5. Inhaltliche Inferenzen und Stereotype

Die in den letzten beiden Abschnitten behandelten Annahmen über den Benutzer sind natürlich nicht die einzigen, die aus Dialogakten des Benutzers bzw. des Systems getroffen werden können. Die besprochenen Annahmen stellen genau diejenigen Vermutungen dar, die von der <u>Art</u> eines Dialogbeitrags (d.h., im wesentlichen von dessen syntaktischer Form) abhängen, und nicht von dessen Inhalt. Inhaltsbezogene Annahmen über den Benutzer müssen aus den besprochenen Annahmen erst mit Hilfe von <u>inhaltlichen Inferenzregeln</u> erschlossen werden.

Ein Beispiel: Aus der Aussage des Benutzers

  (1a) Benutzer: "John gibt Mary ein Buch."

läßt sich mit dem in Abschnitt 4.3.3.5. beschriebenen Verfahren etwa die folgende Annahme über die Überzeugungen des Benutzers ableiten und in das Benutzermodell eintragen:

(1b)   Das System glaubt, daß der Benutzer glaubt, daß John Mary ein Buch gibt.

Daraus wieder kann das System mit der Inferenzregel

(1c)   Wenn jemand jemandem etwas gibt, so befindet sich dieser Gegenstand nunmehr
       beim Empfänger und nicht mehr beim Geber.

eine weitere Annahme über die Überzeugungen des Benutzers treffen, nämlich

(1d)   Der Benutzer glaubt, daß das Buch sich bei Mary befindet.

Auf der Repräsentationsebene betrachtet könnte (1c) wie folgt aussehen:

(1e)   Wenn in einem Kontext eine Individualisierung des Konzepts OBJTRANS ein-
       getragen wird, so führe folgende Streichungen und Hinzufügungen in diesem
       Kontext durch ...

Regeln ähnlich wie (1e) wurden erstmals von Schank & Rieger (1974) für die sogenannten 'konzeptuellen Dependenzgraphen' (Schank 1972) näher untersucht. Leider gibt es
seither nur sehr wenige allgemeinere Arbeiten über Inferenzen in netzwerkartigen
Repräsentationsschemata. Ausnahmen sind nur solche Netzwerke, die sich stark an die
Prädikatenlogik anlehnen.   Auch bei KL-ONE wird, wie erwähnt, das Problem der
Darstellung von Regeln wie (1c) erst in jüngster Zeit untersucht (Ansätze finden sich
in Vilain & McAllster 1982 und Brachman et al. 1983). Dementsprechend sind auch in
VIE-LANG solche inhaltlichen Inferenzprozesse nur sehr rudimentär vorhanden, sodaß
bei der Entwicklung von VIE-DPM diese Wissensquelle zum Aufbau von Benutzermodellen,
so interessant sie auch wäre, nicht berücksichtigt werden konnte. Die Ausführungen
zum Thema dieses Abschnitts müssen daher auf theoretische Überlegungen und Verweise
auf Arbeiten anderer Autoren, die in diesem Zusammenhang interessant erscheinen,
beschränkt bleiben.

Inferenzregeln, wie sie oben skizziert wurden, sind offensichtlich <u>unabhängig vom
spezialen Kontext</u>, innerhalb dessen sie angewandt werden. Es können daher für Inferenzen auf Basis der Annahmen über die Überzeugungen des Benutzers genau diejenigen
Inferenzprozesse eingesetzt werden, die das System auch für Inferenzen auf Basis seiner eigenen Überzeugungen verwendet. Es wird dadurch möglich, das Inferenz- und
somit eventuell das Dialogverhalten eines Akteurs (im speziellen des Benutzers) zu
<u>simulieren</u>, wie dies von Creary (1979) vorgeschlagen wurde. Dies ermöglicht es dem
System beispielsweise, den Verstehensprozeß des Benutzers zu antizipieren und so die
eigenen Dialogbeiträge auf Verständlichkeit hin zu überprüfen (zur Prüfung der

Verständlichkeit etwa von Anaphern siehe Jameson & Wahlster 1982). Die Ergebnisse einer solchen Simulation des Benutzers sind natürlich mit Unsicherheit behaftet; es eröffnet sich hier also das weite Gebiet der unscharfen Inferenzen (Wahlster 1977, 81; Emde & Schmiedel 1983).

Neben kontextunabhängigen inhaltlichen Inferenzen gibt es auch solche, die <u>kontextübergreifend</u> sind. Mit Hilfe von entsprechenden Inferenzregeln kann das System etwa von angenommenen Überzeugungen des Benutzers nicht nur auf weitere Überzeugungen, sondern auch auf vermutliche Ziele des Benutzers schließen. Beispielsweise läßt sich aus der Annahme

(2a) Das System glaubt, daß der Benutzer eine neue Wohnung haben möchte.
(2b) Das System glaubt, daß der Benutzer glaubt, daß er im Stadtteil X arbeitet.

und der kontextübergreifenden Inferenzregel

(2c) Wenn im Zielkontext eines Akteurs gefunden wird, daß der Akteur eine neue Wohnung haben möchte, und in seinem Überzeugungskontext, daß er im Stadtteil x arbeitet, so trage in seinen Zielkontext ein, daß er die neue Wohnung in der Nähe des Stadtteils x haben möchte.

eine zusätzliche Annahme über ein <u>Ziel</u> eines Akteurs treffen, nämlich

(2d) Das System glaubt, daß der Benutzer möchte, daß die neue Wohnung in der Nähe des Stadtteils X liegen soll.

Während die Regel (1e) noch dem "Allgemeinwissen über unsere Welt" zugerechnet werden kann und daher in sehr vielen Applikationen Verwendung finden dürfte, stellt (2c) eine sehr spezielle Inferenzregel dar, die nur in sehr wenigen Anwendungsdomänen von Interesse ist. Nähere Untersuchungen zum Problem der Erkennung von Benutzerzielen und -plänen mit Hilfe von inhaltlichen Inferenzen finden sich in Allen & Perrault (1980), Perrault & Allen (1980), Allen (1983), Carberry (1983) und Morik & Rollinger (1983).

Eine spezielle Art der Inferenzbildung stellt der sogenannte "Stereotypenabruf" dar. Bei diesem Ansatz zur Gewinnung von Annahmen über den Benutzer wird zuerst versucht, den Benutzerkreis des Systems in Benutzergruppen zu unterteilen, deren Mitgliedern standardmäßig ganz bestimmte Überzeugungen, Ziele und Pläne zugesprochen werden können. Eine solche Menge von vermutlichen Überzeugungen und Zielen einer Gruppe wird als "Stereotyp" bezeichnet. Rich (1979a, b), die - wie in Abschnitt 1.2. besprochen - allerdings nur Persönlichkeitsmerkmale des Benutzers modelliert, verwendet zur

Beschreibung der Benutzer ihres Bücherempfehlungssystems etwa die Stereotype WOMAN, INTELLECTUAL, ARTIST, SCIENTIST, FEMINIST, etc. Auf einen Benutzer können dabei natürlich auch mehrere Stereotype angewandt werden. Jeder Stereotyp enthält bei Rich die Ausprägung einer Reihe von Persönlichkeitsmerkmalen, wie etwa seinen Bildungsgrad, seine Intelligenz, seine Akzeptanz für Beschreibungen von Sexualität, Gewalt und Leid, etc.

In einem zweiten Schritt müssen beim Stereotypenansatz Bedingungen dafür gefunden werden, wann das System annehmen kann, daß ein bestimmter Stereotyp auf einen Benutzer zutrifft. Sind diese Bedingungen erfüllt, so werden (zumindest im einfachsten Fall) alle mit dem Stereotyp verbundenen Überzeugungen und Ziele in das Benutzermodell eingetragen. Der Unterschied zwischen Stereotypenabruf und normaler Inferenzbildung liegt lediglich im Verhältnis zwischen der Anzahl der Prämissen und der Konklusionen: Beim Stereotypenansatz werden dem Benutzer bereits aufgrund nur weniger erfüllter Bedingungen eine große Anzahl von Überzeugungen und Zielen zugesprochen.

Die Anwendbarkeit des Stereotypenansatzes ist applikationsabhängig. Benutzermodellierung auf dieser Basis setzt voraus, daß es möglich ist, Benutzergruppen mit halbwegs präzis definierbaren unterschiedlichen Überzeugungen, Zielen und Plänen anzugeben. Sinnvoll angewandt werden kann der Stereotypenansatz, ähnlich wie die Verwendung von Standardannahmen, m.E. insbesondere zur "Erstinformationsgewinnung" über den Benutzer: Mit Hilfe von Stereotypen werden versuchsweise Erstannahmen über den Benutzer getroffen, die dann im Laufe des Dialogs bestätigt, verworfen oder ergänzt werden müssen. Dies setzt natürlich die Fähigkeit zur Repräsentation unsicheren Wissens und zur Überzeugungsänderung voraus. Die ausschließliche Verwendung des Stereotypenansatzes zur Benutzermodellierung ist m.E. nur dann sinnvoll, wenn auf einen Benutzer üblicherweise mehrere Stereotype angewandt werden können. Ansonsten wären die Stereotype nichts anderes als auf bestimmte Benutzerklassen zugeschnittene Standardannahmen, die, wie in Abschnitt 4.2. ausgeführt wurde, gar nicht explizit repräsentiert zu werden bräuchten.

4.6. Weitere Wissensquellen zum Aufbau eines Benutzermodells

4.6.1. Analyse von Satzpartikeln

In Abschnitt 4.3.1. wurde bereits angedeutet, daß in natürlichsprachigen Dialogsystemen Annahmen über den Benutzer auch aus bestimmten Partikeln in dessen natürlichsprachiger Eingabe getroffen werden können. Diese Annahmen (sie betreffen hauptsächlich die Ziele des Benutzers) können zusätzlich zu den bisher behandelten Annahmen aus Dialogakten getroffen werden, also zusätzlich zu solchen aus der Form des Dialogakts oder solchen aus inhaltlichen Inferenzen. Beispiele für derartige Sprachpartikel, zusammen mit daraus möglichen Annahmen über den Benutzer, wären etwa:

(1)   Benutzer: "Warum steht das Datum denn so weit rechts?"
      Annahme des Systems: Der Benutzer möchte, daß das Datum nicht so weit rechts
      steht.

(2)   Benutzer: "Warum ist die Linie nicht in der Mitte?"
      Annahme des Systems: Der Benutzer möchte, daß die Linie in der Mitte ist.

(3)   Benutzer: "Ich habe nicht genug Hauptspeicherplatz."
      Annahme des Systems: Der Benutzer möchte mehr Hauptspeicherplatz haben.

(4)   Benutzer: "Wann ist mein Programm endlich fertig?"
      Annahme des Systems: Der Benutzer möchte, daß sein Programm bald fertig ist.

Die Verwendung solcher Sprachpartikel als zusätzliche Wissensquelle zum Aufbau von Benutzermodellen ist hauptsächlich aus zwei Gründen interessant:

- Die Annahmen, die aus solchen Partikeln gewonnen werden können, betreffen offensichtlich sehr zentrale Ziele des Benutzers. Die Berücksichtigung dieser Ziele im weiteren Dialogverlauf wäre daher recht wichtig.

- Zum Aufbau dieser Annahmen braucht der Inhalt der Dialogakte, in denen solche Partikel entdeckt werden, nicht berücksichtigt zu werden. Aus 'Wann ... endlich ... ?' läßt sich zumeist sofort die Annahme 'U möchte, daß bald ...' bilden, unabhängig davon, was der mit '...' abgekürzte Äußerungsteil besagt. Auf der Repräsentationsebene bedeutet dies, daß die vom Analysator gelieferten Strukturen ziemlich unverändert in die entsprechenden Kontexte eingetragen werden können. Der Aufbau von Annahmen aus Satzpartikeln ist also, vom Verarbeitungsaufwand her gesehen, relativ einfach.

Leider hat eine solche Partikelanalyse auch einige Nachteile. Die wichtigsten davon
sind:

- Annahmen aus Partikeln sind oft mit Unsicherheit behaftet. Benutzerfragen wie etwa
  'Warum ist das Ergebnis der Abteilung X denn so gut?' oder 'Warum ist der Trend
  nicht negativ?' lassen, obwohl in ihm die gleichen Partikel auftreten wie in (1)
  und (2), kaum die gleichen Annahmen über den Benutzer zu. Die Ergebnisse einer
  Partikelanalyse müssen daher mit Hilfe von (offensichtlich sehr komplexen) inhalts-
  bezogenen Inferenzen aus anderen Annahmen über den Benutzer bestätigt werden.

- Solche Partikel werden vorwiegend in Alltagssituationen gebraucht. In einem
  anspruchsvolleren Problemlösedialog scheinen sie, von einigen Ausnahmen abgesehen,
  eher selten aufzutreten. (Dies könnte auf die erwähnte Unsicherheit der daraus
  resultierenden Annahmen zurückzuführen sein.)

Zusammenfassend kann man sagen, daß die Partikelanalyse sicher eine interessante
Methode darstellt, um in natürlichsprachigen Dialogsystemen zu zusätzlichen Annahmen
über den Benutzer zu kommen. Die Verwendung bestimmter Sprachpartikel gibt dem
Benutzer die Möglichkeit, gelegentlich in kompakter Weise neben den Überzeugungen und
Zielen, die einem Dialogbeitrag zugrundeliegen, noch weitere Ziele oder Überzeugungen
mitteilen zu können. Natürlichsprachige Eingabe bietet in dieser Hinsicht also Vorteile gegenüber einer formalsprachlichen Eingabe, bei der dies nicht der Fall ist.

Eine Integration dieser Partikelanalyse in das System VIE-DPM könnte so ausschauen,
daß der Parser von VIE-LANG nicht nur die aus der Benutzereingabe generierten individualisierten Repräsentationsstrukturen liefert, sondern auch Informationen darüber,
welche zusätzlichen Sprachpartikel in der Benutzereingabe angetroffen wurden. Diese
Informationen müßten dann von spezialisierten Prozessen in Einträge in das Benutzermodell umgewandelt werden. Für bestimmte Arten von Sprachpartikeln scheint es aber
auch durchaus sinnvoll zu sein, eigene Dialogaktpläne zu definieren, ähnlich wie dies
für drei Gruppen von I-Dialogbeiträgen erfolgt ist. Dies ist m.E. insbesondere für
bestimmte Partikel in Warum-Fragen interessant (etwa für 'denn', 'denn nicht', 'immer
so' + Adjektiv, etc.); solche Dialogbeiträge werden sowieso sehr oft zu den I-Dialogbeiträgen gerechnet.

Vordringlicher für ein brauchbares Dialogsystem ist aber die Entwicklung von Analyse-
verfahren, die häufiger angewandt werden können, also etwa der beschriebenen Verfahren zur Analyse "normaler" Aussagen, Fragen und Anweisungen, oder zur Bildung
inhaltlicher Inferenzen. Dies nicht zuletzt deswegen, weil die teilweise unsicheren

Ergebnisse der Partikelanalyse sowieso einer Bestätigung durch die anderen Verfahren bedürfen. Aus diesem Grund wurden bei der Entwicklung von VIE-DPM solche Sprachpartikel bisher nur auf theoretischer Basis untersucht (Kobsa 1983).

4.6.2. Negatives Feedback

Wie Kapitel 5 teilweise zeigen wird, muß das Dialogsystem bei der Planung von Dialogakten stark auf die im Benutzermodell eingetragenen Annahmen über den Benutzer Rücksicht nehmen. Wenn erkennbar ist, daß ein Dialogakt nicht geglückt ist (etwa dadurch, daß der Benutzer sein Nichtverstehen direkt mitteilt) oder sich Rückfragen des Benutzers häufen, so kann dies u.a. an einem teilweise unrichtigen Benutzermodell liegen. In diesem Falle wären die zuletzt verwendeten (und davon wieder bevorzugt die zuletzt eingetragenen) Inhalte des Benutzermodells zu überprüfen, etwa durch einen Klärungsdialog mit dem Benutzer.

4.6.3. Mitteilungen über den Benutzer von seiten dritter Personen

Nur der Vollständigkeit halber sei erwähnt, daß Annahmen des Systems über den Benutzer natürlich auch aus den Mitteilungen eines dritten Akteurs a3 stammen können. Falls je danach Bedarf bestehen sollte, ist VIE-DPM entsprechend erweiterbar. Aussagen von a3 über die Überzeugungen oder Ziele von U würden ähnlich wie die in Abschnitt 4.3.3.5. untersuchten Aussagen über Sachverhalte behandelt werden. Die entsprechenden Sachverhaltsbeschreibungen würden also zuerst in SBa3BUB bzw. SBa3BUW eingetragen werden, und erst in einem zweiten Schritt in SBUB bzw. SBUW.

5. DIE VERWENDUNG VON BENUTZERMODELLEN ZUR UNTERSTÜTZUNG DER DIALOGSTEUERUNG

Es wurde in dieser Arbeit bereits mehrfach allgemein darauf eingegangen, auf welche Art und Weise ein Dialogsystem seine Annahmen über die Überzeugungen, Ziele und Pläne des Benutzers als Unterstützung im Rahmen der Dialoggestaltung verwenden kann. In diesem Kapitel soll nun spezieller untersucht werden, wie ein Benutzermodell bereits auf Basis der bisher behandelten Grundlagen zu einer Dialogsteuerung herangezogen werden kann.

5.1. Der Kooperativitätsalgorithmus

Unter dem "Kooperativitätsalgorithmus" soll hier eine bestimmte Sequenz von Inferenz- und Suchprozessen verstanden werden, die eine Grundlage für ein kooperatives Dialogverhalten eines Systems bildet. Der Algorithmus stellt also eine Operationalisierung des Begriffs "Kooperativität eines Dialogsystems" dar, er legt eine bestimmte Präzisierung dieses Begriffs fest. Der Algorithmus arbeitet ausschließlich auf Basis der im Repräsentationssystem von VIE-DPM vermerkten Überzeugungen und Ziele des Systems und des Benutzers. Die Grundidee läßt sich mit Hilfe des folgenden <u>allgemeinen Kooperativitätsprinzips</u> zusammenfassen:

(K) Mache die Benutzerziele zu eigenen Zielen und versuche, letztere zu erreichen.

(K) stellt natürlich nur eine relativ einfache Form von Kooperativität dar. Erweiterungen würden etwa beinhalten, daß das System auch die Pläne des Benutzers zu erkennen versucht, diese Pläne auf Hindernisse für die Ausführbarkeit untersucht, und sich die Beseitigung dieser Hindernisse zum eigenen Ziel macht. Solche Erweiterungen werden - auf Basis eines sehr einfachen Repräsentationsschemas - etwa von Allen (1979) untersucht. Hier kann aber nur die Version (K) diskutiert werden, die jedoch, wie wir sehen werden, bei einer adäquaten Behandlung schon sehr komplexe Inferenzen erfordert.

Der Kooperativitätsalgorithmus besteht aus folgenden Schritten:

a) Überprüfen des Zielkontexts des Benutzers

Ausgangspunkt des Algorithmus sind die Annahmen des Dialogsystems über die Ziele des Benutzers, und zwar speziell diejenigen Annahmen, die im Kontext SBUW eingetragen sind. Dieser wird vom System laufend auf Einträge hin überprüft. Woher das System diese Einträge bezogen hat, ob sie aus Dialogakten des Benutzers, Inferenzen daraus, oder anderswoher stammen, ist für den Kooperativitätsalgorithmus nicht von Belang. Er wird aktiviert, sobald im Kontext SBUW eine Eintragung entdeckt wird.

Da für unser System als externe Aktionen nur bestimmte Dialogakte zur Verfügung stehen, sollen hier nur solche Benutzerziele untersucht werden, zu deren Unterstützung das System ausschließlich solche Dialogakte einsetzen kann. Ein solches Ziel wäre etwa, daß der Benutzer dasjenige x kennenlernen möchte, für das p(x) gilt. Eine derartige Konstellation im Benutzermodell ist in Abb. 5.1. dargestellt.

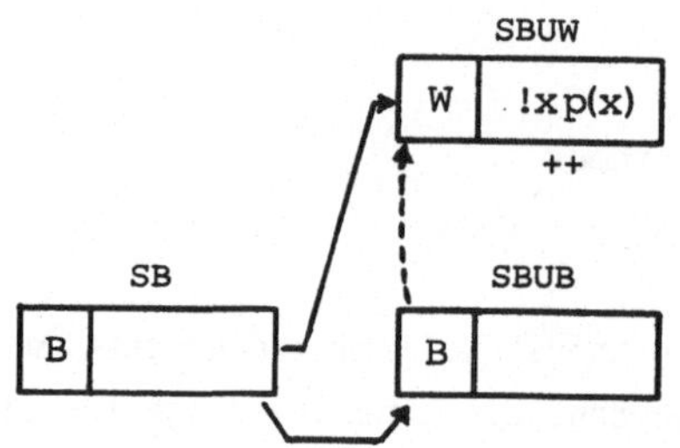

Abb.5.1.: Ausgangssituation für den
Kooperativitätsalgorithmus

<u>Eine</u> mögliche Quelle für eine solche Annahme des Systems über ein Ziel des Benutzers wäre eine vorausgegangene Ergänzungsfrage des Benutzers an das System. Der vom Benutzer damit intendierte Effekt wäre dann, wie Abb. 4.4. zeigt, eigentlich nicht nur ein einfaches Ziel, sondern ein Ziel, das auch eine gemeinsame Überzeugung über die angestrebte Situation inkludiert (solche Ziele sollen fortan als <u>Ziele in bezug auf gemeinsame Überzeugungen</u> bezeichnet werden). Als Aktivierungsmuster des Kooperativitätsalgorithmus soll jedoch bereits eine Systemannahme über ein einfaches Benutzerziel ausreichend sein.

b) Inferenzen in den Kontext SBUB

Je nach Art des in SBUW festgestellten Ziels können auch in SBUB bestimmte Eintragungen durchgeführt werden (sofern diese dort nicht bereits vorhanden sind). Aus dem in Abb. 5.1. dargestellten Ziel kann etwa die Systemannahme inferiert werden, daß der Benutzer zwar glaubt, daß es ein x gibt, sodaß p(x), aber dieses x nicht kennt. Dies ist in Abb. 5.2. dargestellt (die Akzeptanzbewertung '-+' in SBUB bezieht sich dabei auf das mit '!' markierte individualisierte Konzept - siehe Abschnitt 3.3.6.2.). Falls das Ziel des Benutzers ein Ziel in bezug auf eine gemeinsame Überzeugung ist, muß diese Systemannahme als infinit-reflexive Überzeugung des Systems dargestellt werden.

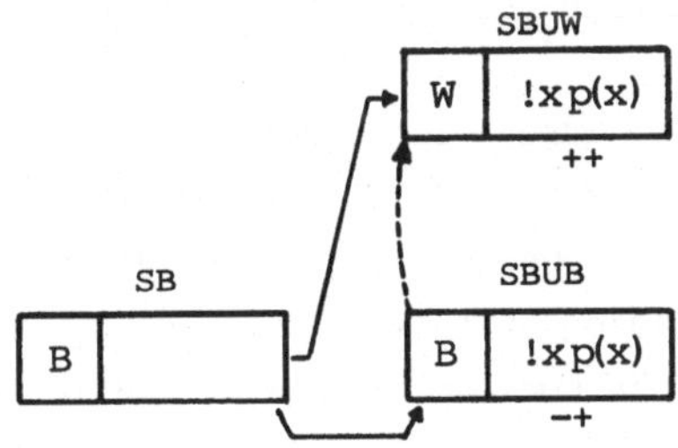

Abb.5.2.: Inferenzen in den Kontext SBUB

Diese inferierte Benutzerüberzeugung stellt eine Art von "Präsupposition" des Benutzerziels dar. Sie kann, wie dies auch bei der Behandlung von Ergänzungsfragen (siehe Abschnitt 4.3.3.4.) der Fall ist, bei Bedarf auf Zutreffendheit überprüft werden (dies ist in VIE-DPM derzeit nicht realisiert). Sie ist auch bei einem der nächsten Schritte des Kooperativitätsalgorithmus von großer Bedeutung (siehe (e)).

c) Übernahme der Benutzerziele

Das in Schritt (a) entdeckte Ziel des Benutzers wird in diesem Schritt als Ziel des Systems übernommen. Ist das Benutzerziel nur im Kontext SBUW eingetragen, wird es vorerst nur in den Kontext SW übernommen. Stellt das Benutzerziel ein Ziel in bezug auf gemeinsame Überzeugungen dar, so wird es auch als Ziel des Systems in bezug auf eine gemeinsame Überzeugung übernommen. Abb. 5.3. stellt das Ergebnis dieses Schritts, angewandt auf unser Beispiel, dar.

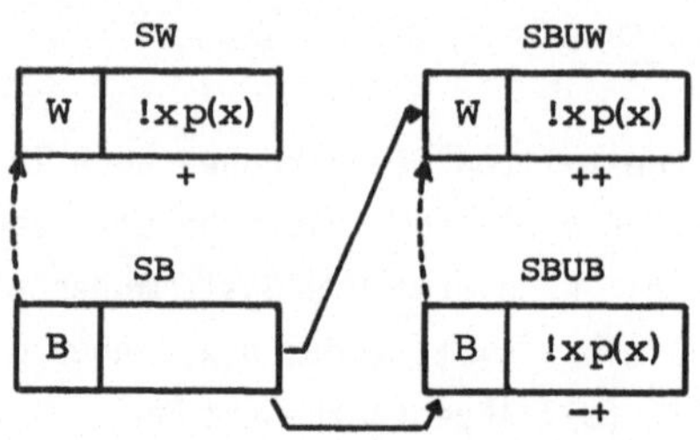

Abb.5.3.: Übernahme des Benutzerziels

d) Soweit notwendig: Erweiterung des übernommenen Benutzerziels

Ziele, die keine Ziele in bezug auf gemeinsame Überzeugungen darstellen, sind in einem kooperativen Dialog unzweckmäßig, da aus der Erfüllung dieser Ziele nicht notwendigerweise eine gemeinsame Überzeugung entsteht, und daher auf die Tatsache der Zielerfüllung im weiteren Dialog oftmals nicht bezug genommen werden kann. Das Benutzerziel, dasjenige x zu kennen, für das p(x) gilt, hätte etwa wenig Sinn, wenn aus der Erfüllung dieses Ziels nicht auch eine gemeinsame Überzeugung über die vollständige Situationsbeschreibung resultieren würde. Auch das Benutzerziel, daß das System eine bestimmte Aktion ausführen soll, ist ohne die nachfolgende gemeinsame Überzeugung, daß die Aktion gesetzt wurde, nur wenig zweckmäßig. Die intendierten Effekte der in Abschnitt 4.3.2. beschriebenen Dialogaktpläne wurden dementsprechend auch immer in Form resultierender gemeinsamer Überzeugungen definiert.

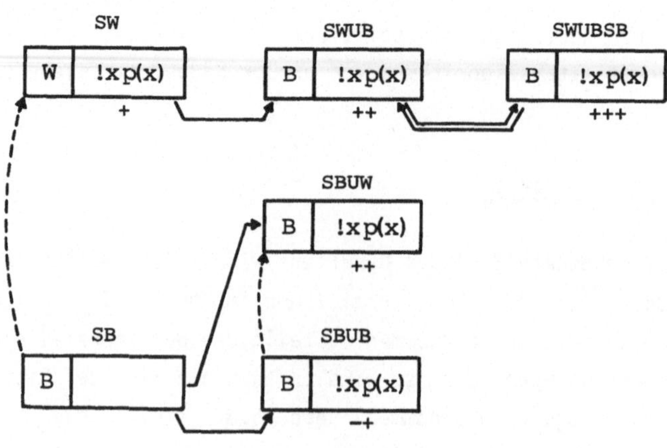

Abb.5.4.: Erweiterung des übernommenen Benutzerziels

Falls das im Schritt (c) aus dem Benutzerziel übernommene Ziel des Systems kein Ziel in bezug auf gemeinsame Überzeugungen darstellt, wird es daher in diesem Schritt zu einem solchen erweitert. Das Resultat für unser Beispiel kann Abb. 5.4. entnommen werden.

e) Ergänzung von Fehlstellen im Zielkontext des Systems

In einem weiteren Schritt müssen die Fehlstellen in den Zielkontexten des Systems durch geeignete Werte ergänzt werden. In unserem Beispiel etwa muß das mit '!' bewertete individualisierte Konzept ik1 um geeignete individualisierte Attributbeschreibungen ergänzt werden. (Alternativ können auch spezialisiertere generelle Konzepte, deren Individualisierung ik1 darstellt, oder individualisierte Konzepte ik2, für die ik1 Rollenfüller einer Attributbeschreibung ist, gesucht werden - siehe Abschnitt 3.3.6.2.). Dies kann grundsätzlich auf drei Arten erfolgen: Durch direkte Suche in SB, durch inhaltliche Inferenzen in SB, und - so paradox es klingen mag - durch Befragen des Benutzers. Such- und Inferenzprozesse im individualisierten Teil des Repräsentationssystems sind zwangsläufig sehr komplex. Das erste Problem wird in Janac (1985) näher untersucht, auf Inferenzprozesse wurde in Abschnitt 4.4. näher eingegangen.

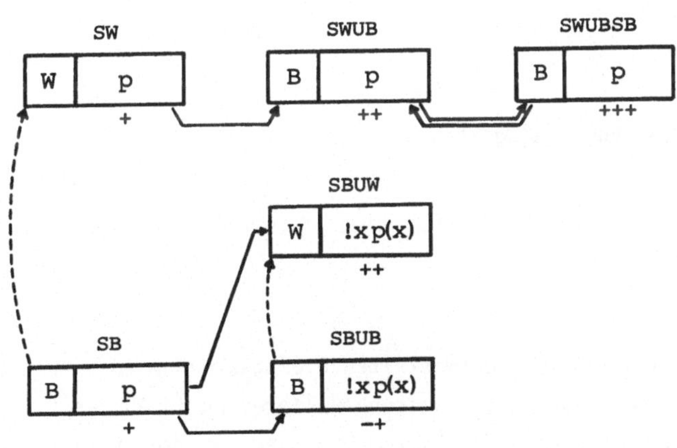

Abb.5.5.: Ergänzung von Fehlstellen
im Zielkontext des Systems

Das Befragen des Benutzers als dritte Methode, mit der das System sein Ziel erreichen kann, bedarf näherer Erklärungen. Ein Vergleich mit Abb. 4.4. zeigt, daß in unserem Beispiel das Ziel des Dialogsystems (nämlich, daß eine gemeinsame Überzeugung über dasjenige x, für das p(x) gilt, bestehen soll) identisch ist mit dem intendierten Effekt des Dialogakts 'Ergänzungsfrage'. Rein vom Ziel/Effekt-Vergleich betrachtet könnte das Dialogsystem dem Benutzer also auch eine Ergänzungsfrage stellen. Glücklicherweise hat dieser Dialogakt aber auch die Anwendungsvorbedingung, daß das System glauben muß, daß der Benutzer dieses x kennt. Diese Vorbedingung ist aber nicht erfüllt, da das System schon im Schritt (b) die gegenteilige Annahme in SBUB eingetragen hat.

Abb. 5.5. stellt die Anwendung des beschriebenen Schritts auf unser Beispiel dar. Die ergänzte Repräsentationsstruktur in den Zielkontexten des Systems wurde dabei mit 'p' abgekürzt.

f) Dialogakt 'Aussage' aktivieren

Die in Abb. 5.5. dargestellte Konstellation der Systemziele ist, wie ein Vergleich mit Abb. 4.2. zeigt, identisch mit dem intendierten Effekt des Dialogakts 'Aussage'. Auch die Anwendungsvoraussetzungen des Dialogakts werden durch die in unserem Beispiel vom System aufrechterhaltenen Überzeugungen erfüllt. Das System hat also die Möglichkeit, zur Erreichung seines Ziels den Dialogakt 'Aussage' anzuwenden. Auf die damit verbundenen Probleme wird in Abschnitt 5.2.3. näher eingegangen.

5.2. Die Anwendung von Dialogakten durch das System

5.2.1. Allgemeines

Die in Abschnitt 4.3.2.2.-5. entwickelten Dialogaktpläne für Aussagen, Ergänzungsfragen, Entscheidungsfragen und Anweisungen lieferten in Abschnitt 4.3.3. Informationen darüber, welche Annahmen das System über den Benutzer treffen kann, wenn dieser einen dieser Dialogbeiträge setzt. In Abschnitt 4.4. wurden diese Dialogaktpläne dazu verwendet, zu entscheiden, welche Annahmen über den Benutzer getroffen werden können, wenn das System selbst einen dieser Dialogbeiträge setzt. Die Dialogaktpläne haben aber noch eine dritte Funktion: Im Rahmen der Dialogplanung kann das System mit ihrer Hilfe entscheiden, wann es welche Dialogakte setzen kann.

Dialogakte werden durch Vergleich der aktuellen Ziele und Überzeugungen des Systems mit den intendierten Effekten und den Anwendungsvoraussetzungen der Dialogakte akti-

viert. Ein Dialogakt kann gesetzt werden, wenn das Ziel des Systems in den intendierten Effekten des Dialogakts enthalten ist und die Anwendungsvoraussetzungen des
Dialogakts durch die vom System aufrechterhaltenen Überzeugungen erfüllt ist. Abb.
5.5. etwa zeigt eine Situation, in der der Dialogakt 'Aussage' gesetzt werden kann.

Die im Zielkontext enthaltenen individualisierten Repräsentationsstrukturen können,
mit einigen kleinen Änderungen und Ergänzungen versehen, direkt dem Generator von
VIE-LANG (Horacek & Buchberger, in press) übergeben werden, der sie in einen natürlichsprachigen Dialogbeitrag überführt. Die Repräsentationsstrukturen können, wie in
Abschnitt 4.4. erläutert wurde, weiters unmittelbar zur Aktualisierung des Benutzermodells verwendet werden. Die dafür notwendigen Eintragungen werden durch die in den
Dialogaktplänen vermerkten Zwischeneffekte der jeweiligen Dialogakte spezifiziert.

5.2.2. Ergänzungsfragen, Entscheidungsfragen und Anweisungen

Bei den Dialogakten 'Ergänzungsfrage', 'Entscheidungsfrage' und 'Anweisung' kann das
Dialogsystem den intendierten Effekt des Dialogakts nur dann erreichen, wenn der
Benutzer diesen zu seinem eigenen Ziel macht (also sich ebenfalls entsprechend dem im
letzten Abschnitt erwähnten Kooperativitätsprinzip verhält). Weiters muß der Benutzer
einen passenden eigenen Dialogakt setzen. Dieser muß im Falle von Ergänzungs- und
Entscheidungsfragen des Systems die verlangte Information beinhalten, im Falle von
Anweisungen eine Mitteilung, daß die verlangte Handlung gesetzt wurde (falls diese
nicht sowieso ein auszuführender Dialogakt war). Die vom Parser aus der Aussage des
Benutzers erzeugten individualisierten Repräsentationsstrukturen werden, wie in
Abschnitt 4.3.2.2. beschrieben, dann einerseits zum Aufbau von Annahmen über den
Benutzer verwendet (es werden dabei genau diejenigen Annahmen erzeugt, die sich als
Zwischeneffekt des Dialogakts 'Aussage' ergeben). Zum anderen müssen aber auch die
Überzeugungen und Ziele des Systems in bezug auf die Situation und den Benutzer mit
diesen Strukturen inhaltlich verglichen und entsprechend aktualisiert werden.

Als Beispiel sei der Fall genommmen, daß das Dialogsystem möchte, daß eine gemeinsame
Überzeugung bezüglich desjenigen x existiere, für das p(x) gilt. Das System setzt
deshalb eine Ergänzungsfrage und kann die mit diesem Dialogakt verbundenen Zwischeneffekte (siehe Abb. 4.4.) als Annahmen über den Benutzer eintragen. Der Benutzer möge
daraufhin die Aussage, daß q, setzen, auf Grund derer das System die in Abb. 4.2.
als Zwischeneffekte dieses Dialogakts vermerkten Annahmen über ihn treffen kann. Die
Ausgangssituation, sowie die getätigten und möglichen Eintragungen in das Benutzermodell, sind komprimiert in Abb. 5.6. dargestellt.

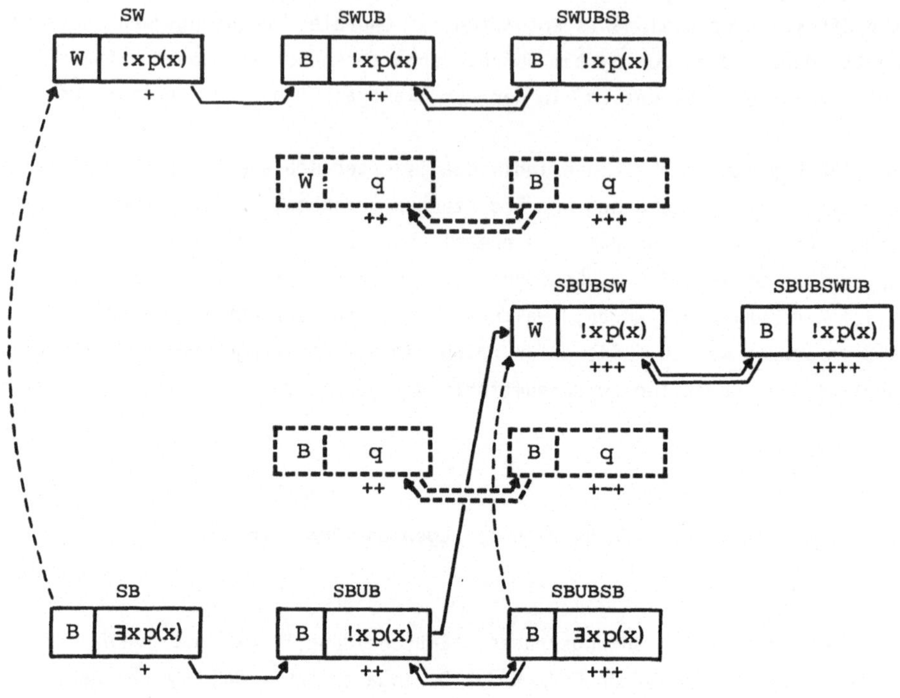

Abb.5.6.: Ergänzungsfrage des Systems
und nachfolgende Aussage des Benutzers

Das Problem liegt nun darin, zu erkennen, wie die zuletzt (d.h., aus der Benutzer-
aussage) gewonnenen Annahmen über den Benutzer mit den bisherigen Überzeugungen und
Zielen des Benutzers in Beziehung stehen, und in welcher Weise letztere verändert
werden müssen. Falls q wirklich eine mögliche Antwort auf die Ergänzungsfrage darstellt, und sich keine Widersprüche zu den bisherigen Überzeugungen im Kontext SB
ergeben, so müßte der in den Kontexten SB, SBUB und SBUBSB von q noch nicht enthaltene Repräsentationsteil dort eingefügt werden. Weiters müßten die Kontexte SW,
SWUB, SWUBSB, SBUBSW und SBUBSWUB entsprechend entleert oder ganz gelöscht werden.

Die hier beschriebenen Vergleichs-, Inferenz- und Aktualisierungsoperationen könnten
einerseits im Rahmen einer speziellen, nach jeder Aussage des Benutzers zu aktivie-
renden Update-Prozedur erfolgen. (Diese Idee dürfte dem CONVINCE-Operator von Cohen &
Perrault 1979 zugrunde liegen, der aber inzwischen offenbar wieder aufgegeben wurde.)
Ein allgemeinerer Ansatz wäre die Entwicklung eines Überzeugungsrevisionssystems
(Doyle & London 1980), das neue Informationen mit den bisherigen Annahmen vergleicht

und entsprechende Revisionen durchführt. Keine der beiden Richtungen konnte aber bislang im Rahmen von VIE-DPM verfolgt werden.

5.2.3. Aussagen

Wenn das System eine Aussage setzt, daß p, so kann nicht von vornherein angenommen werden, daß damit bereits der mit diesem Dialogakt verbundene intendierte Effekt erreicht wurde. Der Benutzer braucht sich ja durch die Aussage des Systems nicht überzeugen zu lassen. Das Dialogsystem darf daher vorerst nur die mit diesem Dialogakt verbundenen Zwischeneffekte (siehe Abb. 4.2.) als Annahmen über den Benutzer eintragen. Erst wenn eine negative Rückmeldung des Benutzers unterbleibt (oder sogar eine positive Rückmeldung erfolgt) können diese Zwischeneffekte durch die intendierten Effekte des Dialogakts (nämlich daß MB(p) gelten soll) überschrieben werden.

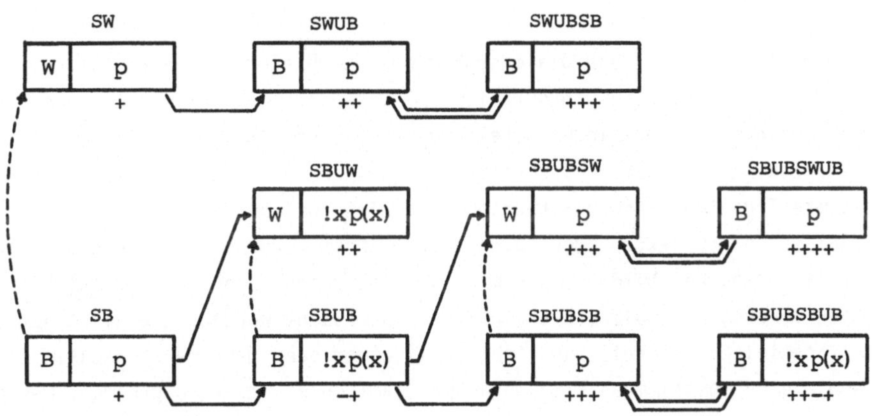

Abb.5.7.: Ergebnis der Anwendung des Dialogakts 'Aussage'
auf das in Abb.5.5. dargestellte Beispiel

Abb. 5.7. zeigt das Ergebnis der Anwendung des Dialogakts 'Aussage' auf das in Abb. 5.5. dargestellte Beispiel. Die Anwendung des Dialogakts bewirkt, daß die Zwischeneffekte des Dialogakts zu den bisherigen Systemannahmen hinzugefügt werden. Da der Kontext SBUW in Abb. 5.5. nicht innerhalb eines selbstreferentiellen Kontextpaars liegt (d.h., nicht einer infinit-reflexiven Überzeugung angehört) mußte die Schachtelungstiefe der Überzeugungskontexte dabei teilweise um eins erhöht werden (vgl. Abschnitt 3.3.5.4.). Sobald nun das System entscheidet, daß die intendierten Effekte des Dialogakts erreicht sind, und es p als gemeinsame Überzeugung eintragen möchte, treten wiederum die bereits in Abschnitt 5.2.2. diskutierten Probleme der Überzeugungsrevision auf, die in adäquater Weise wahrscheinlich nur auf Basis eines allgemeinen Überzeugungrevisionssystems behandelt werden können.

Um dieses Problem zu umgehen, wird in VIE-DPM bei der Anwendung des Dialogakts 'Aussage' durch das System vereinfachend gleich der intendierte Effekt des Dialogakts in das Benutzermodell eingetragen. Damit kann auch das Systemziel, daß eine gemeinsame Überzeugung über die Zutreffendheit von p existieren soll, sofort aus den Kontexten SW, SWUB und SWUBSB gestrichen werden. Es müssen dann nur noch eventuell Eintragungen in SBUB und SBUW verändert bzw. gelöscht werden, was durch spezialisierte Prozeduren erfolgen kann.

5.3. Unterstützung des Generators bei der Wahl von Deskriptionen

Eine weitere Möglichkeit, ein Dialogsystem bei der Dialoggestaltung mit Hilfe der im Benutzermodell gespeicherten Information zu unterstützen, ergibt sich bei der Wahl geeigneter definiter oder indefiniter <u>Deskriptionen</u> im Rahmen der Generierung natürlichsprachiger Ausgabe. Deskriptionen stellen ein sprachliches Mittel dar, um auf bestimmte Individuen einer Situation (nämlich auf solche, die umgangssprachlich üblicherweise als 'Objekte' oder 'Dinge' bezeichnet werden) Bezug nehmen zu können. Grammatikalisch gesehen bilden Deskriptionen eine Untergruppe der <u>Nominalphrasen</u>. Es sollen hier vorerst nur solche Deskriptionen untersucht werden, die aus einem definiten oder indefiniten Artikel, aus (optional) einem oder mehreren sprachlichen Attributen, sowie einer bestimmten Art von Nomen, nämlich einem Gattungsnamen, bestehen.

Den Individuen der Situation entsprechen im Repräsentationssystem die individualisierten Konzepte. In VIE-LANG können jedoch nur ganz bestimmte individualisierte Konzepte mit Hilfe einer Deskription referiert werden. Bei welchen individualisierten Konzepten dies möglich ist, wird durch das <u>Diskriminationsnetz</u> des Generators (Buchberger & Horacek, in press) festgelegt. (Für alle Individualisierungen von Subkonzepten des generellen Konzepts 'OBJEKT' ist dies etwa der Fall.) Als Gattungsname für diese individualisierten Konzepte wird dasjenige Wort verwendet, das im syntaktisch-semantischen Lexikon (siehe Abschnitt 4.3.3.3.) beim zugehörigen generellen Konzept eingetragen ist. Die sprachlichen Attribute in einer Deskription werden aus den Attributbeschreibungen dieser individualisierten Konzepte generiert.

Bei der Planung einer in einem Dialogbeitrag enthaltenen Deskription (für individualisierte Konzepte, die mit einer Deskription überhaupt referiert werden können) muß
das System entscheiden:

- ob ein definiter oder indefiniter Artikel zu verwenden ist.
- ob und welche Attribute sprachlich realisiert werden sollen.

Wie Jameson & Wahlster (1982) aufzeigen, kann ein Benutzermodell das System bei
diesen Entscheidungen stark unterstützen. Ein definiter Artikel kann vom System
üblicherweise dann verwendet werden, wenn das referierte Individuum bereits erwähnt
wurde, oder wenn vom Benutzer auf Grund des Dialogkontexts und/oder seines Allgemein-
wissens über die Welt erwartet werden kann, daß er von der Existenz dieses Individuums weiß. (Ein Hotelreservierungssystem etwa kann ohne weiteres den Satz 'Das Bett
ist sehr groß' verwenden, wenn von einem bestimmten Zimmer die Rede ist, ohne daß das
Bett vorher erwähnt zu werden braucht.)

Genau diese Informationen sind aber nun im Benutzermodell enthalten: Vorerwähntes ist
dort ja in Form von individualisierten Repräsentationsstrukturen dargestellt, und das
Standardbenutzermodell, das zu Dialogbeginn in das aktuelle Benutzermodell übernommen
wird, enthält diejenigen individualisierten Konzepte, deren Kenntnis dem Benutzer von
vornherein zugesprochen werden kann, sowie sein vermutliches generelles Wissen, aus
dem solche individualisierten Konzepte inferiert werden können. Eine Deskription zur
Referierung eines individualisierten Konzepts im Kontext SB enthält also genau dann
einen definiten Artikel, wenn gilt, daß im Kontext SBUB ein individualisiertes Konzept vorhanden ist, das mit ersterem durch eine Inter-Nexus-Verbindung (siehe Abschnitt 3.3.5.3.) verknüpft ist, oder ein solches individualisiertes Konzept in SBUB
inferiert werden kann.

Wenn es für ein individualisiertes Konzept ik1 in SB zwar ein durch eine Inter-Nexus-
Verbindung verknüpftes individualisiertes Konzept ik2 in SBUB gibt (für eine Deskription also ein definiter Artikel verwendet werden kann), aber ik2 nicht die
einzige Individualisierung des entsprechenden generellen Konzepts in SBUB darstellt,
so müssen zur eindeutigen Identifizierung von ik1 eine oder mehrere individualisierte
Attributbeschreibungen aus SB herangezogen werden, deren Entsprechungen in SBUB ik2
eindeutig identifizieren. Aus diesen individualisierten Attributbeschreibungen kann
dann der Generator geeignete sprachliche Attribute in die definite Deskription einfügen.

Clark & Marshall (1981) zeigen jedoch mit Hilfe von fiktiven Dialogsituationen, daß
dies nicht ausreichend ist. In der Terminologie von VIE-DPM ausgedrückt demonstrieren
sie, daß das System nur solche Attributbeschreibungen von ik1 zur Formulierung einer

Deskription heranziehen kann, für die es durch Inter-Nexus-Verbindungen verknüpfte Entsprechungen in allen anderen zu den <u>gemeinsamen Überzeugungen</u> des Systems und des Benutzers über die Situation gehörenden Kontexten gibt. Vereinfacht gesagt heißt dies, daß eine individualisierte Attributbeschreibung gemeinsam bekannt sein muß, bevor sie in kooperativer Weise für eine Deskription verwendet werden kann.

Auf die Begründung dieser Forderung kann hier im einzelnen nicht eingegangen werden. Perrault & Cohen (1981) und Nadathur & Joshi (1983) melden dagegen zwar Bedenken an und geben eine Reihe von weniger strengen (aber sehr komplexen) Bedingungen an, die im Benutzermodell erfüllt sein müssen, damit der Benutzer mit Hilfe (komplexer) <u>eigener Inferenzen</u> das vom System Referierte noch identifizieren kann. Dies stellt aber m.E. keinen Widerspruch dar: Gemeinsame Überzeugungen über eine individualisierte Attributbeschreibung stellen, vom System aus gesehen, die größtmögliche Sicherheit dafür dar, daß eine Referenz vom Hörer verstanden wird, und zwar mit geringstem kognitiven Aufwand für ihn. Das System sollte also aus Kooperativitätsgründen nur solche individualisierte Attributbeschreibungen zur Gestaltung von Deskriptionen verwenden, die Teil der gemeinsamen Überzeugungen des Systems und des Benutzers sind.

Wenn das System dafür aber trotzdem individualisierte Attributbeschreibungen verwendet, für die das nicht der Fall ist, so stellen die von Perrault & Cohen und Nadathur & Joshi angeführten Überzeugungskonstellationen (falls sie korrekt sind) Bedingungen dar, unter denen das System erwarten kann, daß der Benutzer die Chance hat, mit (komplexen) Inferenzen das referierte individualisierte Konzept doch noch zu identifizieren. Beide Auffassungen sind also durchaus miteinander verträglich.

Ähnliches wie für die Wahl von individualisierten Attributbeschreibungen gilt sicher auch für die Wahl zwischen definitem und indefinitem Artikel (dieses Problem wird von Clark & Marshall nicht eigens behandelt). Das oben aufgestellte Entscheidungskriterium kann daher dahingehend präzisiert werden, daß, damit das System ein individualisiertes Konzept ik1 mit Hilfe einer Deskription referieren kann, die einen definiten Artikel enthält, es für ik1 in allen anderen zu den gemeinsamen Überzeugungen des Systems und des Benutzers über die Situation gehörenden Kontexten durch Inter-Nexus-Kanten verknüpfte individualisierte Konzepte geben muß. Es paßt sehr gut ins Schema, daß vorerwähnte Sachverhalte und größtenteils auch Einträge im Standardbenutzermodell gemeinsame Überzeugungen darstellen.

Um den Generator von VIE-LANG bei der Selektion geeigneter Deskriptionen zu unterstützen, wurde daher eine Prozedur entwickelt, die für ein gegebenes individualisiertes Konzept ik1 in SB grob die in Abb. 5.8. dargestellten Entscheidungen trifft.

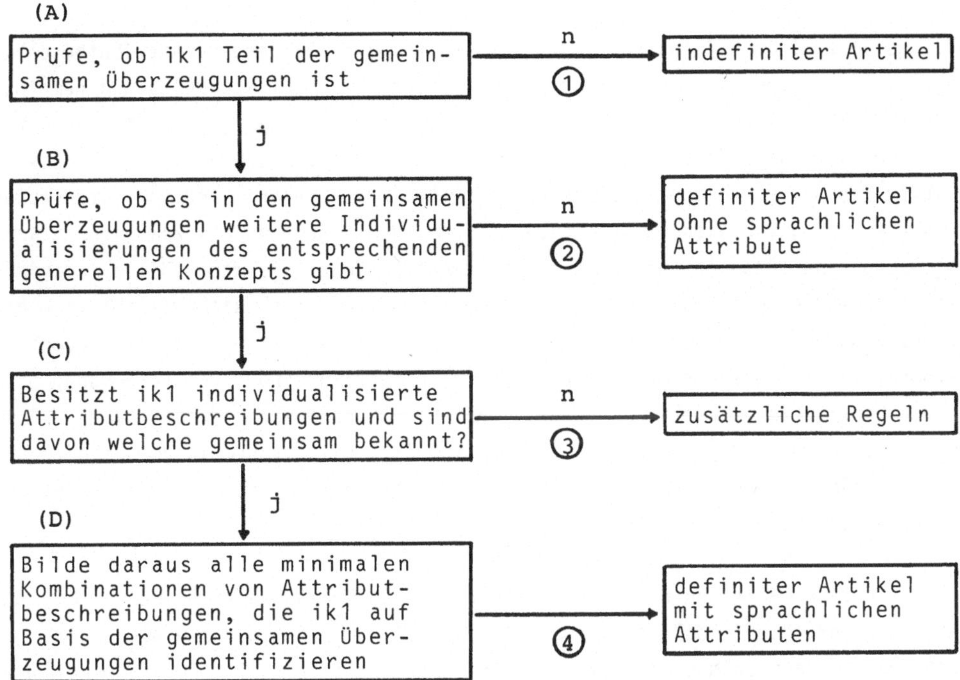

Abb.5.8.: Entscheidungen bei der
Generierung von Deskriptionen

Aus den im Zweig (4) erzeugten Kombinationen von Attributbeschreibungen (die nach Einfachheit geordnet sind) kann der Generator eine Kombination auswählen und zur Gestaltung einer definiten Deskription verwenden. Einige bei dieser Selektion anwendbare Heuristiken werden in Jameson & Wahlster (1982) diskutiert.

Wenn ik1 keine individualisierten Attributbeschreibungen besitzt, oder keine davon nach Auffassung des Systems gemeinsam bekannt ist, oder keine Kombination von gemeinsam bekannten Attributbeschreibungen ik1 eindeutig identifiziert, so müssen weitere Regeln angewandt werden (Zweig 3):

- Wenn etwa im ersten Fall alle weiteren Individualisierungen ik2-ikn des zu ik1 gehörigen generellen Konzepts durch geeignete Attributbeschreibungskombinationen auf Basis der gemeinsamen Überzeugungen identifiziert werden können, so kann in der Deskription die Nicht-Identität von ik1 mit allen ik2-ikn hervorgehoben werden, wie etwa in 'Der eine Sessel, und zwar nicht der grüne und auch nicht der große, ...'.

- Falls es im zweiten Fall eine Kombination von individualisierten Attributbeschreibungen ab1-abm von ik1 gibt, die, wären diese Attributbeschreibungen gemeinsam
  bekannt, ik1 auf Basis der gemeinsamen Überzeugungen eindeutig identifizieren würden, und falls weiters alle ab1-abm von ik2-ikn gemeinsam bekannte nichttriviale
  Rollenfüller (d.s. solche, die nicht bloß eine Individualisierung des entsprechenden Werteinschränkungskonzepts darstellen) besitzen, so kann ab1-abm von ik1 zur
  Gestaltung einer Deskription genau so verwendet werden, als wären diese individualisierten Attributbeschreibungen von ik1 gemeinsam bekannt. Ein Beispiel wäre etwa
  die Deskription 'Der blaue Tisch ...', wenn die Farben aller anderen gemeinsam
  bekannten Tische gemeinsam bekannt und ungleich blau sind. Die Verwendung einer
  solchen Deskription bewirkt nicht nur, daß ik1 vom Benutzer identifiziert werden
  kann, sondern auch, daß von nun an ab1-abm von ik1 Teil der gemeinsamen Überzeugungen sind. Die Deskription wird also nicht nur referentiell, sondern auch _attributiv_
  gebraucht (vgl. Donnellan 1966).

- Auch im dritten Fall kann die soeben erwähnte Regel angewandt werden, mit dem
  einzigen Unterschied, daß die ab1-abm von ik1 nun nicht nur die nicht gemeinsam
  bekannten, sondern auch gemeinsam bekannte individualisierte Attributbeschreibungen
  von ik1 umfassen können.

Nicht unerwähnt soll bleiben, daß zur Identifizierung eines individualisierten
Konzepts ik1 natürlich nicht nur _dessen_ individualisierte Attributbeschreibungen
verwendet werden können, sondern, soweit vorhanden, auch Attributbeschreibungen eines
individualisierten Konzepts ik2, bei dem ik1 der Rollenfüller ist. Auch daraus können
vom Generator definite Nominalphrasen erzeugt werden (oder "Deskriptionen", wenn man
den Begriff so erweitert, daß in Deskriptionen auch Relativsätze eingeschlossen sein
können). Ein Beispiel wäre etwa die Deskription in 'Peter gibt Mary _das Buch, das er_
von John bekommen hat'.) Die Regeln für die Verwendung dieser individualisierten
Attributbeschreibungen sind identisch mit den bisher diskutierten Regeln. Die zusätzlichen Attributbeschreibungen können anstelle von oder auch zusammen mit den bisher
behandelten Attributbeschreibungen verwendet werden.

Vollkommen außer acht gelassen wurden beim obigen Algorithmus auch _Fokus-Probleme_.
Die Arbeiten von Grosz (1977, 81) zeigen, daß die Frage nach der Identifizierbarkeit
eines individualisierten Konzepts nicht auf Basis der gemeinsamen Überzeugungen
gestellt werden darf (wie dies etwa bei (B) - (D) in Abb. 5.8. geschieht), sondern
nur auf Basis der sich _derzeit im Fokus befindlichen_ gemeinsamen Überzeugungen. Zur
Fokus-Repräsentation verwendet Grosz die in Hendrix (1978) dargestellte Partitionierung für Netzwerkrepräsentationen. Eine Übernahme dieser Idee in das für VIE-DPM ver-

wendete Repräsentationssystem ist grundsätzlich möglich: Im einfachsten Fall würde die Partition bestimmte durch Inter-Nexus-Kanten verbundene individualisierte Konzepte zweier selbstreferentiell verketteter Kontexte zusammenfassen. Falls auch nicht-gemeinsame Überzeugungen vorhanden sind, die Überzeugungskontexte also eine tiefere Schachtelungsstufe aufweisen (siehe Abschnitt 3.3.5.4.), müßten auch weitere Kontexte in die Partition mit einbezogen werden.

6. RÜCKBLICKE UND AUSBLICKE

6.1. Weiterführende Problemstellungen

Der Problemkreis der Benutzermodellierung wurde in dieser Arbeit vorwiegend mit Hilfe
einer "Bottom-Up"-Strategie untersucht. Es wurde zuerst analysiert, welche Arten von
Überzeugungen und Zielen einem Benutzer eines Dialogsystems zugesprochen werden
können und sollen (Kapitel 2). Darauf aufbauend wurde ein Repräsentationssystem entwickelt, mit dem alle postulierten Klassen von Überzeugungen und Zielen in adäquater
Weise formal dargestellt werden können (Kapitel 3). In Kapitel 4 wurde dann untersucht, aus welchen Quellen ein Dialogsystem Annahmen über solche Überzeugungen und
Ziele des Benutzers beziehen kann, und in Kapitel 5, auf welche Art und Weise ein
Dialogsystem solche Annahmen zur Gestaltung des eigenen Dialogverhaltens verwenden
kann. Diese sequentielle Gliederung ist selbstverständlich nur ein didaktisches
Hilfsmittel. Eine Analyse der Prozesse zum Aufbau und zur Verwendung von Benutzermodellen hat natürlich auch Auswirkungen auf die Frage, welche Arten von Überzeugungen und Zielen überhaupt unterschieden werden können, und damit auch auf Repräsenta-
tionsaspekte.

Es wurden in dieser Arbeit bereits an vielen Stellen Hinweise auf interessante
weiterführende Problemstellungen und mögliche Lösungsansätze dafür gegeben. Diese
betrafen größtenteils die Themenkreise des 4. und 5. Kapitels, in geringerem Umfang
auch Repräsentationsfragen. Im folgenden sollen noch kurz einige weitere Probleme er-
örtert werden:

a) Inhaltliche Inferenzen

Im Rahmen der Benutzermodellierung können, wie erwähnt, zwei Arten von inhaltlichen
Inferenzen unterschieden werden: Zum einen kontextinterne Inferenzregeln, die jeweils
nur einen einzelnen (beliebigen) Kontext betreffen, und damit also unabhängig sind
vom speziellen Kontext, innerhalb dessen sie angewandt werden. Zum anderen kontextübergreifende Inferenzregeln, bei deren Antezedens und/oder Konklusion die Inhalte
mehrerer (verschiedener) Kontexte betroffen sind.

Beispiele für kontextübergreifende Inferenzregeln wurden mit (2c) in Abschnitt 4.5.
und mit (b) in Abschnitt 5.1. gegeben. Ein Beispiel für eine kontextinterne Inferenzregel wäre etwa, daß als Ergebnis eines Objekttransfers sich das Objekt beim Empfänger, und nicht mehr beim Geber befindet (siehe (1c) in Abschnitt 4.5.). Angewandt auf

einen Überzeugungskontext würde damit aus der Annahme, daß der Akteur a glaubt, daß a1 dem a2 ein x gibt, folgen, daß a auch glaubt, daß sich x nun bei a2 befindet. Angewandt auf einen Zielkontext wäre mit <u>derselben</u> Regel aus der Annahme, daß a möchte, daß a1 dem a2 ein x gibt, inferierbar, daß a möchte, daß x sich bei a2 befindet.

Ungelöst ist bis jetzt für beide Arten von Inferenzregeln, zu welchem Zeitpunkt und in welchem Ausmaß sie angewandt werden sollen (vgl. Wahlster 1985). Sollen bereits zum Zeitpunkt des Bekanntwerdens eines Antezedens alle möglichen Inferenzen gebildet werden, oder erst "bei Bedarf" mit Hilfe von Backward Chaining? Im Falle von kontextinternen Inferenzen ist das Problem nicht neu, sondern identisch mit dem Problem der Inferenzkontrolle in herkömmlichen sprachverarbeitenden Systemen (siehe etwa Schank 1978, Rollinger 1980). Näheren Aufschluß darüber dürften hier wohl nur Erfahrungen mit dem Einsatz von Benutzermodellierungskomponenten in komplexen Anwendungsbereichen bringen.

b) <u>Weitere Dialogaktpläne</u>

Das in Abschnitt 4.3.2. aufgestellte Inventar von Dialogaktplänen erhebt natürlich keinen Anspruch auf Vollständigkeit. Es sind durchaus noch weitere Dialogakte mit entsprechenden Anwendungsvoraussetzungen und intendierten Effekten vorstellbar. Die mit diesen Dialogakten verbundenen Dialogbeiträge können dabei von den in Abschnitt 4.3.2. behandelten syntaktisch verschieden, eventuell damit aber auch identisch sein. Im zweiten Fall ergibt sich natürlich das Problem, welche Zwischeneffekte beim Auftreten eines solchen Dialogbeitrags angenommen werden können.

Ein Beispiel für solche zusätzlichen Dialogakte wäre etwa ein Dialogakt zur Sicherung von gemeinsam bekannten Überzeugungen. Dieser könnte von einem Akteur a1 dann angewandt werden, wenn a1 nur mit geringer Sicherheit annimmt, daß mit einem Akteur a2 über einen Sachverhalt p eine gemeinsame Überzeugung besteht. Intendierter Effekt des Dialogakts wäre, daß über p eine gesicherte gemeinsame Überzeugung existiert. (Dadurch kann p im weiteren Dialogverlauf, insbesondere in Erklärungen, implizit vorausgesetzt werden.) Der mit dem Dialogakt verbundene Dialogbeitrag könnte syntaktisch identisch sein mit den in Abschnitt 4.3.2.2. behandelten Aussagen. Dem üblichen Sprachgebrauch angepaßter wäre es aber wohl, in einen solchen Dialogbeitrag bestimmte stereotype Phrasen oder Partikel einzubauen, die anzeigen, daß nicht die Anwendungsvoraussetzungen des Dialogakts 'Aussage' als Zwischeneffekt anzunehmen sind (siehe Abb. 4.2.), sondern nur die schwächere Annahme, daß nach Meinung von a1 über p nur mit geringer Sicherheit eine gemeinsame Überzeugung besteht. Beispiele dafür wären etwa Redewendungen oder Partikel wie 'Wie Sie vielleicht wissen ...', 'Wie Sie ja wissen ...', 'bekanntlich', 'ja', u.ä.

Ein weiteres Problem in diesem Zusammenhang ist, auf welche Art und Weise die untersuchten Dialogakte in komplexere Dialogplanungsprozesse integriert werden können.
Dazu gehört insbesondere die Verwendung von Dialogakten zum Zwecke der Begründung und
der Argumentation. Beispiele wären etwa:

- Das Mitteilen von Begründungen, um den Benutzer von der Richtigkeit eines bestimm-
  ten Sachverhalts zu überzeugen.
- Das Mitteilen von Gegenevidenzen für eine Überzeugung des Benutzers, um ihn zum
  Verzicht auf diese Überzeugung zu bewegen.
- Das Mitteilen von negativen Konsequenzen eines Benutzerziels, um den Benutzer zum
  Verzicht auf dieses Ziel zu bewegen.
- Das Mitteilen von Analogiefällen, um eines der obigen Ziele zu erreichen.

Diese Problemstellungen wurden bislang im Rahmen der KI-Forschung nur ansatzweise
untersucht. Interessante Überlegungen dazu finden sich etwa in Reichman (1981), Wahlster (1981), Morik (1982) und Cohen (1983).

6.2. Einsatzmöglichkeiten für Benutzermodellierung

Im letzten Abschnitt wurde gezeigt, daß es im Bereich der Benutzermodellierung noch
eine Reihe offener Fragestellungen gibt. Hiebei handelt es sich vielfach gar nicht
so sehr um Probleme speziell der Benutzermodellierung, sondern oft um Probleme der
Wissensrepräsentations- und Dialogplanungsforschung im allgemeinen. Im vorliegenden
Abschnitt soll aber trotzdem bereits näher auf praktische Einsatzmöglichkeiten von
Benutzermodellierungskomponenten als Teil von computergestützten Dialogsystemen eingegangen werden.

Auf einen der möglichen Verwendungszwecke, nämlich die Unterstützung der Kooperativität eines Dialogsystems, wurde hier bereits laufend Bezug genommen. Die Betonung
dieses Anwendungsbereichs in der vorliegenden Arbeit entspricht voll und ganz den
derzeitigen Forschungsaktivitäten im Bereich der Benutzermodellierung; fast alle
Forschungprojekte auf dem Gebiet gehen von diesem Verwendungszweck aus. Daneben gibt
es jedoch auch eine Reihe weiterer Einsatzmöglichkeiten für Benutzermodellierung in
Dialogsystemen, welche in diesem Abschnitt kurz dargestellt werden sollen (einige
davon sind dabei nicht ganz unproblematisch). Auch diese Anwendungszwecke können,
genauso wie kooperatives Dialogverhalten, in begrenztem Umfang sicher auch mit
"klassischen" Mitteln erreicht werden. Systeme, die mit einer Benutzermodellierungskomponente ausgestattet sind, dürften aber auch hier mit Sicherheit um einiges

effektiver und flexibler sein.

Bei der Diskussion möglicher weiterer Anwendungen von Benutzermodellierung soll eine "mittelfristige" Betrachtungsperspektive eingehalten werden. Dies bedeutet, daß die Untersuchung nicht auf Anwendungszwecke beschränkt bleiben soll, die sich bereits beim heutigen Stand der Benutzermodellierung realisieren lassen; zu futuristische Anwendungsperspektiven sollen jedoch nicht in Betracht gezogen werden. Bei der Diskussion einiger Anwendungszwecke werden realisierte Experimentalsysteme vorgestellt, die bereits ein interessantes Verhalten in der jeweiligen Richtung zeigen. Bei anderen Verwendungszwecken sind die einzusetzenden Techniken derzeit noch relativ unklar.

6.2.1. Kooperative Information

Dieser Verwendungszweck für Benutzermodellierung wurde in der vorliegenden Arbeit bereits detailliert untersucht, sodaß hier einige Ausblicke genügen mögen. Die Überzeugungen, Ziele und Pläne des Benutzers werden bei dieser Anwendung deswegen modelliert, um ihm eine bessere Unterstützung beim Lösen seiner Probleme bieten zu können. Forschungsaktivitäten auf dem Gebiet der Benutzermodellierung konzentrieren sich derzeit fast ausschließlich auf diesen Anwendungsbereich. Wie schon in der Einleitung betont wurde, ist das Vorhandensein einer Benutzermodellierungskomponente in einem Dialogsystem insbesondere dann von größter Wichtigkeit, wenn als Anwender des Systems hauptsächlich ungeübte Benutzer, insbesondere "Computerlaien", auftreten sollen. In der Kombination mit natürlichsprachiger Eingabe (und eventuell auch Ausgabe) ist Benutzermodellierung sicher ein wichtiger Beitrag dazu, die Interaktion mit dem Computer mehr der üblichen zwischenmenschlichen Interaktion anzupassen, und so die Zugangsbarrieren zu Computersystemen in Teilbereichen abzubauen.

Für Einzelapplikationen dürfte Benutzermodellierung wegen des hohen Entwicklungsaufwands in absehbarer Zeit wohl kaum in Frage kommen. Ökonomisch zweckmäßiger ist wahrscheinlich vorallem ein Einsatz in vielverkauften Systemen (oder in HELP-Systemen dazu), welche vorwiegend von ungeübten Benutzern verwendet werden. Zum ersteren Bereich können etwa wissensbasierte Datenretrievalsysteme gezählt werden. Bei HELP-Systemen gibt es bereits erste Entwicklungsarbeiten, etwa den UNIX-Consultant (Wilensky 1984) für ein bereits existierendes Betriebssystem, oder Rich's SCRIBE Helper für ein bereits existierendes Textverarbeitungssystem.

Eine andere kostengünstigere Zielrichtung wäre die Entwicklung eines Benutzermodel-

lierungs-Rahmensystems (einer sog. "Shell"), also eines allgemeinen Systems zur
Generierung von konkreten Benutzermodellierungskomponenten. Bei gegebenem Repräsentationsschema und gegebener Ein-/Ausgabesprache könnte man in einem solchen Rahmensystem etwa die konkreten Dialogaktpläne, die Inhalte des Standardbenutzermodells,
die kontextinternen und kontextübergreifenden Inferenzregeln, etc. definieren, wo-
durch aus dem Rahmensystem eine konkrete Benutzermodellierungskomponente wird.

6.2.2. Interessensbasierte Information

Die Annahmen, die ein System während eines Dialogs über die Überzeugungen, Ziele und
Pläne des Benutzers bildet, kann es natürlich auch dazu verwenden, um eigene
Interessen zu verfolgen. Dies kann etwa darin bestehen, daß das System versucht,
einen Bewertungs- und/oder Entscheidungsprozeß des Benutzers zu beeinflussen. Zu
diesem Zweck kann es etwa gerade solche Eigenschaften einer Alternative hervorheben,
die vom Benutzer wahrscheinlich positiv bewertet werden, Tatsachen, die der Benutzer
negativ bewertet, eher verschweigen, oder den Benutzer durch gezielte Fehlinformation
zu falschen Überzeugungen verleiten. Einige Techniken hiezu, die im System HAM-ANS
anwendbar wären, werden von Jameson & Wahlster (1982) und Wahlster (1984) diskutiert.

6.2.3. Beobachtung des Benutzerverhaltens

Die weiteren Anwendungsmöglichkeiten von Benutzermodellierung sollen hier unter dem
- wertfrei verstandenen - Begriff "Beobachtung des Benutzerverhaltens" zusammengefaßt
werden. Darunter ist zu verstehen, daß die Interaktion des Benutzers mit einem
Dialogsystem von einem <u>übergeordneten</u> System beobachtet und auf irgendeine Art aus-
gewertet wird. Drei mit dieser Auswertung verbundene mögliche Ziele, und somit potentielle Anwendungsmöglichkeiten von Benutzermodellierung, zeichnen sich bisher ab.

6.2.3.1. <u>Computergestütze Lernbetreuung</u>

Beobachtung des Benutzerverhaltens wird häufig in bestimmten Bereichen des computergestützten Unterrichts verwendet, insbesondere wenn es darum geht, eine bestimmte
Fertigkeit eines Studenten zu überprüfen und zu verbessern. Das System kann in diesen

Fällen die Ausübung dieser Fertigkeit (etwa die Verwendung bestimmter Regeln zur Lösung eines Problems) beobachten und entsprechende Schlußfolgerungen daraus ziehen. Wenn das System die Fähigkeit besitzt, Annahmen über die Überzeugungen und Problemlösepläne des Benutzers zu treffen, so kann es auch weitergehende Annahmen darüber inferieren, welche falschen Überzeugungen oder Pläne wohl zu einem Benutzerfehler geführt haben.

Ein bekanntes Beispiel auf diesem Gebiet ist etwa das System WEST (Burton & Brown 1979), das Annahmen darüber trifft, welche einfachen arithmetischen Regeln ein Student wahrscheinlich nicht kennt, und ihn auf Basis dieser Annahmen entsprechend instruiert. Das Sytem DEBUGGY (Burton 1982) versucht festzustellen, welche fehlerhaften Schritte der Benutzer wahrscheinlich zum Erreichen seiner falschen Lösung verwendet hat.

6.2.3.2. <u>Unerbetener Rat</u>

Ein Beispiel für eine Anwendung in diesem Bereich ist das System WIZARD (Finin 1983), das korrekte, aber ineffiziente Anweisungsfolgen in der Interaktion eines Benutzers mit dem VAX/VMS-Betriebssystem zu erkennen versucht. Sobald eine solche Sequenz entdeckt wird, gibt WIZARD dem Benutzer unaufgefordert Verbesserungsratschläge, wie etwa in

(1a) Benutzer: $COPY TEST1. TEST2.
 (b) Benutzer: $DELETE TEST1.
 (c) Beobachtungssystem: Wenn Sie den Namen der Datei TEST1. auf TEST2. ändern
                         wollen, hätten Sie das effizienter mit der RENAME-
                         Anweisung machen können, also durch

                    $RENAME TEST1. TEST2.

Derzeit wird im System WIZARD noch kein Benutzermodell verwendet. Die Autoren planen jedoch die Einbeziehung einer solchen Komponente, um falsche Auffassungen des Benutzers leichter erkennnen und darauf besser reagieren zu können (Schuster 1983).

6.2.3.3. <u>Kontrolle</u>

Annahmen über die (unrichtigen) Überzeugungen und Problemlösepläne des Benutzers können auch für reine Kontrollzwecke verwendet werden. Als Beispiel könnte man sich ein System vorstellen, mit dem die Erfahrung oder Zuverlässigkeit des Benutzers auf einem Gebiet dadurch überprüft wird, daß man das Problemlöseverhalten des Benutzers bei Aufgaben in diesem Bereich überwacht, eventuelle Fehler feststellt und mit Hilfe von Benutzermodellierung zusätzlich Annahmen darüber bildet, welche falschen Überzeugungen oder Problemlösepläne des Benutzers diese Fehler verursacht haben. Benutzermodellierung ist allerdings mit sehr hohem Aufwand verbunden, und die Ursachen von Benutzerfehlern sind üblicherweise von geringem zusätzlichen Interesse, wenn die Benutzererfahrung und -verläßlichkeit auf einem Gebiet kontrolliert werden soll. Es scheint daher unwahrscheinlich, daß Benutzermodellierung für diesen Zweck "profitabel" eingesetzt werden kann.

Benutzermodellierung zum Zwecke der Benutzerkontrolle könnte weiters eingesetzt werden, um unberechtigte Zugriffe auf in einem Informationssystem abgespeicherte Daten zu verhindern. Die Modellierung der Ziele und Pläne, für die ein Benutzer bestimmte Informationen braucht, würde etwa die Möglichkeit bieten, die Anonymität von (personenbezogenen) Daten zu wahren. Selbst wenn ein Benutzer aus einer Datenbank, die Einzeldaten über Individuen enthält, nur aggregierte Informationen abrufen kann, ist es derzeit (mit entsprechendem Aufwand) oft möglich, Rückschlüsse auf Einzeldaten dadurch zu ziehen, daß man durch geeignete Suchausdrücke kleine, überlappende Cluster bildet, die das gesuchte Individuum enthalten, und aus den über diese Cluster zur Verfügung gestellten Informationen Rückschlüsse auf die Einzeldaten für dieses Individuum zieht. Ein System, das in der Lage ist, die vermutlichen Ziele und Pläne des Benutzers zu inferieren, könnte einen solchen mißbräuchlichen Datenzugriff eventuell verhindern.

Solch eine Fähigkeit eines Systems könnte aber auch dahingehend ausgenutzt werden, daß die Ziele und Pläne, die den Benutzer zur Verwendung des Dialogsystems bewogen haben, allgemein auf "Erlaubtheit" überprüft werden. Man kann sich etwa ein System vorstellen, das einen freien Zugang zu allen gespeicherten Informationen erlaubt, aber überprüft, ob die Ziele und Pläne der Benutzers zulässig sind. Welche Ziele und Pläne nicht erlaubt sind, würde natürlich vom Systementwerfer (bzw. dessen Auftraggeber) festgelegt werden. Inwieweit solche Systeme realisierbar sind, ist m.E. aber derzeit noch kaum abzusehen.

6.3. Einige Detailprobleme in bezug auf Randbedingungen der praktischen Anwendung von Benutzermodellierung

In diesem Abschnitt soll eine Reihe von Detailproblemen diskutiert werden, die Einfluß auf die Frage haben, wie weit bzw. unter welchen Randbedingungen Benutzermodellierung in Dialogsystemen in praktischen Anwendungen eingesetzt werden soll. Der jeweilige Einfluß hängt dabei stark vom Anwendungszweck ab, innerhalb dessen diese Punkte diskutiert werden. Bei einigen Anwendungszwecken sind die Auswirkungen bestimmter Detailprobleme als eher gering einzuschätzen, bei anderen wiederum können sie sehr weitreichend sein. Zu betonen ist, daß in den folgenden Ausführungen keine allgemeinen Probleme der Anwendung von Computersystemen in verschiedenen Lebensbereichen untersucht werden sollen, sondern nur solche, die speziell durch Benutzermodellierung in Dialogsystemen entstehen könnten. (Umfangreiches Material über mögliche zukünftige Auswirkungen von Ergebnissen der KI-Forschung finden sich in Trappl 1985.)

6.3.1. Kenntnis, Zustimmung und Kontrolle des Benutzers in bezug auf die Benutzermodellierungskomponente

Wenn ein Benutzer _Kenntnis_ davon hat, daß das Dialogsystem, mit dem er arbeitet, mit einer Benutzermodellierungskomponente ausgestattet ist, hat er die Möglichkeit, während der Interaktion mit diesem Dialogsystem die gleichen Techniken zum Verbergen seiner Überzeugungen, Ziele und Pläne anwenden, die er üblicherweise auch im zwischenmenschlichen Dialog verwendet. Dazu gehört etwa, daß man vorgibt, weniger oder mehr zu wissen, als dies wirklich der Fall ist, Fragen in unzusammenhängender Reihenfolge stellt, falsche Aussagen macht, etc. Bei einigen Anwendungen von Benutzermodellierung (z.B. computergestützte Lernbetreuung, unerbetener Rat) dürfte auch der Computerlaie sehr bald auf das Vorhandensein einer Modellierungskomponente aufmerksam werden, bei anderen Anwendungen ist das Vorhandensein einer solchen Komponente eventuell nicht so auffällig.

Kontrolle des Benutzers über die Benutzermodellierungskomponente kann im einfachsten Fall bedeuten, daß der Benutzer die Möglichkeit erhält, die Annahmen, die das System über seine Überzeugungen, Ziele und Pläne gebildet hat, zu inspizieren. Dies kann aber bestenfalls nur einzelne Überzeugungen betreffen: Wie Kapitel 4 zeigt, sind die Annahmen, die ein Dialogsystem während einer normalen Interaktion über den Benutzer bilden kann, so umfangreich, daß eine Überprüfung _aller_ Systemannahmen für den

Benutzer kaum möglich ist. Ein anderes Problem besteht natürlich darin, diese Systemannahmen für den Benutzer verständlich zu machen. Es ist etwa für viele im Repräsentationssystem von VIE-DPM verwendete Arten von Konzepten und Konzeptdependenzen
(siehe Abschnitt 3.3.2.) sehr schwierig, eine allgemeinverständliche Bedeutungsexpli-
kation zu geben.

Kontrolle des Benutzers über das Benutzermodell kann auch bedeuten, daß der Benutzer
berechtigt ist, Annahmen des Systems über ihn, die er inspiziert hat, zu ändern. Ein
Einwand dagegen wäre, daß diese Möglichkeit den Benutzer dazu verleiten würde, auch
oder gerade solche Annahmen des Systems über ihn zu ändern, die zwar "objektiv"
gerechtfertigt sind, aber nicht mit dem persönlichen Selbstbild des Benutzers übereinstimmen. Im Falle von kooperativen Dialogsystemen und computergestützter Lernbetreuung trägt jedoch der Benutzer selbst den Schaden davon, wenn die Kooperativität
des Systems durch diese Manipulationen im Benutzermodell abnimmt.

Eine andere Kontrollmöglichkeit des Benutzers über das Benutzermodell könnte darin
bestehen, daß der Benutzer die Möglichkeit erhält, die Benutzermodellierungskomponente einfach "abzuschalten", und den Dialog allein mit dem "unintelligenten"
Restsystem zu führen, wenn er aus irgendwelchen Gründen die Modellierung seiner
Überzeugungen, Ziele oder Pläne durch das System ablehnt. Bei einigen Anwendungs-
gebieten von Benutzermodellierung (etwa computergestützte Lernbetreuung) ist dies
aufgrund der Art des Anwendungszwecks sicher nicht möglich, in anderen Fällen (etwa
bei kooperativen Auskunftssystemen) ist es wenig ratsam, auf diese Systemkomponente
zu verzichten. Es gibt aber auch Anwendungsgebiete (etwa Systeme, die unaufgefordert
Ratschläge erteilen), wo ein solcher Wunsch des Benutzers durchaus verständlich sein
kann.

Hier ergibt sich aber natürlich das Problem, ob die Benutzermodellierungskomponente
von den übrigen Bestandteilen eines Systems überhaupt so klar getrennt werden kann,
daß es möglich ist, sie einfach "abzuschalten". In VIE-DPM wäre, wie die Kapitel 4
und 5 zeigen, eine solche Vorgangsweise sicher nicht möglich, da das Benutzermodell
einen zentralen Bestandteil des Systems darstellt und die Dialogverarbeitungs- und
Dialogplanungsprozesse wesentlich darauf aufbauen.

6.3.2. Modellierung von Persönlichkeitsmerkmalen versus Modellierung kurzfristiger Überzeugungen, Ziele und Pläne

Das System GRUNDY von Rich (1979a, b), das bereits in Abschnitt 1.2. kurz dargestellt wurde, modelliert fast ausschließlich Persönlichkeitsmerkmale des Benutzers. Es bildet etwa Annahmen über seinen Bildungsgrad, seine Intelligenz, seine Toleranz für Beschreibungen von Sexualität, Gewalt und Leid, etc. Im Zugsauskunftssystem von Allen, Cohen und Perrault hingegen werden Annahmen über kurzfristige Überzeugungen, Ziele und Pläne des Benutzers getroffen, d.s. solche, die der Benutzer in naher Zukunft wahrscheinlich wieder aufgeben wird. Eine mißbräuchliche Verwendung der ersteren Systemannahmen hat offensichtlich üblicherweise weitreichendere Folgen als ein Mißbrauch der letzteren.

Glücklicherweise gibt es nur relativ wenige Anwendungsgebiete, bei denen eine Modellierung von Persönlichkeitsmerkmalen des Benutzers überhaupt relevant ist. Von Interesse ist eine solche Modellierung eigentlich nur für Systeme, die den Benutzer bei Entscheidungen unterstützen sollen, die von subjektiven Präferenzen abhängen, wie etwa der Wahl von Büchern, Filmen, Urlaubsreisen, Lebenspartnern, Berufen, etc. In üblicheren Anwendungsbereichen von Dialogsystemen sind eigentlich nur ganz konkrete Überzeugungen, Ziele und Pläne des Benutzers von Interesse, die sich entsprechend kurzfristig ändern können.

Es gibt jedoch in diesem Zusammenhang noch eine dritte Art von Systemannahmen, und zwar solche über periodisch wiederkehrende konkrete Überzeugungen, Ziele und Pläne. (Diese Beobachtung verdanke ich Frau I. Steinacker.) Wegen ihrer Kurzfristigkeit scheint es wenig problematisch, daß ein Dialogsystem darüber Annahmen bildet (was einen uninformierten Benutzer eventuell dazu verleiten könnte, weniger vorsichtig mit Informationen darüber umzugehen). Eine mißbräuchliche Verwendung solcher Annahmen kann aber zumindestens einigen Ärger verursachen. (Man stelle sich etwa ein Verkaufssystem für Personenwagen vor, das einem Benutzer auf Basis seiner Annahmen über dessen Ziele ein Auto verkauft hat, und nach einiger Zeit, sobald erfahrungsgemäß die ersten Reparaturen aufgetreten sind, dem Benutzer unaufgefordert das brandneue Nachfolgemodell empfiehlt, das den Zielen des Benutzers viel eher entsprechen soll.)

6.3.3. Zuverlässigkeit der Systemannahmen über den Benutzer

Die Schlußfolgerungen, die ein System mit Benutzermodellierungskomponente über die Überzeugungen, Ziele und Pläne des Benutzers bilden kann, sind immer mit Unsicherheiten behaftet. Es ist durchaus möglich, daß einige Annahmen des Systems über den Benutzer auch unrichtig sind, und daß auf dieser Basis geplante Dialogbeiträge des Systems daher ebenfalls unrichtig, unvollständig oder unkooperativ werden. Es wurde aber bereits ausgeführt, daß es schon aus quantitativen Gründen unmöglich ist, dem Benutzer alle getätigten Annahmen zur Überprüfung vorzulegen, oder gar den Aufbau des Benutzermodells dem Benutzer zu überlassen.

Benutzermodellierung beinhaltet daher die Gefahr von Mißverständnissen, wie dies auch bei normaler zwischenmenschlicher Kommunikation der Fall ist. Es kann jedoch erwartet werden, daß der Gewinn an Kooperativität dieses Risiko bei weitem überbieten wird. Oft ist es ja gerade diese Kooperativität, die einem Benutzer, insbesondere einem "Computerlaien", den Zugang zu einem Dialogsystem überhaupt erst ermöglicht.

6.3.4. Gesetzliche Restriktionen

Annahmen, die ein System über die Überzeugungen, Ziele und Pläne eines Benutzers bildet, sind - wie alle personenbezogenen Daten - der Gefahr einer mißbräuchlichen Verwendung ausgesetzt. Darunter würde etwa deren unbefugte Weitergabe, eine Verarbeitung für unbefugte Zwecke, oder eine ungerechtfertigte Aufbewahrung fallen. Als Beispiel könnte man sich etwa vorstellen, daß die Annahme eines Reisebuchungssystems, daß der Benutzer nach Beirut fliegen möchte, einer Versicherungsgesellschaft bekanntgegeben wird, die ihm daraufhin eine Lebensversicherungspolizze zu verkaufen versucht.

Nationale Datenschutzgesetze legen üblicherweise fest, was als mißbräuchliche Verwendung personenbezogener Daten anzusehen ist. Gesetzliche Bestimmungen in Hinblick auf die Mitwirkung bzw. das Einspruchsrecht von betrieblichen Personalvertretern in Personalfragen setzen der Einführung neuer Technologien, die Auswirkungen auf die Belegschaft haben, gewisse Grenzen.

Es sollte jedoch überprüft werden, ob die erwähnten Gesetze auch den Eigenheiten, sowie den Möglichkeiten und Gefahren von Benutzermodellierung in Dialogsystemen entsprechend Rechnung tragen. Das österreichische Datenschutzgesetz verlangt etwa, grob gesprochen, daß eine genaue Beschreibung der in einem System verarbeiteten personenbezogenen Daten entweder dem Betroffenen oder einem öffentlich zugänglichen Datenverarbeitungsregister übergeben wird. Im Falle herkömmlicher Dialogsysteme treten dabei keine Probleme auf, da hier nur solche personenbezogenen Daten über den Benutzer neu gespeichert werden können, die dieser <u>selbst eingibt</u>. Bei Systemen, die mit einer Benutzermodellierungskomponente ausgestattet sind, trifft dies aber nicht mehr zu. In solchen Systemen werden praktisch aus <u>allen</u> Eingaben des Benutzers in das System Annahmen über die zugrundeliegenden Überzeugungen, Ziele und Pläne des Benutzers, somit im Sinne des österreichischen Datenschutzgesetzes personenbezogene Daten über den Benutzer, gebildet und in einem Repräsentationssystem gespeichert. Schon einfache Fragen des Benutzers über Sachverhalte, die mit ihm <u>überhaupt nichts zu tun haben</u> (etwa, ob Reagan gerne Tomatensuppe ißt) führen zu personenbezogenen Daten <u>über den Benutzer</u>.

Leider ist auch in den meisten Fällen für den Benutzer nicht vorhersehbar, welche Annahmen das System über ihn aus einer bestimmten Eingabe ziehen wird. Wie kann daher, um den gesetzlichen Vorschriften Genüge zu leisten, eine Spezifikation der personenbezogenen Daten gegeben werden, die ein System mit Benutzermodellierungskomponente verarbeitet? Es scheint fast unmöglich, für eine gegebene Applikation eine komplette Aufstellung <u>aller</u> Annahmen zu geben, die im Prinzip über den Benutzer getroffen werden können. Der einzig gangbare Weg dürfte darin liegen, das vom System verwendete Repräsentationsschema, und, um dessen Semantik zu erklären (siehe Abschnitt 3.1.), alle darauf operierenden Zugriffs- und Inferenzprozeduren darzulegen. Da eine solche Spezifikation für Nicht-Fachleute völlig undurchschaubar wäre, würde sie den gesetzlichen Vorschriften sicher nicht genügen. Ein Überdenken dieser Bestimmungen des Datenschutzgesetzes im Lichte der Forschung im Bereich der Benutzermodellierung und der Wissensrepräsentationsforschung scheint also sicher sinnvoll zu sein.

LITERATUR

(Bei Literaturstellen, für die ein Reprint, eine Neuauflage oder eine Übersetzung angegeben ist, wurde diese Sekundärquelle und nicht die Originalarbeit verwendet.)

Allen, J. F. (1979): A Plan-Based Approach to Speech Act Recognition. TR 131/79, Dept. of Computer Science, Univ. of Toronto, Cda.

Allen, J. F. and C. R. Perrault (1978): Participating in Dialogues: Understanding via Plan Deduction. AI-Memo 78-4, Univ. of Toronto, Cda.

Allen, J. F. and C. R. Perrault (1980): Analyzing Intention in Utterances. Artificial Intelligence 15(3), pp. 143 - 178.

Allen, J. F. (1983): Recognizing Intentions from Natural Language Utterances. In: M. Brady and R. C. Berwick, eds.: Computational Models of Discourse. Cambridge, MA: MIT Press

Appelt, D. E. (1982): Planning Natural-Language Utterances to Satisfy Multiple Goals. Technical Note 259, SRI International, Menlo Park, CA.

Austin, J. L. (1962): How to Do Things with Words. Oxford: Oxford Univ. Press.

Balzert, H., Hrsg. (1983): Software-Ergonomie. Stuttgart: B. G. Teubner.

Barr, A. (1980): The Representation Hypothesis. Working Paper HPP-80-1, Dept. of Computer Science, Stanford Univ., Stanford, CA.

Barr, A. and E. A. Feigenbaum, eds. (1982): The Handbook of Artificial Intelligence, Vol. II. Los Altos, CA: W. Kaufmann.

Bobrow, D. G. and T. Winograd (1977): An Overview of KRL, a Knowledge Representation Language. Cognitive Science 1, pp. 3-46.

Bobrow, D. G., ed. (1980): Special Issue on Non-Monotonic Logic. Artificial Intelligence 13.

Boley, H. (1976): A Theory of Representation (-Languages, -Constructions and -Relations). Mitteilung Nr. 38, IFI-HH-M-38/76, Universität Hamburg.

Born, R. (1982): Sprache - Information - Wirklichkeit. In: R. Born, Hrsg.: Sprache - Information - Wirklichkeit. Wien: VWGÖ.

Born, R. (1983a): Schizo-Semantik: Provokationen zum Thema Bedeutungstheorien und Wissenschaftsphilosophie im allgemeinen. Conceptus 17(40/41), pp. 101-116.

Born, R. (1983b): Vollständigkeit: Mensch und Logik. In: G. Frey und J. Zelger (Hrsg.): Der Mensch und die Wissenschaft vom Menschen. Akten des 12. Deutschen Kolloquiums für Philosophie. Innsbruck: Solaris.

Brachman, R. J. (1978): A Structural Paradigm for Representing Knowledge. Rep. No. 3605, Bolt, Beranek & Newman, Cambridge, MA.

Brachman, R. J. (1979): On the Epistemological Status of Semantic Networks. In: N. V. Findler, ed.: Associative Networks: Representation and Use of Knowledge by Computers. New York, etc.: Academic Press.

Brachman, R. J. and B. C. Smith (1980): SIGART Newsletter No. 70 (Special Issue on Knowledge Representation).

Brachman, R. J. (1982): Summary of the KL-ONE Language. In: J. G. Schmolze and R. J. Brachman, eds.: Proceedings of the 1981 KL-ONE Workshop. Report No. 4842, Bolt, Beranek & Newman, Cambridge, MA.

Brachman, R. J., R. E. Fikes and H. J. Levesque (1983): KRYPTON: Integrating Terminology and Assertion. Proceedings of the AAAI-83, Washington, DC, pp. 31-35.

Brachman, R. J. and J. G. Schmolze (1985): An Overview of the KL-ONE Knowledge Representation System. Cognitive Science 9, in press.

Bretherton, I. and M. Beeghly (1982): Talking About Internal States: The Acquisition of an Explicit Theory of Mind. Developmental Psychology 14, pp. 206-213.

Brown, G. P. (1980): Characterizing Indirect Speech Acts. American Journal of Computational Linguistics 6, pp. 150-166.

Bruce, B. C. (1975): Belief Systems and Language Understanding.   Report No. 2973, Bolt, Beranek & Newman, Cambridge, MA.

Buchberger, E., I. Steinacker, R. Trappl, H. Trost and E. Leinfellner (1982): VIE-LANG: A German Language Understanding System. In: R. Trappl, ed.: Cybernetics and Systems Research. Amsterdam: North-Holland.

Buchberger, E. and H. Horacek (in press): VIE-GEN: A Generator for German Texts. In: L. Bolc and D. D. McDonald, eds.: Natural Language Generation Systems. Berlin: Springer.

Bullinger, H. J., K. P. Fähnrich und A. Fauser (1981): Kognitive Ergonomie - ein neuer Schwerpunkt der Ergonomie, Arbeitstagung 'Mensch-Maschine-Schnittstelle', 12./13. Oktober 1981, Stuttgart.

Burton, R. R. and J. S. Brown (1979): An Investigation of Computer Coaching for Informal Learning Activities. International Journal of Man-Machine Studies 11, pp. 5-24.

Burton, R. R. (1982): Diagnosing Bugs in a Simple Procedural Skill. In: D. Sleeman and J. S. Brown, eds.: Intelligent Tutoring Systems. London: Academic Press.

Carberry, S. (1983): Tracking User Goals in an Information-Seeking Environment. Proceedings of the AAAI-83, Washington, DC, pp. 59-63.

Carbonell, J. G. (1979): Subjective Understanding: Computer Models of Belief Systems. Report No. 150, Yale Univ., New Haven.

Carnap, R. (1947): Meaning and Necessity. Enlarged edition 1956. Chicago: Univ. of Chicago Press. Deutsche Fassung: Bedeutung und Notwendigkeit. Wien - New York 1972: Springer.

Carr, B. and I. Goldstein (1977): Overlays: A Theory of Modeling for Computer Aided Instruction. AI Memo 406, MIT, Cambridge, MA.

Chellas, B. F. (1980): Modal Logic: An Introduction. Cambridge, etc.: Cambridge Univ. Press.

Clancey, W. J. (1979): Transfer of Rule-Based Expertise through a Tutorial Dialogue. Report STAN-CS-769, Stanford Univ., Computer Science Dept.

Clark, H. H. (1979): Responding to Indirect Speech Acts. Cognitive Psychology 11, pp. 430-477.

Clark, H. H. and C. R. Marshall (1981): Definite Reference and Mutual Knowledge. In: A. K. Joshi, B. L. Webber and I. A. Sag, eds.: Elements of Discourse Understanding. Cambridge: Cambridge Univ. Press.

Clippinger, J. H. (1977): Meaning and Discourse: A Computer Model of Psychoanalytic Speech and Cognition. Baltimore and London: John Hopkins Univ. Press.

Cognitive Engineering (1982): Proceedings of the First European Conference on Cognitive Engineering, Vrije Universiteit Amsterdam, Subfakulteit Psychologie.

Cohen, P. R. (1978): On Knowing What to Say: Planning Speech Acts. TR-118, Dept. of Computer Science, Univ. of Toronto, Cda.

Cohen, P. R. and C. R. Perrault (1979): Elements of a Plan-Based Theory of Speech Acts. Cognitive Science 3, pp. 177-212.

Cohen, P.R. (1981): The Need for Referent Identification as a Planned Action. Proceedings of the 7th International Joint Conference on Artificial Intelligence, Vancouver, Cda., pp. 31-36.

Cohen, R. (1983): A Computational Model for the Analysis of Arguments. Ph.D. Thesis, TR No. 151, Dept. of Computer Science, Univ. of Toronto, Cda.

Colby, K. M. and J. P. Gilbert (1964): Programming a Computer Model of Neurosis. J. Math. Psych. 1, pp. 405-417.

Colby, K. M., S. Weber and F. D. Hilf (1973): Artificial Paranoia. Artificial Intelligence 2, pp. 1-25.

Cole, P. and J. L. Morgan (1975): Syntax and Semantics 3: Speech Acts. New York: Academic Press.

Creary, L. G. (1979): Propositional Attitudes: Fregean Representation and Simulative Reasoning. Proceedings of the 6th International Joint Conference on Artificial Intelligence, Tokyo, pp. 176-181.

Cullingford, R. E. (1978): Script Application: Computer Understanding of Newspaper Stories. Ph.D. Thesis, Yale University, Research Report No. 116.

Deliyanni, A. and R. A. Kowalsky (1979): Logic and Semantic Networks. Communications of the ACM 22(3), pp. 184-192.

Dolev, D. and H. R. Strong (1982): Byzantine Agreement. Report RJ 3714, IBM Research Laboratory, San Jose, CA.

Donnellan, K.S. (1966): Reference and Definite Descriptions. Philosophical Review 75, pp. 281-304.

Doyle, J. (1979): A Truth Maintenance System. Artificial Intelligence 12(3), pp. 231-272.

Doyle, J. and Ph. London (1980): A Selected Descriptor-Indexed Bibliography to the Literature on Belief Revision. SIGART Newsletter 71, pp. 7-23.

Emde, W. and A. Schmiedel (1983): Aspekte der Verarbeitung unsicheren Wissens. KIT-Report 6, Institut für Angewandte Informatik, Technische Universität Berlin.

Feldman, F. (1970): Leibniz and "Leibniz' Law". Philosophical Review 79, pp. 510-522.

Finin, T. W. (1983): Providing Help and Advice in Task Oriented Systems. Proceedings of the 8th International Joint Conference on Artificial Intelligence, Karlsruhe, West Germany, pp. 176-178.

Flavell, J. H., S. G. Shipstead and K. Croft (1978): Young Children's Knowledge About Visual Perception: Hiding Objects from Others. Child Development 49, pp. 1208-1211.

Gentner, D. and A. Stevens, eds. (1982): Mental Models. Hillsdale, NJ.: Erlbaum Ass.

Georgeff, M. (1983): Communication and Interaction in Multi-Agent Planning Systems. Proceedings of the AAAI-83, Washington, pp. 125-129.

Gordon, D. and G. Lakoff (1971): Conversational Postulates. Papers from the Seventh Regional Meeting, Chicago Linguistic Society, pp. 63-84. Deutsche Fassung: Konversationspostulate. In: G. Meggle, Hrsg. (1979): Handlung, Kommunikation, Bedeutung. Frankfurt/M.: Suhrkamp.

Grice, H. P. (1957): Meaning. The Philosophical Review 66, pp. 377-388.

Grice, H. P. (1975): Logic and Conversation. In: P. Cole and J. Morgan, eds.: Syntax and Semantics 3: Speech Acts. New York: Academic Press.

Grosz, B. J. (1977): The Representation and Use of Focus in Dialogue Understanding. TN No. 151, AI Center, SRI International, Menlo Park, CA.

Grosz, B. J. (1981): Focusing and Description in Natural Language Dialogues. In: A.K. Joshi, B. Webber and I. A. Sag, eds.: Elements of Discourse Understanding. Cambridge: Cambridge Univ. Press.

Günther, A. und M. Lutz-Hensel (1976): Konstruktion eines formalen Modellschemas für Dialoge. In: C. H. Heidrich, Hrsg.: Formale Betrachtungen in Sprach- und Kommunikationstheorie. Hamburg: H. Buske.

Haas, A. (1982): Planning Mental Actions. Ph.D. Thesis, Dept. of Computer Science, Univ. of Rochester.

Haas, A. (1983): The Syntactic Theory of Belief and Knowledge. Report No. 5368, Bolt, Beranek & Newman, Cambridge, MA.

Habel, Ch. (1983): Logische Systeme und Repräsentationsprobleme. In: B. Neumann, ed.: GWAI-83, 7th German Workshop on Artificial Intelligence. Berlin: Springer.

Halpern, J. Y. and Y. Moses (1984): Knowledge and Common Knowledge in a Distributed Environment. Report RJ 4421, IBM Research Laboratory, San Jose, CA.

Hayes, P. J. (1977): In Defence of Logic. Proceedings of the 5th International Joint Conference on Artificial Intelligence, Cambridge, MA, pp. 559-565.

Hayes, P. J. (1980): The Logic of Frames. In: D. Metzing, ed.: Frame Conceptions and Text Understanding. Berlin - New York: de Gruyter.

Hendrix, G. G. (1975a): Expanding the Utility of Semantic Networks Through Partitioning. Proceedings of the 4th International Joint Conference on Artificial Intelligence, Tiblisi, USSR.

Hendrix, G. G. (1975b): Partitioned Networks for the Mathematical Modelling of Natural Language Semantics. Technical Report NL-28, Dept. of Computer Science, Univ. of Texas, Austin.

Hendrix, G. (1978): The Representation of Semantic Knowledge. In: D. E. Walker, ed.: Understanding Spoken Language. New York: Elsevier North Holland.

Herkner, W., Hrsg. (1980): Attribution - Psychologie der Kausalität. Bern: H. Huber.

Hintikka, J. (1962): Knowledge and Belief. Ithica, NY: Cornell Univ. Press.

Hintikka, J. (1969): Semantics for Propositional Attitudes. In: J. W. Davis et al. (eds.): Philosophical Logic. Dordrecht, Holland: Reidel. Reprinted in: L. Linsky, ed. (1971): Reference and Modality. London, etc.: Oxford Univ. Press.

Hoeppner, W. and K. Morik (1983): Was haben Hotels, Straßenkreuzungen und Fische gemeinsam? - Mit HAM-ANS spricht man darüber. Bericht ANS-20, Forschungsstelle für Informationswissenschaft und Künstliche Intelligenz, Univ. Hamburg.

Holly, W. (1979): Imagearbeit in Gesprächen. Niemayer: Tübingen.

Horn, W., W. Buchstaller und R. Trappl (1981): Knowledge Structure Definition for an Expert System in Primary Medical Care. Proceedings of the 7th International Joint Conference on Artificial Intelligence, Vancouver, Cda., pp. 850-852.

Horn, W., E. Buchberger and H. Trost (1982): Database Access in LISP. Proceedings of the 1982 European Conference on Artificial Intelligence (Discussion papers), pp. 33-34.

Hughes, G. E. and M. J. Cresswell (1968): An Introduction to Modal Logic.   London: Methuen.

Jameson, A., W. Hoeppner and W. Wahlster (1980): The Natural Language System HAM-RPM as a Hotel Manager: Some Representational Prerequisites. Bericht Nr. 17, Germanisches Seminar, Univ. Hamburg.

Jameson, A. and W. Wahlster (1982): User Modelling in Anaphora Generation: Ellipsis and Definite Description. Proceedings of the 1982 European Conference on Artificial Intelligence, Orsay, France, pp. 222-227.

Janac, P. (1985):   Ein System zur Beantwortung einfacher Fragen in   VIE-LANG (Arbeitstitel). Diplomarbeit, Technische Universität Wien, in Vorb.

Joshi, A. K. (1982): Mutual Beliefs in Question-Answer Systems. In: N. V. Smith, ed.: Mutual Knowledge. London etc.: Academic Press.

Kaplan, D. (1969): Quantifying In. In: D. Davidson and J. Hintikka, eds.: Words and Objections: Essays on the Work of W. V. Quine. Dordrecht: Reidel. Reprinted in: L. Linsky, ed.: Reference and Modality. Oxford: Oxford Univ. Press.

Kaplan, S. J. (1979): Cooperative Responses from a Portable Natural Language Data Base Query System. Ph.D. Thesis, Univ. of Pennsylvania, Dept. of Comp. and Inf. Sc. Auch als: Report HPP-79-19, Computer Science Dept., Stanford Univ., Stanford, CA.

Kaplan, S. J. (1982): Cooperative Responses from a Portable Natural Language Query System. Artificial Intelligence $\underline{19}$, pp. 165-187.

Kaplan, S. J. (1983): Cooperative Responses from a Portable Natural Language Database Query System. In: M. Brady and R. C. Berwick, eds.: Computational Models of Discourse. Cambridge, MA: MIT Press.

Kobsa, A. (1982): On Regarding AI Programs as Theories. In: R. Trappl, ed.: Cybernetics and Systems Research. Amsterdam - Oxford: North-Holland.

Kobsa, A. (1983): Präsuppositionsanalyse zum Aufbau von Dialogpartnermodellen. Conceptus $\underline{17}$, pp. 165-179.

Kobsa, A., H. Trost und R. Trappl (1983): Ist benutzerangepaßtes Dialogverhalten auch ohne Dialogpartnermodell möglich? Angewandte Informatik $\underline{9}$(83), pp. 383-387.

Kobsa, A. (1984a): Knowledge Representation: A Survey of its Mechanisms, a Sketch of its Semantics. Cybernetics and Systems $\underline{15}$, pp. 41-89.

Kobsa, A. (1984b): What is Explained by AI Models? Communication and Cognition 17,
     pp. 49-65.

Konolige, K. and N. J. Nilsson (1980): Multiple-Agent Planning Systems. Proceedings
     of the AAAI-80, Stanford, CA, pp. 138-141.

Konolige, K. (1981): A First-Order Formalisation of Knowledge and Action for a Multi-
     Agent Planning System. In: J. E. Hayes, D. Michie and Y-H Pao, eds.:   Machine
     Intelligence 10. Chichester: Ellis Horwood.

Kripke, S. A. (1963a): Semantical Analysis of Modal Logic. Zeitschrift für Mathemati-
     sche Logik und Grundlagen der Mathematik 9, pp. 67-96.

Kripke, S. A. (1963b): Semantical Considerations on Modal Logic. Acta Philosophica
     Fennica 16, pp. 83-94.   Reprinted in: L. Linsky, ed. (1971):   Reference and
     Modality. London, etc.: Oxford Univ. Press.

Kutschera, F. v. und A. Breitkopf (1971): Einführung in die Moderne Logik. Freiburg:
     Alber.

Kutschera, F. v. (1976): Einführung in die intensionale Semantik. Berlin - New York:
     de Gruyter.

Lehmann, D. (1984): Knowledge, Common Knowledge, and Related Puzzles.   Proc. of the
     3rd Annual ACM Conference on Principles of Distributed Computing, pp. 62-67.

Lehnert, W. G. and M. H. Burnstein (1979): The Role of Object Primitives in Natural
     Language Processing. Research Report No. 162, Dept. of Computer Science, Yale
     University.

Leinfellner, E., I. Steinacker and H. Trost (1984):   Anaphoric and Kataphoric
     Relations, Textual Cohesion, and Reference Solution in the System VIE-LANG.
     Computers and Artificial Intelligence 3, pp. 377-397.

Lenzen, W. (1978): Recent Work in Epistemic Logic. Amsterdam: North-Holland.

Lenzen, W. (1980): Glauben, Wissen und Wahrscheinlichkeit: Systeme der epistemischen
     Logik. Wien - New York: Springer.

Lewis, C. I. and Langford, C. H. (1932): Symbolic Logic (2nd edition 1959). New York:
     Dover Publications.

Lewis, D. K. (1969): Convention: A Philosophical Study. Cambridge: Harvard Univ.
     Press.

Martins, J. P. (1983): Reasoning in Multiple Belief Spaces. Ph.D. Dissertation, Dept.
     of Computer Science, SUNY at Buffalo.

Martins, J. P. and S. C. Shapiro (1983): Reasoning in Multiple Belief Spaces.   Pro-
     ceedings of the 8th International Joint Conference on Artificial Intelligence,
     Karlsruhe, pp. 370-373.

Marvin, R. S. , M. T. Greenberg and D. G. Mossler (1976): The Early Development of
     Conceptual Perspective Taking: Distinguishing Among Multiple Perspectives. Child
     Development 47, pp. 511-514.

McCarthy, J. (1962): Towards a Mathematical Science of Computation.   In: Information
     Processing 62. Amsterdam: North-Holland.

McCarthy, J. and P. J. Hayes (1969): Some Philosophical Problems from the Standpoint
     of Artificial Intelligence. In: B. Meltzer and D. Michie, eds.: Machine Intelli-
     gence 4. Edinburgh: Edinburgh Univ. Press.

McCarthy, J., M. Sato, T. Hayashi and S. Igarashi (1978): On the Model Theory of Knowledge. AIM-312, Stanford University, Stanford, CA.

McCarthy, J. (1979): Ascribing Mental Qualities to Machines. In: M. Ringle, ed.: Philosophical Perspectives in Artificial Intelligence. Brighton: Harvester.

McCoy, K. F. (1983): Cooperative Responses to Object-Related Misconceptions: A Thesis Proposal. MS-CIS-83-39, Dept. of Computer and Information Science, Univ. of Pennsylvania, Philadelphia, PA.

McDermott, D. (1976): Artificial Intelligence Meets Natural Stupidity. SIGART Newsletter No. 57, pp. 4-9. Reprinted in: J. Haugeland, ed. (1981): Mind Design. Cambridge, MA.: MIT Press.

Minsky, M. (1981): A Framework for Representing Knowledge. In: J. Haugeland, ed.: Mind Design. Cambridge, MA: MIT Press.

Moore, R. C. (1977): Reasoning about Knowledge and Action. Proceedings of the 5th International Joint Conference on Artificial Intelligence, Cambridge, MA, pp. 223-227.

Moore, R. C. (1980): Reasoning about Knowledge and Action. Technical Note 191, AI Center, SRI International, Menlo Park, CA.

Moore, R. C. (1982): The Role of Logic in Knowledge Representation and Commonsense Reasoning. Proceedings of the AAAI-82, Pittsburgh, PA, pp. 428-433.

Morgan, C. G. (1976): Methods for Automated Theorem Proving in Nonclassical Logics. IEEE Transactions on Computers C-25, pp. 852-862.

Morik, K. (1982): Überzeugungssysteme der Künstlichen Intelligenz: Validierung vor dem Hintergrund linguistischer Theorien über implizite Äußerungen. Tübingen: Niemayer.

Morik, K. und C.-R. Rollinger (1983): Partnermodellierung im Evidenzraum. In: B. Neumann, ed.: GWAI-83, 7th German Workshop on Artificial Intelligence. Berlin: Springer.

Nadathur, G. and A. K. Joshi (1983): Mutual Beliefs in Conversational Systems: Their Role in Referring Expressions. Proceedings of the 8th International Joint Conference on Artificial Intelligence, Karlsruhe, West Germany, pp. 603-605.

Newell, A. (1982): The Knowledge Level. Artificial Intelligence 18(1), pp. 87-127.

Nilsson, N. J. (1974): Artificial Intelligence (Invited Paper). In: Information Processing 74, Amsterdam: North-Holland.

ÖGAI (1984): AI-Dictionary, 1. Teil: Sprachverstehende Systeme. ÖGAI-Journal 3(1), pp. 21-24.

Palmer, S. E. (1978): Fundamental Aspects of Cognitive Representation. In: E. H. Rosch and B. B. Lloyd, eds.: Cognition and Categorization. Potomac, MD: Erlbaum.

Perner, J. and H. Wimmer (in press): "John Thinks that Mary Thinks that ...": Attribution of Second-Order Beliefs by 5 to 10 Year Old Children. To appear in the 'Journal of Developmental Child Psychology'.

Perrault, C. R. and J. F. Allen (1980): A Plan-Based Analysis of Indirect Speech Acts. American Journal of Computational Linguistics 6, pp. 167-182.

Perrault, C. R. and P. R. Cohen (1981): It's For Your Own Good: A Note on Inaccurate Reference. In: A. K. Joshi, B. Webber and I. A. Sag, eds.: Elements of Discourse Understanding. Cambridge: Cambridge Univ. Press.

Pollack, M. E., J. Hirschberg and B. Webber (1982): User Participation in the Reason-
     ing Process of Expert Systems. MS CIS-82-9, Dept. of Computer and Information
     Science, Univ. of Pennsylvania.

Power, R. (1979): The Organisation of Purposeful Dialogues. Linguistics 17, pp. 107-
     152.

Quine, W. V. O. (1951): Mathematical Logic. Revised edition, reprint 1962. New York:
     Harper & Row.

Quine, W. V. O. (1953): Reference and Modality. In: W. V. O. Quine: From a Logical
     Point of View. New York: Harper & Row. Reprinted in: L. Linsky, ed. (1971):
     Reference and Modality. London, etc.: Oxford Univ. Press.

Quine, W. V. O. (1956): Quantifiers and Propositional Attitudes. Journal of Philo-
     sophy 53, pp. 177-187.   Reprinted in: L. Linsky, ed. (1971): Reference and
     Modality. London etc.: Oxford Univ. Press.

Reichman, R. (1981): Plain Speaking: A Theory and Grammar of Spontaneous Discourse.
     Report No. 4681, Bolt, Beranek & Newman, Cambridge, MA.

Rich, E. (1979a): Building and Exploiting User Models. Ph.D. Dissertation, Carnegie-
     Mellon University.

Rich, E. (1979b): User Modelling via Stereotypes. Cognitive Science 3, pp. 329-345.

Rich, E. (1983): Users are Individuals: Individualizing User Models.   Int. J. Man-
     Mach. Comm. 18, pp. 199-214.

Rollinger, C.-R. (1980): Readtime-Inferenzen für semantische Netze. In: C.-R. Rollin-
     ger und H.-J. Schneider, Hrsg.: Inferenzen in natürlichsprachlichen Systemen der
     künstlichen Intelligenz. Berlin: Einhorn Verlag.

Rosenschein, J. S. (1982): Synchronization of Multi-Agent Plans. Proceedings of the
     AAAI-82, Pittsburgh, PA, pp. 115-119.

Russell, B. (1940): An Inquiry into Meaning and Truth. London: George Allen & Unwin.

Russell, B. (1948): Human Knowledge: Its Scope and Limits. London: George Allen &
     Unwin.

Schank, R. C. (1972): Conceptual Dependency: A Theory of Natural Language Understand-
     ing. Cognitive Psychology 3, pp. 552-631.

Schank, R. C. and Ch. J. Rieger (1974): Inference and the Computer Understanding of
     Natural Language. Artificial Intelligence 5, pp. 373-412.

Schank, R. C. (1975): Conceptual Information Processing. Amsterdam - Oxford: North-
     Holland.

Schank, R. C. (1978): Interestingness: Controlling Inferences. Research Report No.
     145, Dept. of Computer Science, Yale University.

Schank, R. C. (1979): Natural Language, Philosophy and Artificial Intelligence. In:
     M. Ringle, ed.: Philosophical Perspectives in Artificial Intelligence. Brighton,
     Sussex: Harvester.

Schiffer, S. R. (1972): Meaning. Oxford: Clarendon Press.

Schmidt, C. F., N. S. Sridharan and J. L. Goodson (1978):   The Plan Recognition
     Problem: An Intersection of Psychology and Artificial Intelligence. Artificial
     Intelligence 11, pp. 45-83.

Schmolze, J. G. and R. J. Brachman (1982): Proceedings of the 1981 KL-ONE Workshop. Report No. 4842, Bolt, Beranek & Newman, Inc., Cambridge, MA.

Schubert, L.K. (1976): Extending the Expressive Power of Semantic Networks. Artificial Intelligence $\underline{7}$, pp. 163-198.

Schubert, L.K., R.G. Goebel and N.J. Cercone (1979): Structure and Organization of a Semantic Net for Comprehension and Inference. In: N.V. Findler, ed.: Associative Networks: Representation and Use of Knowledge by Computers, New York, etc.: Academic Press.

Schuster, E. (1983): Custom-Made Responses: Maintaining and Updating the User Model. MS-CIS-83-13, Dept. of Computer and Information Science, Univ. of Pennsylvania.

Searle, J. R. (1969): Speech Acts: An Essay in the Philosophy of Language. Cambridge: Cambridge Univ. Press.

Searle, J. R. (1975): Indirect Speech Acts. In: P. Cole and J. Morgan, eds.: Syntax and Semantics 3: Speech Acts. New York: Academic Press.

Sidner, C. L. (1982): Protocols of User's Manipulating Visually Presented Information with Natural Language. Report No. 5128, Bolt, Beranek & Newman, Cambridge, MA.

Sidner, C. L. (1983): What the Speaker Means: The Recognition of Speaker's Plans in Discourse. Computers and Mathematics with Applications $\underline{9}$, pp. 71-82.

Sleeman, D. and J. S. Brown, eds. (1982): Intelligent Tutoring Systems. London: Academic Press.

Smith, B. C. (1982): Linguistic and Computational Semantics. Proceedings of the 20th Annual Meeting of the ACL, pp. 9-15.

Sridharan, N. S. and C. F. Schmidt (1978): Knowledge-Directed Inference in BELIEVER. In: D. A. Waterman and F. Hayes-Roth, eds.: Pattern-Directed Inference Systems. New York, etc.: Academic Press.

Steinacker, I. and E. Buchberger (1983): Relating Syntax and Semantics: The Syntactico-Semantic Lexicon of the System VIE-LANG. Proceedings of the First ACL European Chapter Meeting, Pisa, pp. 96-100.

Steinacker, I. (1984): VIE-PAR, ein semantisch gesteuerter Parser zur Analyse deutscher Sätze in einem sprachverstehenden System. Dissertation, Technische Univ. Wien.

Stich, S. P. (1984): From Folk Psychology to Cognitive Science: The Case Against Belief. Cambridge, MA: MIT Press.

Tauber, M. J. (1983): Softwareergonomie - Ein Überblick. TN 83.03, IBM Germany, Heidelberg Scientific Center.

Taylor, G. B. and S. B. Whitehill (1981): A Belief Representation for Understanding Deception. Proceedings of the 7th International Joint Conference on Artificial Intelligence, Vancouver, Cda., pp. 388-393.

Tennant, H.R. (1980): Evaluation of Natural Language Processors. Report T-103, Coordinated Science Laboratory, Univ. of Illinois, Urbana, IL.

Trappl, R., ed. (1985): Impacts of Artificial Intelligence. Amsterdam - New York: North-Holland.

Trost, H. und E. Buchberger (1981): Lexikon, morphologische Analyse und Synthese im System VIE-LANG. Bericht 81-02, Inst. f. Medizin. Kybernetik, Univ. Wien.

Trost, H. und I. Steinacker (1981): The Role of Roles: Some Aspects of Real World Knowledge Representation. Proceedings of the 7th International Joint Conference on Artificial Intelligence, Vancouver, Cda, pp. 237 - 239.

Trost, H. (1983): SEMNET: Ein Semantisches Netz zur Darstellung von Umweltwissen für ein natürlichsprachiges System. Dissertation, Technische Universität Wien.

Trost, H., E. Buchberger, I. Steinacker and R. Trappl (1983): VIE-LANG: A German Language Dialogue System. Cybernetics and Systems 14, pp. 343-357.

Vilain, M. and D. McAllster (1982): Assertions in NIKL. In: Research in Knowledge Representation for Natural Language Understanding: Annual Report. Report No. 5421, Bolt, Beranek & Newman, Cambridge, MA.

Wahlster, W. (1977): Die Repräsentation von vagem Wissen in natürlichsprachigen Systemen der Künstlichen Intelligenz. Bericht No. 38, FB Informatik, Univ. Hamburg.

Wahlster, W. (1981): Natürlichsprachliche Argumentation in Dialogsystemen: KI-Verfahren zur Rekonstruktion und Erklärung approximativer Inferenzprozesse. Berlin, etc.: Springer.

Wahlster W. (1982): Natürlichsprachliche Systeme: Eine Einführung in die sprachorientierte KI-Forschung. In: W. Bibel und J. H. Siekmann, Hrsg.: Künstliche Intelligenz: Frühjahrsschule Teisendorf. Berlin, etc.: Springer.

Wahlster, W. (1984): Cooperative Access Systems. Fifth Generation Computer Systems 1, pp. 103-111.

Wahlster, W. (1985): User Models in Dialog Systems. To appear in 'Computational Linguistics'.

Weyhrauch, R. W. (1980): Prolegomena to a Theory of Mechanized Formal Reasoning. Artificial Intelligence 13, pp. 133-170.

Wilensky, R. (1978): Why John Married Mary: Understanding Stories Involving Recurring Goals. Cognitive Science 2, pp. 235-266.

Wilensky, R. (1984): Talking to UNIX in English: An Overview of an On-line UNIX Consultant. The AI Magazine, Spring 1984, pp. 29-39.

Wilks, Y. and J. Bien (1983): Beliefs, Points of View and Multiple Environments. Cognitive Science 7, pp. 95-119.

Wimmer, H. and J. Perner (1983): Beliefs about Beliefs: Representation and Constraining Functions of Wrong Beliefs in Young Children's Understanding of Deception. Cognition 13, pp. 103-128.

Winograd, T. (1972): Understanding Natural Language. New York: Academic Press.

Winograd, T. (1980): Extended Inference Modes in Reasoning by Computer Systems. Artificial Intelligence 13, pp. 5-26.

Winograd, T. (1983): Language as a Cognitive Process. Vol I: Syntax. Reading, MA: Addison-Wesley.

Woods, W. A., R. M. Kaplan and B. Nash-Webber (1972): The Lunar Sciences Natural Language Information System: Final Report. BBN Report No. 2378, Bolt, Beranek & Newman, Inc., Cambridge, MA.

ANHANG: KOMMENTIERTES DEMONSTRATIONSBEISPIEL

Das folgende Performanzbeispiel fuer die Funktionweise von VIE-DPM und VIE-LANG
besteht aus Systemstatusmeldungen eines Demonstrationslaufs samt zugehoerigen Kommen-
taren. Es wurden dabei weitreichende Kuerzungen vorgenommen, der Umfang des voll-
staendigen Listings betraegt etwa 90 Seiten.

_(SH-KTXTS 'ALL KNEX#2934]   Zeige die vollstaendige Ausgangssituation

AUSGABE DER INHALTE VON B   Wiederholtes Aufrufen des Generators
Beginn der Generierung...   von VIE-LANG
                                              (ein Performanzbeispiel fuer seine
AUSGABE DER INHALTE VON BMB   Arbeitsweise findet sich weiter hinten)
Beginn der Generierung...

AUSGABE DER INHALTE VON BMBB
Beginn der Generierung...
                                              Ausgangssituation:
                                              MB (Peter gibt Maria das kleine
  ERG   gruene Buch)
[(INHALTE: SB (Maria verliert das Buch)
   ((((DAS SYSTEM GLAUBT:)
       (Peter gibt Maria das Buch , das gruen und klein ist))
     ((DAS SYSTEM GLAUBT:)
       (Maria verliert das Buch , das gruen und klein ist))
     ((DAS SYSTEM GLAUBT, DASS)
       ((((DER BENUTZER GLAUBT, DASS EINE INFINIT-REFLEXIVE
               UEBERZEUGUNG DARUEBER BESTEHT, DASS DER BENUTZER GLAUBT:)
           (Peter gibt Maria das Buch , das gruen und klein ist))
         ((DER BENUTZER GLAUBT, DASS)
           ((((DAS SYSTEM GLAUBT, DASS EINE INFINIT-REFLEXIVE
                   UEBERZEUGUNG DARUEBER BESTEHT, DASS DAS SYSTEM GLAUBT:)
               (Peter gibt Maria das Buch , das gruen und klein ist]

* * * * * * * * *

_(USERINPUT KNEX#2934]

Bitte Satz eingeben!

_INGE GIBT FRITZ EIN KLEINES BUCH.   Eingabe des Benutzers in das System

***   'MORPHOLOGISCHE ANALYSE   '***   Morphologische, syntaktische und seman-
                                             tische Analyse des Eingabesatzes durch
((LXM#1077 (GENUS F) (TYPE VORNAME) (CASUS 1 2 3 4)))   den Parser von VIE-LANG
((LXM#889 (TYPE VERB) (FLEXION 2) (TEMPUS PRAES)))   (siehe Steinacker 1984).
((LXM#1079 (GENUS M) (TYPE VORNAME) (CASUS 1 2 3 4)))
((LXM#1030 (TABLE 2) (TYPE DET) (FLEXION 0))
   (LXM#1038 (TYPE VERBADJ) (TABLE 0) (FLEXION 0)))
((LXM#401 (TYPE ADJ) (TABLE 1) (FLEXION 5)))
((LXM#182 (GENUS N) (TYPE SUBST) (CASUS 1 3 4)))

```
***     ATN INGE      ***
VORNAME
A1 (KONZ#106)
A2 (SPAR#1 KROL#29 KONZ#184)
A6 (KONZ#184 KROL#212 KONZ#45)
NAME
PARSED-NP
KIND#5740 MARKE  0 (FRAU)                    Aus der Konstituente erzeugte
 KWER#6914 NAME                              Repraesentation.
    WERT  KIND#5741 MARKE  0 (PERSONENNAME)
         KWER#6915 FIRST_NAME
            WERT  KIND#5012 MARKE  0 NAME INGE

***     ATN GEB      ***

***     ATN FRITZ     ***
VORNAME
A1 (SPAR#1 KONZ#104)
A2 (SPAR#1 KROL#29 KONZ#184)
A6 (KONZ#184 KROL#212 KONZ#45)
NAME
PARSED-NP
KIND#5742 MARKE  0 (MANN)                    Aus der Konstituente erzeugte
 KWER#6916 NAME                              Repraesentation.
    WERT  KIND#5743 MARKE  0 (PERSONENNAME)
         KWER#6917 FIRST_NAME
            WERT  KIND#2790 MARKE  0 NAME FRITZ

***     ATN EIN      ***
DET
ADJ
NOUN
(MNG#37)
A1 (KONZ#53)
B18 (KONZ#56)
A4 (KONZ#7 SPAR#5)
A6 (SPAR#2 KROL#39 KONZ#7)
PARSED-NP
KIND#5744 MARKE  0 (BUCH)                    Aus der Konstituente erzeugte
 KWER#6918 DENOTATION                        Repraesentation
    WERT  KIND#1480 MARKE  12 NAME BUCH
 KWER#6919 REFERENCE
    WERT  KIND#8 MARKE  22 WERT INDEF
 KWER#6920 SIZE
    WERT  KIND#4611 MARKE  0 WERT 3

*** P H A S E 2 ***                          Zuordnen der Konstituenten nach
B4                                           syntaktischen und semantischen Kriterien
B7 (KONZ#102)                                zum Praedikat (siehe Abschnitte 4.3.3.3.)
A1 (KONZ#75)
A6 (SPAR#1 KROL#75 SPAR#2)
A2 (SPAR#1 KROL#76 KONZ#9)
B1
B7 (KONZ#41)
A6 (SPAR#1 KROL#73 SPAR#2)
A6 (KONZ#9 KROL#9 SPAR#2)
B3
B7 (KONZ#13)
A6 (SPAR#1 KROL#74 SPAR#2)
```

AUSSAGE ERKANNT

EINTRAGEN DER SITUATIONSBESCHREIBUNGEN
IN KONTEXT B

NEUEINTRAG KIND#5747   Eintragen der vom Parser gelieferten
NEUEINTRAG KWER#6926   Strukturen als Situationsbeschreibung
NEUEINTRAG KIND#5748   in die Kontexte SB, SBUB und SBUBSB
NEUEINTRAG KWER#6927   (siehe Abschnitt 4.3.2.2., insbes.
NEUEINTRAG KIND#5749   Abb. 4.11.)
NEUEINTRAG KWER#6928
NEUEINTRAG KIND#5750   Diese Kontexte sind bereits vorhanden
NEUEINTRAG KWER#6929   (siehe Ausgangssituation). SBUB und
NEUEINTRAG KIND#5751   SBUBSB sind selbstreferentiell mitein-
NEUEINTRAG KWER#6930   ander verkettet
NEUEINTRAG KIND#5753
NEUEINTRAG KWER#6932
NEUEINTRAG KIND#5757
NEUEINTRAG KWER#6940
NEUEINTRAG KIND#5759
NEUEINTRAG KWER#6942
NEUEINTRAG KIND#5760
NEUEINTRAG KWER#6943
NEUEINTRAG KWER#6944
NEUEINTRAG KIND#5761
NEUEINTRAG KWER#6945
NEUEINTRAG KIND#5762
NEUEINTRAG KWER#6946
NEUEINTRAG KIND#5763

EINTRAGEN DER SITUATIONSBESCHREIBUNGEN
IN KONTEXT BMB

EINTRAGEN DER SITUATIONSBESCHREIBUNGEN
IN KONTEXT BMBB

EINTRAGUNGEN IM BENUTZERMODELL DURCHGEFUEHRT

_(USERINPUT KNEX#2934]

Bitte Satz eingeben!   Zweite Eingabe des Benutzers

_HARALD TAUSCHT MIT PETER EIN GROSSES ROTES BUCH GEGEN EIN
‾SCHNELLES FAHRRAD.

***   'MORPHOLOGISCHE ANALYSE   '***

***   ATN   ****

*** P H A S E 2 ***

AUSSAGE ERKANNT

EINTRAGEN DER SITUATIONSBESCHREIBUNGEN
IN KONTEXT B

NEUEINTRAG KIND#5811   Eintragung der entsprechenden Situations-
          .   beschreibungen in die Kontexte SB, SBUB
          .   und SBUBSB
          .

EINTRAGEN DER SITUATIONSBESCHREIBUNGEN
IN KONTEXT BMB

EINTRAGEN DER SITUATIONSBESCHREIBUNGEN
IN KONTEXT BMBB

EINTRAGUNGEN IM BENUTZERMODELL DURCHGEFUEHRT

_(USERINPUT KNEX#2934]

Bitte Satz eingeben!   Frage des Benutzers (nach Sachverhalt,
                                        der nur dem System bekannt ist - vgl.
_WAS VERLIERT MARIA?   die Ausgangssituation).

***   'MORPHOLOGISCHE ANALYSE   '***

***   ATN   ***

*** P H A S E 2 ***

ERGAENZUNGSFRAGE ERKANNT

EINTRAGEN DER SITUATIONSBESCHREIBUNGEN Eintragen der sich aus einer Ergaenzungs-
IN KONTEXT B   frage ergebenden Annahmen in das
                                        Benutzermodell (siehe Abschnitt
EINTRAGEN DER SITUATIONSBESCHREIBUNGEN 4.3.2.4., insbes. Abb. 4.10.)
IN KONTEXT BMB

EINTRAGEN DER SITUATIONSBESCHREIBUNGEN
IN KONTEXT BMBB

NEUANLEGEN KONTEXT BMW   Dabei Neuanlegen der noch nicht
EINTRAGEN DER SITUATIONSBESCHREIBUNGEN existierenden Kontexte SBUW und SBUWSB
IN KONTEXT BMW   mit selbstreferentieller Verknuepfung.

NEUANLEGEN KONTEXT BMWB
EINTRAGEN DER SITUATIONSBESCHREIBUNGEN
IN KONTEXT BMWB

EINTRAGUNGEN IM BENUTZERMODELL DURCHGEFUEHRT

* * * * * * * * * *

_(SH-KTXTS 'ALL KNEX#2934]   Zeige die vollstaendige Zwischen-
                                          situation

AUSGABE DER INHALTE VON B
AUSGABE DER INHALTE VON BMB
AUSGABE DER INHALTE VON BMBB
AUSGABE DER INHALTE VON BMW
AUSGABE DER INHALTE VON BMWB

```
_(EDITS ERG]
*??                                          Zwischensituation:
[((INHALTE:
    ((((DAS SYSTEM GLAUBT:)
        (Peter gibt Maria das Buch , das klein und gruen ist))
      ((DAS SYSTEM GLAUBT:)
        (Maria verliert das Buch , das klein und gruen ist))
      ((DAS SYSTEM GLAUBT:)
        (Inge gibt Fritz das Buch , das klein ist))
      ((DAS SYSTEM GLAUBT:)
        (Das Fahrrad ist schnell . Harald tauscht das Buch , das rot
            und gross ist , gegen das Fahrrad mit Peter))
      ((DAS SYSTEM GLAUBT, DASS)
        ([(((DER BENUTZER GLAUBT, DASS EINE INFINIT-REFLEXIVE
              UEBERZEUGUNG DARUEBER BESTEHT, DASS DER BENUTZER GLAUBT:)
          (Peter gibt Maria das Buch , das klein und gruen ist))
        ((DER BENUTZER GLAUBT, DASS EINE INFINIT-REFLEXIVE
              UEBERZEUGUNG DARUEBER BESTEHT, DASS DER BENUTZER GLAUBT:)
          (Inge gibt Fritz das Buch , das klein ist))
        ((DER BENUTZER GLAUBT, DASS EINE INFINIT-REFLEXIVE
              UEBERZEUGUNG DARUEBER BESTEHT, DASS DER BENUTZER GLAUBT:)
          (Das Fahrrad ist schnell . Harald tauscht das Buch , das
              rot und gross ist , gegen das Fahrrad mit Peter))
        ((DER BENUTZER GLAUBT, DASS EINE INFINIT-REFLEXIVE
              UEBERZEUGUNG DARUEBER BESTEHT, DASS DER BENUTZER GLAUBT:)
          (Maria verliert etwas))
        ((DER BENUTZER GLAUBT, DASS)
          ((((DAS SYSTEM GLAUBT, DASS EINE INFINIT-REFLEXIVE
                UEBERZEUGUNG DARUEBER BESTEHT, DASS DAS SYSTEM GLAUBT:)
            (Peter gibt Maria das Buch , das klein und gruen ist))
          ((DAS SYSTEM GLAUBT, DASS EINE INFINIT-REFLEXIVE
                UEBERZEUGUNG DARUEBER BESTEHT, DASS DAS SYSTEM GLAUBT:)
            (Inge gibt Fritz das Buch , das klein ist))
          ((DAS SYSTEM GLAUBT, DASS EINE INFINIT-REFLEXIVE
                UEBERZEUGUNG DARUEBER BESTEHT, DASS DAS SYSTEM GLAUBT:)
            (Das Fahrrad ist schnell . Harald tauscht das Buch ,
                das rot und gross ist , gegen das Fahrrad mit Peter))
          ((DAS SYSTEM GLAUBT, DASS EINE INFINIT-REFLEXIVE
                UEBERZEUGUNG DARUEBER BESTEHT, DASS DAS SYSTEM GLAUBT:)
            (Maria verliert etwas , worueber dem System naeheres
                bekannt ist]
        (((DER BENUTZER MOECHTE, DASS EINE INFINIT-REFLEXIVE
              UEBERZEUGUNG DARUEBER BESTEHT, DASS DER BENUTZER GLAUBT:)
          (Maria verliert etwas , worueber dem Benutzer naeheres
              bekannt ist))
        ((DER BENUTZER GLAUBT, DASS)
          ((((DAS SYSTEM GLAUBT, DASS EINE INFINIT-REFLEXIVE
                UEBERZEUGUNG DARUEBER BESTEHT, DASS DAS SYSTEM GLAUBT:)
            (Maria verliert etwas , worueber dem System naeheres
                bekannt ist]


* * * * * * * * * *


_(KO-ERG KNEX#2934]                          Teste, ob im Benutzermodell Benutzerziele
                                             gefunden werden koennen.

DURCHSUCHEN KONTEXT SBUW

GEFUNDENE INDIVIDUALISIERTE KONZEPTE, UEBER DIE
DER BENUTZER MEHR WISSEN MOECHTE: (KIND#5874)
WURZELKNOTEN DAVON: (KIND#5873)
```

***** MATCHEN IN KONTEXT KTXT#141 *****   Vergleiche die gefundenen Benutzerziele
                                               mit den Informationen im Benutzermodell,
                                               naemlich:
MATCHVERSUCH KIND#5873 MIT KIND#5679
                                               "Peter gibt Maria das kleine gruene Buch"
MATCH ZWISCHEN KIND#5873 UND KIND#5679 GEGLUECKT
MATCH ZWISCHEN (KWER#7079 KWER#7080) UND (KWER#6848 KWER#6857) GEGLUECKT
MATCH ZWISCHEN KIND#5874 UND KIND#5680 GEGLUECKT
MATCH ZWISCHEN KIND#5875 UND KIND#5686 ERFOLGLOS

MATCHVERSUCH KIND#5873 MIT KIND#5726   "Maria verliert das kleine gruene Buch."

MATCH ZWISCHEN KIND#5873 UND KIND#5726 GEGLUECKT
MATCH ZWISCHEN (KWER#7079 KWER#7080) UND (KWER#6893 KWER#6894) GEGLUECKT
MATCH ZWISCHEN KIND#5874 UND KIND#5680 GEGLUECKT
MATCH ZWISCHEN KIND#5875 UND KIND#5727 GEGLUECKT
MATCH ZWISCHEN (KWER#7081) UND (KWER#6895) GEGLUECKT
MATCH ZWISCHEN KIND#5876 UND KIND#5728 GEGLUECKT
MATCH ZWISCHEN (KWER#7082) UND (KWER#6896) GEGLUECKT   Vergleich geglueckt, Suche
MATCH ZWISCHEN KIND#5877 UND KIND#5729 GEGLUECKT   nach weiteren Kandidaten.

MATCHVERSUCH KIND#5873 MIT KIND#5747   "Inge gibt Fritz das kleine Buch."

MATCH ZWISCHEN KIND#5873 UND KIND#5747 GEGLUECKT
MATCH ZWISCHEN (KWER#7079 KWER#7080) UND (KWER#6926 KWER#6943) GEGLUECKT
MATCH ZWISCHEN KIND#5874 UND KIND#5748 GEGLUECKT
MATCH ZWISCHEN KIND#5875 UND KIND#5757 GEGLUECKT
MATCH ZWISCHEN (KWER#7081) UND (KWER#6940) GEGLUECKT
MATCH ZWISCHEN KIND#5876 UND KIND#5759 GEGLUECKT
MATCH ZWISCHEN (KWER#7082) UND (KWER#6942) GEGLUECKT
MATCH ZWISCHEN KIND#5877 UND KIND#5760 ERFOLGLOS

MATCHVERSUCH KIND#5873 MIT KIND#5811   "Harald tauscht mit Peter das grosse
                                               rote Buch gegen das Fahrrad."
MATCH ZWISCHEN KIND#5873 UND KIND#5811 GEGLUECKT
MATCH ZWISCHEN (KWER#7079 KWER#7080) UND (KWER#7005 KWER#7026) GEGLUECKT
MATCH ZWISCHEN KIND#5874 UND KIND#5812 GEGLUECKT
MATCH ZWISCHEN KIND#5875 UND KIND#5823 ERFOLGLOS

MATCHVERSUCH KIND#5873 MIT KIND#5817   "Peter tauscht mit Harald das Fahrrad
                                               gegen das grosse rote Buch." (!)
MATCH ZWISCHEN KIND#5873 UND KIND#5817 GEGLUECKT
MATCH ZWISCHEN (KWER#7079 KWER#7080) UND (KWER#7018 KWER#7015) GEGLUECKT
MATCH ZWISCHEN KIND#5874 UND KIND#5821 GEGLUECKT
MATCH ZWISCHEN KIND#5875 UND KIND#5818 ERFOLGLOS
GEMATCHTER WURZELKNOTEN IN SB: (((KIND#5873 KIND#5726) (KWER#7080
KWER#6894) (KWER#7079 KWER#6893) (KIND#5874 KIND#5680) (KIND#5875
KIND#5727) (KWER#7081 KWER#6895) (KIND#5876 KIND#5728) (KWER#7082
KWER#6896) (KIND#5877 KIND#5729)))
ANTWORTWURZEL DAFUER KIND#5680
ERSTELLEN VON INTN-KANTEN ZWISCHEN DEN
GEFUNDENEN NEXUSES

***** SUCHE NACH GEEIGNETER DESKRIPTION FUER KIND#5680 *****

                                               Suche nach gemeinsam bekannten indivi-
(KNEX#2938 KNEX#2966 KNEX#2994)   dualisierten Attributbeschreibungen
(KIND#5748 KIND#5812)   (siehe Abschnitt 4.5.3.).

GEMEINSAM BEKANNTES ATTRIBUT/WERT-PAAR VON KIND#5680
((KWER#6849 KIND#5681) (KWER#6862 KIND#5696) (KWER#6875 KIND#5711))
GEMEINSAM BEKANNTES ATTRIBUT/WERT-PAAR VON KIND#5680
((KWER#6850 KIND#5682) (KWER#6863 KIND#5697) (KWER#6876 KIND#5712))
GEMEINSAM BEKANNTES ATTRIBUT/WERT-PAAR VON KIND#5680
((KWER#6851 KIND#5683) (KWER#6864 KIND#5698) (KWER#6877 KIND#5713))
GEMEINSAM BEKANNTES ATTRIBUT/WERT-PAAR VON KIND#5680
((KWER#6852 KIND#5684) (KWER#6865 KIND#5699) (KWER#6878 KIND#5714))
GEMEINSAM BEKANNTE ATTRIBUTE VON BUCH :
KWER#6849
KWER#6850   Gefundene Attributbeschreibungen
KWER#6851   (die beiden ersten werden nur intern
KWER#6852   verwendet).

GEMEINSAM BEKANNTES ATTRIBUT/WERT-PAAR VON KIND#5748
((KWER#6927 KIND#5749) (KWER#6948 KIND#5766) (KWER#6961 KIND#5782))
ATTRIBUT BEI KIND#5680 UND KIND#5748 GEMEINSAM BEKANNT
GEMEINSAM BEKANNTES ATTRIBUT/WERT-PAAR VON KIND#5812
((KWER#7006 KIND#5813) (KWER#7028 KIND#5828) (KWER#7047 KIND#5843))
ATTRIBUT BEI KIND#5680 UND KIND#5812 GEMEINSAM BEKANNT
GEMEINSAM BEKANNTES ATTRIBUT/WERT-PAAR VON KIND#5748
((KWER#6928 KIND#5750) (KWER#6949 KIND#5767) (KWER#6962 KIND#5783))
ATTRIBUT BEI KIND#5680 UND KIND#5748 GEMEINSAM BEKANNT
GEMEINSAM BEKANNTES ATTRIBUT/WERT-PAAR VON KIND#5812
((KWER#7008 KIND#5814) (KWER#7029 KIND#5829) (KWER#7048 KIND#5844))
ATTRIBUT BEI KIND#5680 UND KIND#5812 GEMEINSAM BEKANNT
GEMEINSAM BEKANNTES ATTRIBUT/WERT-PAAR VON KIND#5748
((KWER#6929 KIND#5751) (KWER#6950 KIND#5768) (KWER#6963 KIND#5784))
ATTRIBUT BEI KIND#5680 UND KIND#5748 GEMEINSAM BEKANNT
GEMEINSAM BEKANNTES ATTRIBUT/WERT-PAAR VON KIND#5812
((KWER#7011 KIND#5815) (KWER#7030 KIND#5830) (KWER#7049 KIND#5845))
GEMEINSAM BEKANNTES ATTRIBUT/WERT-PAAR VON KIND#5812
((KWER#7012 KIND#5816) (KWER#7031 KIND#5831) (KWER#7050 KIND#5846))
PRUEFEN KOMBINATION (((KWER#6849 KIND#5681) (T T)))
PRUEFEN KOMBINATION (((KWER#6850 KIND#5682) (T T)))
PRUEFEN KOMBINATION (((KWER#6851 KIND#5683) (T NIL)))
PRUEFEN KOMBINATION (((KWER#6852 KIND#5684) (NIL NIL)))
PRUEFEN KOMBINATION (((KWER#6851 KIND#5683) (T NIL)) ((KWER#6852 KIND#5684) (NIL NIL]
PRUEFEN KOMBINATION (((KWER#6850 KIND#5682) (T T)) ((KWER#6851 KIND#5683) (T NIL)))
PRUEFEN KOMBINATION (((KWER#6850 KIND#5682) (T T)) ((KWER#6852 KIND#5684) (NIL NIL)))
PRUEFEN KOMBINATION (((KWER#6850 KIND#5682) (T T)) ((KWER#6851 KIND#5683) (T NIL))
((KWER#6852 KIND#5684) (NIL NIL)))
PRUEFEN KOMBINATION (((KWER#6849 KIND#5681) (T T)) ((KWER#6850 KIND#5682) (T T)))
PRUEFEN KOMBINATION (((KWER#6849 KIND#5681) (T T)) ((KWER#6851 KIND#5683) (T NIL)))
PRUEFEN KOMBINATION (((KWER#6849 KIND#5681) (T T)) ((KWER#6852 KIND#5684) (NIL NIL)))
PRUEFEN KOMBINATION (((KWER#6849 KIND#5681) (T T)) ((KWER#6851 KIND#5683) (NIL NIL)))
((KWER#6852 KIND#5684) (NIL NIL)))
PRUEFEN KOMBINATION (((KWER#6849 KIND#5681) (T T)) ((KWER#6850 KIND#5682) (T T))
((KWER#6851 KIND#5683) (T NIL)))
PRUEFEN KOMBINATION (((KWER#6849 KIND#5681) (T T)) ((KWER#6850 KIND#5682) (T T))
((KWER#6852 KIND#5684) (NIL NIL)))
PRUEFEN KOMBINATION (((KWER#6849 KIND#5681) (T T)) ((KWER#6850 KIND#5682) (T T))
((KWER#6851 KIND#5683) (T NIL)) ((KWER#6852 KIND#5684) (NIL NIL)))

GEWAEHLTE INDIVIDUALISIERTE ATTRIBUTBESCHREIBUNG/EN:
((KWER#6852 KIND#5684))   Entscheidung fuer "Farbe gruen".

```
EINTRAGEN DER SITUATIONSBESCHREIBUNGEN
IN KONTEXT B

BEREITS VORHANDEN: KIND#5726          "Pro-Forma"-Eintragungen, um Inter-Nexus-
BEREITS VORHANDEN: KWER#6894          Verbindungen mit SW herstellen zu koennen
BEREITS VORHANDEN: KWER#6893
          .
          .
          .


NEUANLEGEN KONTEXT W                   Uebernahme des um Fehlstellen ergaenzten
                                       Benutzerziels als Systemziel. Dabei
EINTRAGEN DER SITUATIONSBESCHREIBUNGEN Neuanlegen des noch nicht existierenden
IN KONTEXT W                           Kontexts SW.

NEUEINTRAG KIND#5887
          .
          .
          .


NEUANLEGEN KONTEXT WMB                 Erweitern der Systemziele in bezug auf
                                       eine intendierte gemeinsame Ueberzeugung.
EINTRAGEN DER SITUATIONSBESCHREIBUNGEN
IN KONTEXT WMB                         Neuanlegen der Kontexte SWUB und SWUBSB
                                       und selbstreferentielle Verkettung
NEUANLEGEN KONTEXT WMBB                derselben.

EINTRAGEN DER SITUATIONSBESCHREIBUNGEN
IN KONTEXT WMBB

EINTRAGUNGEN IM BENUTZERMODELL DURCHGEFUEHRT


* * * * * * * * *


_(SH-KTXTS '(WB WBB) KNEX#2934]        Zeige die Inhalte der neugeschaffenen
                                       Kontexte SWUB und SWUBSB.
AUSGABE DER INHALTE VON WMB
Beginn der Generierung...

AUSGABE DER INHALTE VON WMBB
Beginn der Generierung...


_(EDITS ERG]
*??
[[(INHALTE:
   ((((DAS SYSTEM MOECHTE, DASS)
       ((((DER BENUTZER GLAUBT, DASS EINE INFINIT-REFLEXIVE UEBERZEUGUNG
             DARUEBER BESTEHT, DASS DER BENUTZER GLAUBT:)
         (Maria verliert das Buch , das gruen ist))
        ((DER BENUTZER GLAUBT, DASS)
          ((((DAS SYSTEM GLAUBT, DASS EINE INFINIT-REFLEXIVE
                UEBERZEUGUNG DARUEBER BESTEHT, DASS DAS SYSTEM
                GLAUBT:)
             (Maria verliert das Buch , das gruen ist]


* * * * * * * * * *
```

_(DBT-GOAL KNEX#2934]   Suche, ob in SW Ziele vorhanden sind, und
                                           versuche sie zu erreichen.

***** UEBERPRUEFEN DER SYSTEMZIELE *****

SYSTEMZIELE ENTDECKT
TEST, OB SYSTEMZIEL DURCH AUSSAGE ERREICHT WERDEN KANN

MATCHVERSUCH (SW SWUB SWUBSW) MIT INTENDIERTEN EFFEKTEN
DES DIALOGAKTS AUSSAGE

TESTEN KIND#5887
TESTEN KWER#7087
TESTEN KIND#5889
TESTEN KWER#7089
TESTEN KIND#5890
TESTEN KWER#7090
      .
      .
      .

INTENDIERTE EFFEKTE GEMATCHT

MATCH (SB SBUB SBUB) MIT ANWENDUNGSVORAUSSETZUNGEN
DES DIALOGAKTXT AUSSAGE

TESTEN KIND#5726
      .
      .
      .

ANWENDUNGSVORAUSSETZUNGEN GEMATCHT   Dialogakt 'Aussage' zur Zielerreichung
                                            anwendbar, Aufruf des Generators von
Beginn der Generierung...   VIE-LANG (s. Buchberger & Horacek, in
                                                                            press)
TEST:GENIND ===CREATING-IND=== KIND#5726 : A0031
TEST:USE-DN IND= KIND#5726 KONZ= (KONZ#75)
TEST:DN OF OBJTRANS SELECTED MEANING MNG#25 * VERLIER
TEST:PROC-AKT AKT#13   A1   Auswahl des dem Root-Konzept entsprechen-
    CURIND: (KIND#5726)   den Verbs und Abarbeiten des
TEST:PROC-AKT AKT#3   A6   korrespondierenden SSL-Eintrags.
    CURIND: (KIND#5726)
TEST:PROC-BED BED#4   B4
    CURIND: (KIND#5680 KIND#5726)

TEST:GENIND ===CREATING-IND=== KIND#5680 : A0020
TEST:USE-DN IND= KIND#5680 KONZ= (KONZ#53)
TEST:GENVAL KWER#6852 -- KIND#5684 : A0021
TEST:USE-ROLE-DN ===CREATING-VAL=== VAL= KWER#6852 ROLE= (KROL#41)
TEST:PROC-BED BED#3   B7
    CURIND: (KIND#5726)
TEST:PROC-AKT AKT#5   A6
    CURIND: (KIND#5726)
TEST:PROC-BED BED#21   B1
    CURIND: (KIND#5727 KIND#5726)

TEST:GENIND ===CREATING-IND=== KIND#5727 : A0028
TEST:USE-DN IND= KIND#5727 KONZ= (KONZ#106)
TEST:GENVAL KWER#6895 -- KIND#5728 : A0029

```
TEST:USE-ROLE-DN ===CREATING-VAL=== VAL= KWER#6895 ROLE= (KROL#29)
TEST:GENVAL KWER#6896 -- KIND#5729 : LXM#1076
TEST:USE-ROLE-DN ===CREATING-VAL=== VAL= KWER#6896 ROLE= (KROL#212)
TEST:PROC-BED BED#8    B7
     CURIND: (KIND#5726)

Erzeugte Zwischenstruktur:
[((LXM LXM#1069)
   (INDIV KIND#5726)
   (TIME PRAES)
   (AUSFORM NIL)
   (REFERENZ NIL))
  [(CASUS E1)
   (INDIV KIND#5680)
   (LXM (((LXM LXM#182) (INDIV KIND#5680))
         ((LXM LXM#1176) (INDIV KIND#5684) (CASUS E8))
         ((LXM LXM#859) (INDIV KROL#41]
  ((CASUS E0)
   (INDIV KIND#5727)
   (LXM (((LXM LXM#1076) (INDIV KIND#5727]
END-GENERATOR-PHASE-1

_(GENER]

Beginn der Generierung Phase2

Auswahl fuer Xor und Sor

Textaufspaltung
[(((LXM LXM#859) (INDIV KROL#41) (CASUS VF) (SUBCAS T))
   ((LXM LXM#1176) (INDIV KIND#5684) (CASUS E8))
   ((LXM LXM#182) (INDIV KIND#5680) (REL T))
   ((LXM LXM#859) (INDIV KROL#41) (CASUS VN) (SUBCAS T)))
  (((CASUS E0) (INDIV KIND#5727) (LXM LXM#1076))
   ((LXM LXM#1069) (INDIV KIND#5726) (TIME PRAES) (AUSFORM NIL) (REFERENZ NIL)
        (CASUS VF))
   ((LXM LXM#182) (INDIV KIND#5680) (REL) (CASUS E1))
   ((LXM LXM#1069) (INDIV KIND#5726) (TIME PRAES) (AUSFORM NIL) (REFERENZ NIL)
        (CASUS VN]
((VF E8 NIL VN) (E0 VF E1 VN))

Transformationen
[(((LXM REL) (INDIV KIND#5680) (REL T) (REFNUMB NIL) (REFGENUS S))
   ((LXM LXM#1176) (INDIV KIND#5684) (CASUS E8))
   ((LXM LXM#859) (INDIV KROL#41) (CASUS VN) (SUBCAS T))
   ((LXM LXM#859) (INDIV KROL#41) (CASUS VF) (SUBCAS T)))
  (((CASUS E0) (INDIV KIND#5727) (LXM LXM#1076))
   ((LXM LXM#1069) (INDIV KIND#5726) (TIME PRAES) (AUSFORM NIL) (REFERENZ NIL)
        (CASUS VF) (NUMB NIL) (PERSON NIL))
   ((LXM LXM#182) (INDIV KIND#5680) (REL) (CASUS E1))
   ((LXM LXM#1069) (INDIV KIND#5726) (TIME PRAES) (AUSFORM NIL) (REFERENZ NIL)
        (CASUS VN]

Linearisierung
(((CASUS E0) (INDIV KIND#5727) (LXM LXM#1076) (REFERENZ EIGEN) (HW T))
                                    ("Maria")
  ((LXM LXM#1069) (INDIV KIND#7526) (TIME PRAES) (AUSFORM NIL) (REFERENZ NIL)
     (CASUS VF) (NUMB NIL) (PERSON NIL))   ("verliert")
  ((LXM LXM#1026) (GENUS S) (CASUS E1) (PRAEP NIL) (FALL NIL) (NUMB NIL) (HW NIL))
                                    ("das")
```

```
((LXM LXM#182) (INDIV KIND#5680) (REL) (CASUS E1) (HW T))
                                   ("Buch")
((LXM LXM#1069) (INDIV KIND#5726) (TIME PRAES) (AUSFORM NIL) (REFERENZ NIL)
     (CASUS VN))              (nicht-finiter Teil des Verbs; hier nicht
                              verwendet, da Praesens.)

((LXM LXM#1026) (INDIV KIND#5680) (REL T) (REFNUMB NIL) (REFGENUS S)
     (REFERENZ EIGEN) (HW T))          ("das")
((LXM LXM#1176) (INDIV KIND#5684) (CASUS E8) (REFERENZ EIGEN) (HW T))
                                   ("gruen")
((LXM LXM#859) (INDIV KROL#41) (CASUS VN) (SUBCAS T))
((LXM LXM#859) (INDIV KROL#41) (CASUS VF) (SUBCAS T))
                              ("ist"; finiter und nicht-finiter Teil
                              fallen zusammen.)
```

Morphologie

 Maria verliert das Buch, das gruen ist.   Systemantwort an den Benutzer.

* * * * * * * * *

EINTRAGEN DER SICH AUS DER AUSSAGE ERGEBENDEN
NEUEN UEBERZEUGUNGEN UEBER DEN BENUTZER

EINTRAGEN DER SITUATIONSBESCHREIBUNGEN   Eintragen des mitgeteilten Sachverhalts
IN KONTEXT B   als vollstaendiges gemeinsames Wissen.

BEREITS VORHANDEN: KIND#5726
    .
    .
    .

EINTRAGEN DER SITUATIONSBESCHREIBUNGEN
IN KONTEXT BMB

EINTRAGEN DER SITUATIONSBESCHREIBUNGEN
IN KONTEXT BMBB

EINTRAGUNGEN IM BENUTZERMODELL DURCHGEFUEHRT

LOESCHEN DER BERUECKSICHTIGTEN SYSTEMZIELE
WIRKLICH LOESCHEN?
_Y

Die Implementierung des VIE-DPM-Programmpakets erfolgte auf einer PRIME 550/II mit
2.8 MB Hauptspeicher. Programmiersprache war eine erweiterte Version von LISP-F3
("Upsala-Interlisp"), das in FORTRAN implementiert ist. Die in Abschnitt 3.3.
beschriebenen Netzwerkstrukturen sind als Eintraege in das indexsequentielle Daten-
banksystem MIDAS realisiert, auf das mit Hilfe der Schnittstelle KSDS (Horn et
al. 1982, 83) zugegriffen werden kann. Die Exekutionszeit fuer das Demonstrationsbeispiel betrug als Single User etwa zwei Stunden.

SACHREGISTER

(Fettgedruckte Seitenangaben zeigen an, daß an der betreffenden Stelle eine Definition oder nähere Erklärung des jeweiligen Stichworts zu finden ist.)